新时期领导谋略与智慧丛书

LINGDAO ZHIHUISHU
YUANZI HAFO DE LINGDAO KEXUE

领导智慧书

源自哈佛的领导科学

主编⊙舒天戈 孙乃龙
本册主编⊙舒天戈

四川大学出版社

责任编辑:陈克坚
责任校对:陈　蓉
封面设计:刘建波
责任印制:王　炜

图书在版编目(CIP)数据

领导智慧书：源自哈佛的领导科学 / 舒天戈，孙乃龙主编. —成都：四川大学出版社，2015.7(2025.4重印)
(新时期领导谋略与智慧)
ISBN 978-7-5614-8736-5

Ⅰ.①领…　Ⅱ.①舒…　②孙…　Ⅲ.①企业领导学　Ⅳ.①F272.91

中国版本图书馆 CIP 数据核字（2015）第 159950 号

书名　**领导智慧书——源自哈佛的领导科学**

主　　编　舒天戈　孙乃龙
出　　版　四川大学出版社
地　　址　成都市一环路南一段 24 号 (610065)
发　　行　四川大学出版社
书　　号　ISBN 978-7-5614-8736-5
印　　刷　三河市天润建兴印务有限公司
成品尺寸　170 mm×240 mm
印　　张　16.25
字　　数　264 千字
版　　次　2016 年 1 月第 1 版
印　　次　2025 年 4 月第 3 次印刷
定　　价　42.00 元

◆读者邮购本书,请与本社发行科联系。
电话:(028)85408408/(028)85401670/(028)85408023　邮政编码:610065
◆本社图书如有印装质量问题,请寄回出版社调换。
◆网址:http://www.scup.cn

前言

对企业而言，领导究竟意味着什么？如何才能本质地诠释和准确地把握领导艺术的核心内容？经过一年多时间的思考与验证，我更进一步地认识到：领导者对企业的领导，不应是身入其中而应是居高临下；不该是身先士卒而应是驾驭指挥；不能是责任大于能力，而只能是素质高于热情。一句话，领导艺术的核心不在于管理，而在于领导。这一认识由此驱使我下决心把在哈佛访学中所得的思想、理论和观点进行系统的总结，编写了这本名曰《领导智慧书——源自哈佛的领导科学》的书。

组织的成长与事业的成功，归根结蒂取决于领导者的素质与能力。尤其是在今天这个超速发展的时代，更要求领导者在不断地超越别人的同时，也要超越自己。因此，包括企业在内的现代组织，努力培养一批超级领导者，已成为保证组织发展与事业成功所能做出的唯一的理智选择。将西方已被实践验证了的前沿领导科学与中国企业的实际领导工作有机地结合，应当成为广大领导者和企业家身体力行的当务之急。

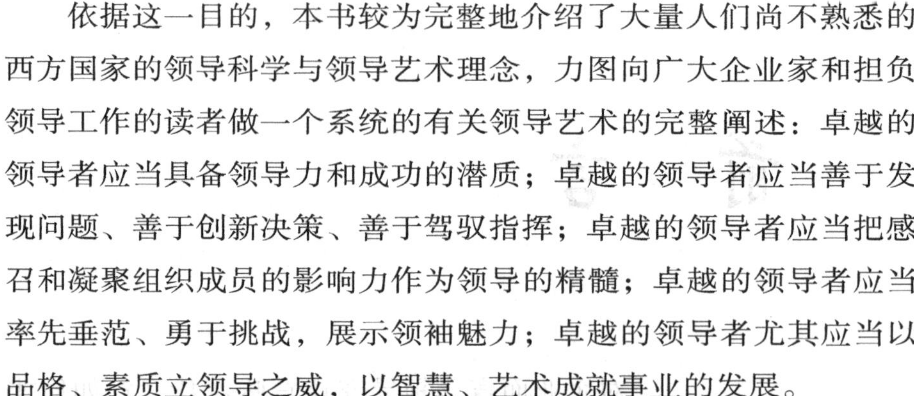

依据这一目的，本书较为完整地介绍了大量人们尚不熟悉的西方国家的领导科学与领导艺术理念，力图向广大企业家和担负领导工作的读者做一个系统的有关领导艺术的完整阐述：卓越的领导者应当具备领导力和成功的潜质；卓越的领导者应当善于发现问题、善于创新决策、善于驾驭指挥；卓越的领导者应当把感召和凝聚组织成员的影响力作为领导的精髓；卓越的领导者应当率先垂范、勇于挑战，展示领袖魅力；卓越的领导者尤其应当以品格、素质立领导之威，以智慧、艺术成就事业的发展。

本书以东西方理论相互借鉴、中外思想相互参照的方式，阐述了当代美国及欧洲前沿领导科学与领导艺术的突出特点，力图就领导实践的具体途径和有效方法做一大胆剖析：领导要以人格力量实现人性化领导，以思维锤炼做到理性决策，以挑战传统把握未来战略，以有效沟通建立高效机制，以大智大勇化解危机与矛盾。

本书以领导者的视角剖析领导的本质特征，以企业家的身份论述领导的行为过程。不求面面俱到，但求精辟独到。让先进的前沿理论为我所用、为中国企业领导服务，便是我编写此书最大的希望。

为了弥补本人学识上的不足，也为了使本书较快地面世，本人在写作过程中得到了以下学友的大力帮助，他们是：中国人民大学经济学院教授杨志博士、北京电子科技大学行政管理系教授马洪博士、北京理工大学经济管理学院副教授裴蓉博士、福建天香集团董事会吴唐青博士、北京正本管理咨询公司董事长宋卫红博士。在此，一并向他们致谢。

编　者

2014 年 6 月于北京

目录

CONTENTS

第一章 领导力

第二章　非权力领导

第三章 挑战传统

第四章 运势之道

第五章 领导情商

第六章 领导艺术

第七章　人性化领导

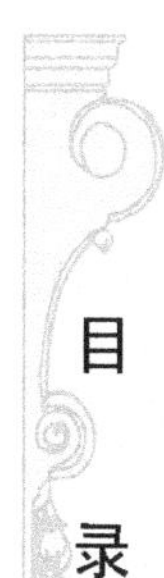

第八章 理性决策

第九章 御人之技

第十章 领导沟通

第一章 领导力

领导艺术就是这样:你从后面是无法将面条推向前的,面条会从中间弯曲。前线的士兵也是这样,除非有人率领才行。

——〔美〕巴顿

领导不是人人都可以做得来的。任何一个不具备领导力的组织领导者,都是不称职的。组织的成长、事业的成功取决于领导者的能力与素质,领导力是驾驭组织制胜的关键。这是一种成功的潜质,一种卓越的指挥,一种感召与凝聚组织成员的影响力。如何把握领导力,既关乎一种领导新模式,又是一个决定企业或组织成功与否的决定因素。因此,领导力是现代领导必修的内功和必备的资格认证条件。

一、领导力：本质与构成

不论是现在或是将来，领导所面临的挑战和压力都会与日俱增。这是发展的必然，亦是领导别无选择的结果。这种巨大的压力挑战的其实是领导力，挑战的是领导者作出或是成功或是失败抉择的能力。所以关于领导力最有说服力的解释便是，这是一种可以让组织或企业走向成功的决定因素。

1. 面临挑战的董事长

这是一个有着辉煌历史的企业，也是一个让创业者和同行们都足以感到自豪的大公司。

A董事长正坐在他那张硕大的办公椅上，不停地变换坐姿，显得非常局促不安。他那足以掩饰实际上已逾半百岁数的脸庞上，布满了焦虑。他的公司是经常被各家商情杂志争相报道并大加赞美的对象；公司的股票价格收益比率也呈稳定上升态势，而他本身又经过常春藤名校的训练，在美国企业界中更算是一言九鼎的人物。

但此刻，他的信心却已消逝远去。

他起身缓缓走到窗口，凝望着窗外恬静的田园景色说："这不是我所预测的情况。"他对着外头的一株橡树喃喃自语："这不可能发生在我身上啊！"在似乎永无止境的死寂中，他来回踱步，两手不断交叉、放松、紧握，最后转过身来："我距离退休还有五年之久，要怎样做才能使这五年过得有意义？"

这样的挑战令人胆战心惊。这家公司虽然口碑极佳，但每况愈下。不论哪一种交易，他们都已失去原有的市场占有率，而新产品的推出行动也遥遥落后于对手。他们原有的财源早已被日本商人攻城略地。虽然该公司资本雄厚，在市场中亦拥有主导地位，但却正处于风雨飘摇之中。A董事长已经洞悉，如果再不彻底求变求新，潜在危险可能随时而至。在他的观察之中，许多不可预期的事情都会陆续发生，而他却束手无策——没有一项过去的经验或训练，能使他足以应对如此窘境。

A 董事长面临的难题对每一个身临其境的领导者来说都司空见惯，他虽然高居总裁宝座，看清了需要做出哪些改变，但却无法致力完成。20 世纪 90 年代的管理魔咒我们都耳熟能详：团队合作、追求品质、改善服务、迅速进入市场，这些道理身为董事长的他都懂，并广为告诫任何愿意聆听的人，但是如上述的老生常谈，他在自己陷入困境的组织之中连一样也做不到。

其实他已经勇敢尝试进行有效的变革。过去六年中，他针对提升品质、顾客服务与团队合作，已设计出好几个方案。不但重整了整个组织，重组功能性的团队，使其成为针对产品及消费者运作的单位，还进行了管理阶层的精简化。但是到目前为止，他仍然在继续失去市场的占有率，而竞争对手仍然在市场上先发制人，产品的市场价格已降至原有的一半——他却还是不能让他的人马动起来，去执行那些他认为非做不可的事。

A 董事长觉得勇气在一点一滴地消失，他真想拿起一把椅子把窗子砸破。要说出如何变革的方法很简单，但难就难在怎样才能付诸实行。其他许多董事长对此也同样感到挫败无助。

> 所有的领导者都面临着领导能力的挑战，所有古老的方法与典范早已失效，而领导者如何去发展、实践一种崭新的领导模式——不管是现在或是将来——于每个企业都会是一个关乎成败的决定性因素。

2. 领导力及其构成

能力一般是指人顺利完成某项活动所必备的心理条件，是影响活动效果的基本因素。而领导能力，简言之，就是通过实践检验而体现出的、领导者履行好自己的职责、创造性地完成领导工作的能力。

所谓领导力是指领导者解决和处理事务的能力，是领导者的个体素质、思维方式、实践经验以及领导方法等影响具体领导活动效果的个性心理特性和行为特征的总和。**领导力是领导者素质的核心。**

一般而言，领导能力包括两个层面：领导者的一般能力和领导者的专门能力。

领导者的一般能力，是指领导者具有的同时也是从事一般工作或职业的人员必须具备的能力。这种能力是领导者专门能力的基础，对领导者有效地履行自己的职责有重要的意义。

领导者的专门能力，是指领导者区别于普通工作者的能力。通常而言，领导者的专门能力主要包括以下几个方面。

◇ 战略决策能力

战略决策能力是领导者首先应该具备的一种领导能力，这种能力主要体现领导者在提出目标、制定战略、拟订计划、组织指挥和调配人员的过程中能做出果断和科学的决定。

领导者决策能力的大小，直接决定战略目标能否正确确定和工作计划是否得到科学执行，直接决定领导活动的绩效，**它是衡量领导水平高低的一个重要标志。**

◇ 组织指挥能力

组织指挥能力是领导者不可缺少的实际运作能力，这种能力是指领导者运用一定的领导方法和领导技巧，把相关人员组织在一个团结向上的集体中，使大家朝着一个共同目标去努力的能力。

组织指挥能力的内涵很广，可以包括合理选择下属的能力，架构、建立组织系统的能力，合理向下属授权的能力，合理安排调配资源（人力、财力、物力、信息、时间）的能力，宏观把握、控制本系统整体运作局面的能力，沟通、协调、激励下属的能力，根据实际运作情况的变化及时应变的能力等。

◇ 公关处理能力

公关处理能力是领导者通过有计划地组织活动，宣传自己和组织，树立良好的外部形象，排除阻碍，保障领导工作目标顺利实现的能力。

对外部人员而言，一个组织系统的领导者往往也是其所在组织系统的代表者，他必须能代表自己的组织系统理顺与上级组织、下属部门、社会公众等各个方面的关系，取得内外上下的一致支持，使各界对你和你的组织系统充满信心，从而为组织的发展提供良好的外部环境。领导者在处理这些公共关系时，必须具备一定的公关社交能力，并且时刻牢记自己不仅代表着个人，还是本组织系统的代表者；必须时刻注意要采用各种方式方法在组织内部树立良好的个人形象，在公共场合树立良好的组织形象。

◇ **创造能力**

创造能力是领导者在现代社会条件下，面对组织系统生存、发展的需要，改革现实，创造性地完成领导工作任务的能力。

现代社会的飞速发展，必然会对领导工作提出新的要求，之前一切不适应发展的因素都需要改革和创新。领导者没有改革创新能力，也就必然不能担负新时期的领导工作任务，其所领导的组织系统也将被逐步地淘汰。领导者的创造更新能力的大小取决于他的思维方式、对旧事物的批判精神、思维灵敏度、敢于承担风险的精神和创新的实践技能。

◇ **非权力性影响能力**

非权力性影响能力是领导者凭借自己的个人威信（而不是权力）凝聚下属、影响下属、指导下属的能力。

领导活动实践可以充分证明，领导者对其下属及组织之外的人们的影响力有权力性和非权力性之分。在传统的管理模式中，领导者主要依靠使用职权来形成影响力。领导者手中握有权力，就必然对下属形成一定的制约力，出于对权力的畏惧，下属在一般情况下都会遵从领导，从而形成领导权威。而当今的现代组织管理实践表明，除了权力因素之外，非权力因素在领导过程中也发挥着重大的作用。因此，**一个领导者除了能够支配权力之外，还必须具备非权力性的影响力**。这种非权力性影响力的形成，很大程度上依赖于领导者的综合素质，包括人格、道德品质、专业水平、人际关系、工作业绩等因素综合形成的个人威信。在归纳分析领导者专门能力时，值得注意的是，在具备一般领导能力的基础上，不同职务、不同性质的组织系统、不同层次中的领导者所应具备的领导能力将会产生一定的

差异。这一点可以通过具体的职务分析来掌握。

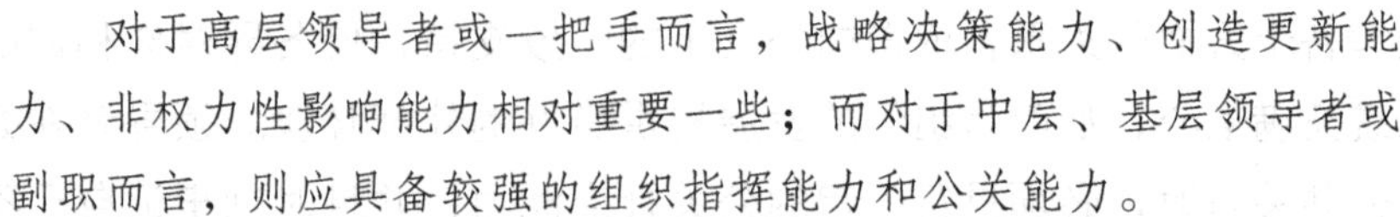

对于高层领导者或一把手而言，战略决策能力、创造更新能力、非权力性影响能力相对重要一些；而对于中层、基层领导者或副职而言，则应具备较强的组织指挥能力和公关能力。

3. 领导的本质是一种影响力

关于领导的含义有几种看法：有人认为，领导是一门促使下级以高度的热心和信心来完成他们任务的艺术；也有人认为，领导是一项程序，它使人们在选择目标和达到目标的过程中受指挥者的导向和影响；还有一些人认为，领导是一种说服他人热心追求目标的能力，等等。综合上述看法，人们可以认为：**领导的本质是一种影响力，即对一个组织为确立目标和实现目标所进行的活动施加影响的过程。**

领导者影响个人或群体的基础是权力，即指挥下级的权和促使下级服从的力。

领导者的影响力主要来自两个方面：一是来自职位权力，这种权力是因领导者在组织中所处的位置而由上级和组织赋予的，这样的权力随职务的变动而变动——在职就有权，不在职就无权。人们往往出于压力和习惯不得不服从这种职位权力。二是来自个人权力。这种权力不是由于领导者在组织中的位置，而是由于其自身的某些特殊条件才具有的。例如，领导者具有高尚的品德、丰富的经验、卓越的工作能力、良好的人际关系；领导者善于体贴关心他人，令人感到可亲、可信、可敬，不仅能完成组织目标，而且善于创造一个激励的工作环境，以满足群众的需要等。**这种权力不会随着职位的消失而消失，而且对人的影响是发自内心的、长远的。**

权力一般分为五类。

①惩罚权。它来自下级的恐惧感，即下级感到领导者有能力惩罚他。

②奖赏权。它来自下级追求满足的欲望，即下级感到领导者有能力奖赏他，使他觉得愉快或某些需求得到满足。

③合法权。它来自下级传统的习惯观念，即下级认为领导者有合法的

权力影响他，他必须接受领导者的影响。

④模范权，又叫感召力。它来自下级对上级的信任，即下级相信领导者具有他所需要的智慧和品质，与其具有共同的愿望和利益诉求，从而对他有所钦佩和赞誉，愿意模仿和跟从他。

⑤专长权，又叫专家影响力。它来自下级的尊敬，即下级感到领导者具有某种专门的知识、技能和专长，能帮助他指明方向，排除障碍，达到组织目标和个人目标。

惩罚权、奖赏权、合法权属于职位权力，也称权力性领导力；模范权和专长权属于个人权力，也称非权力性领导力。这几种不同的权力对下级所产生的影响效果和个人满意程度是不同的。

模范权和专长权一般都能使人们公开或私下的顺从、内心的信服，由此而来的影响力也比较持久。

两大类五种权力见图1-1。

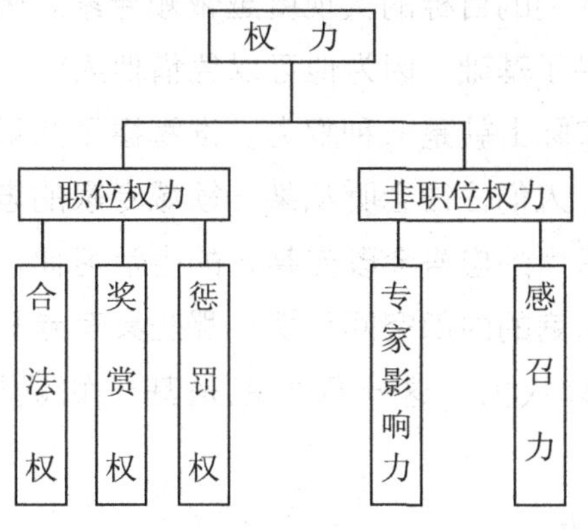

图1-1 权力的不同类型

如果把以上两种类型的权力与领导权威联系起来看，就可以用以下的公式进行表示：

职位权力+个人权力=权威

两大权力系统的比较可见表1-1。

表 1－1　两大权力系统的比较

	职位权力	个人权力
来源	法定职位	个人魅力
范围	受时空限制　不因人而异	不受时空限制　因人而异
大小	确定	不确定
方式	行政命令	人格感召
基础	必须服从	自愿接受
效果	畏惧（慑服）	信服（折服和心服）
性质	强制性影响力	凝聚性影响力

个人权力包括专家影响力和个人感召力。

（1）专家影响力

专家影响力来源于专长、技能和知识。由于世界的发展日益取决于技术的发展，专门的知识技能也就成为权力的主要来源之一。工作分工越细，专业化越强，我们的目标的实现就越依赖专家。因此，专长为拥有者获取个人影响力提供了基础，因为他可以凭借他人对其专长的依赖而产生权力。知识与专长实际上就是一种权力。谁掌握了知识和专长，谁就拥有了影响他人的权力。人们往往会听从某一领域专家的忠告，接受他们的影响。例如一位权威医生的忠告会改变某人的生活习惯，一位装潢专家会改变一家公司或一个家庭的内部空间环境。那些具有专长的人虽不占据某一职位，但他们却拥有权力。这一权力就是基于知识和专长而形成的影响力。

（2）个人感召力

个人感召力形成的基础是人们对于拥有理想的资源或个人特质的人的认同。它是基于人们的崇拜、取悦心理而形成的，一般包括以下三种类型：①个人魅力权。这是一种无形的、很难用语言来描述或概括的权力。它是建立在对个人素质的认同及对其人格的赞赏基础之上的。正是领导者个人的魅力构成了他的权力，吸引人们去追随他、欣赏他，并以接近他为荣。领导者的个人魅力激起了追随者的忠诚和热忱，因此这种权力具有巨大而神奇的影响力。②背景权。背景权是指那些由于辉煌的经历或特殊的人际关系背景、血缘关系背景而获得的权力。③感情权。感情权是指一个人由于和被影响者感情融洽而获得的一种影响力。

表1－2　权威基础的测定

一个人具备一种还是多种权威的基础？对下列问题的确定性反应就可以回答这个问题。	
这个人可以为难他人，但你总是避免惹他生气。	强制性权力
这个人能给他人以特殊的利益或奖赏，你知道与他关系密切是大有益处的。	奖赏性权力
这个人掌握支配你的职位和责任的权力，期望你服从法规的要求。	合法化权力
这个人的知识和经验能使你尊重他，在一些问题上你会服从于他的判断。	专家影响力
你喜欢这个人，并乐于为他做事。	个人感召力

表1－3　权力类型比较

权力类型	权力来源	权力过程	下属与领导者关系模式	要求的条件	领导者行为特征	优点	缺点
合法权	法定的	内在化与外在化的统一（认同与服从的统一）	领导者与下属的一致性关系	领导者与下属拥有相似的价值观	做出决策，下属自愿服从	具有较为明晰和谐的领导关系，行动比较迅速	领导者难以引起变革
奖惩权	下属的恐惧或期望（手段－结果控制）	服从	下属想从领导者那里获取某种反应，即渴望得到奖励，而避免惩罚	领导者必须对下属进行监督和控制	给与不给自愿，以求服从	迅速有效	成本较高

表1－3（续）

权力类型	权力来源	权力过程	下属与领导者关系模式	要求的条件	领导者行为特征	优点	缺点
强制权	下属的恐惧（手段－结果控制）	服从	下属被动执行，渴望获得一种安全而已	领导者必须对下属进行监督和控制	对下属采取威胁和命令	迅速有效	成本较高
专家影响力	信任	内在化认同	一致性关系	领导者与下属拥有相似的价值观	下属自愿执行	有效、可信	不能绝对保证效果的充分性
个人感召力	吸引力	辨认	渴望与领导者建立关系	领导者必须在下属面前具有显著的优越地位	下属自愿执行	成本较小，具有内在鼓舞力	因缺乏有形的奖励，会侵蚀领导者权威

西方现代领导理论认为，领导活动过程是领导者向被领导者施加影响力的过程，是以被领导者的自觉服从为前提的。领导是指下属或多或少地愿意接受上级的指挥和控制。显然，西方现代领导理论突出了领导的影响力功能。

所谓领导者的影响力，就是指领导者在与他人交往中所表现出来的影响和改变他人心理和行为的能力。也就是我们通常意义上的领导者在被领导者中的威信以及对下属的感染力、号召力和支配力。

影响力人皆有之，但是由于交往双方各自的知识、经验、能力、地位、权力等特点与条件不同，因而各自具有的刺激量不同，对对方的心理和行为的影响力度也不同。一般来说，刺激量小的服从刺激量大的，前者的心理和行为明显地表现出接受后者的影响；刺激量大的一方，固然也受到对方的影响，但由于影响力度较小、较轻，在行为表现上往往不明显。

在领导者与被领导者的交往中，一般地说，总是领导者对被领导者的影响要大些，而被领导者对领导者的影响要小一些。

从影响力的性质来看，领导者的影响力可以分为权力性领导力和非权力性领导力。这两种领导力的构成因素不同，其作用也不同。**一般来说，权力性领导力来自职位权力，非权力性领导力来自个人权力。**

二、卓越领导者的特质

具有领导力的领导过程都是强而有力、行而有效的。只要我们深入探究其中根源，不难发现，其中卓越领导者的特质是：勇于挑战；激发共同的远景；使他人有能力；以身作则；鼓舞人心。这五项特质便是促使领导者实现成功、创造不凡的金科玉律。从卓越领导者的特质中，我们得以窥见平凡人取得非凡事业的成功奥秘。

1. 以冒险为天性，视挑战为使命

作为超常统御能力的领导力，必须以冒险为天性，视挑战为使命。如果陷入常规、落入俗套，任何领导行为都是毫无作为的。因此领导者必须敢于冒险。

虽然多数领导者将成功归诸运气好或是时地相宜，可是他们之中没有任何人是坐等幸运之神前来叩门的。能领导组织成员达到空前成功的人，都愿意寻找挑战，并勇于应战。

每一个成功领导的个案，都免不了具有某种程度的挑战，或许是创新的产品，或许是出奇的服务方式，或是对权力与职责的颠覆，甚至创立一家新公司或新企业。不管挑战内容是什么，所有个案都离不开“革除现状”。

领导者可说是先驱——勇于踏入未知领域的人。他们愿意冒险，为了找到更新、更好的方法来做事，不惜创新、试验。可是，领导者不必永远都做新产品、新服务或程序的创造者或原创人。方法的创新，应该来自实地工作的人，正如同产品与服务的创新应该来自于消费者、客户、零售商、实验室中的实验家或站在生产线上的人。有时候，一则戏剧性的意外事件，也可能将我们推向一股十足新颖的潮流中。

领导者首要的贡献，是要充分了解及支持好的概念，并乐意挑战原本的系统，以便制造出新产品、新程序、新服务以及新系统。或许这么说更贴切：领导者是打先锋的创意收容人。领导者非常清楚，实验、创新甚至改变都意味着冒险与失败，但他们仍勇往直前。

认为一再失败的人终究会获得成功的意识本身就是大错特错，因为成功并不像购买彩券，买得越多中奖概率越大。要知道，开启通往机会之门的钥匙就是“学习”。

在探讨领导典范的成功实例中，美国南加州大学的华伦·班尼斯教授说，领导者从领导中学习，而最佳的学习方式就是克服阻碍。这就好比气候塑造山脉一样，难题能塑造领导者。难缠的雇主、欠缺眼光与品德的决策者、无法掌控的环境，还有自己铸成的错误，这些都是领导者应有的基本学习课程。

领导者就是在挑战中不断学习的人，他们从错误中学习，也从成功中学习。

2. 让梦想与希望活化起来

具有领导力的成功的领导典范普遍认为，为员工构筑一个充满刺激又很有吸引力的未来，是自己最得意的领导经验。

确实如此，如果领导者对未来不具有独到的愿望及梦想，而且对自己的梦想不是满怀信心、矢志不渝，对自己的能力没有十足把握，那么怎么能领导组织成员完成非凡的任务呢？所有的企业或是任何一个社会运动，都是肇始于梦想。梦想或愿望是创造未来的动力。在瓦砾残骸中，高素质的领导者会看到一个新的发展空间和机会；在黯淡的前途下，高素质的领导者会构筑出一个由激发优秀员工合力所形成的有希望的未来。

领导者能够激发组织成员的共识。他们放眼未来，设想有吸引力的机会并将之贮存起来，等待自己与同事到达遥远的目标时设想派上用场。不仅如此，领导者还强烈渴望开创不同凡响的事业，或是改变既有状况，创造前人未曾创造过的伟大事业。

在某些方面，领导者也会退一步思考。在计划付诸实施之前，他们就会在心里构想结果可能会如何，好比是建筑师或工程师，在动工前会先画出蓝图或制作模型一样。领导者清楚明确的预测，能带动他们向目标迈进。当然，单凭领导者一己之愿望，并不足以推动组织上的革命或带给公司显著的改变。**没有追随者的领导者，不足以称得上是领导者**。而且，除非其他人接纳了领导者的看法，否则他们是不会追随领导者的。要知道，领导者无法下令要他人奉献，他只能激发他人去奉献。

为了让组织成员接纳正确的观念，领导者必须了解他们的意愿，讲他们想要讲的话，让大家相信领导者了解自己的需求，并且把组织和全体成员的利益放在心上。唯有设身处地了解组织成员的梦想、希望、志向、看法和价值观，领导者才能获得组织成员的支持。因为，**领导是对话，不是独白**。

> 领导者要能让他人的梦想与希望活化起来，促使他人看到未来充满令人振奋的可能性。借着向拥戴者证明梦想是达成共有的利益，领导者必须熔铸出一个大融合的共同目标。

另外，领导者要善于用活泼的语言和动作来传达热情。因为若不是表现出热忱，那么领导者也不可能引燃他人心中的激情火焰，进而推行有益公司的观念。

毫无例外，所有成功的领导者都认为，他们个人的最佳成就是——具有惊人的热忱。他们的热忱能够感染他人，激发出组织成员的合力；而他们对远见的信心与热忱，正是引燃灵感的火花、创造充满希望的未来的开始。

3. 领导是一项群策群力的共同努力

无数事实无一例外地表明：伟大的梦想绝非一位卓越的领导者能独力实现的。“领导”是一项群策群力的共同努力。

检测某个人能否成为领导者的方式很简单，那就是看他使用“我们”这个字眼的频率有多高。

领导楷模会赢得同仁们的全力支持与协助，但这种团队精神绝非凭借一大堆的密报或心腹。在现今“真正”的企业体中，合作绝不能仅限于一小撮死忠派，而应该包括同等级的人、管理阶层、消费者及客户、协力厂商、当地居民，也就是所有与领导者的梦想、利益休戚与共的人。在某方面来说，领导者会影响与后果息息相关的所有人，而领导者要使他们能够有最好的表现。领导者要能动员他人，并且要清楚如果一个人感到虚弱、无法胜任或被疏远，那么他必不可能有良好的表现。**领导者要明白，欲使一个人创造最佳成果，必须让对方有“拥有感”。**

美国普利司通公司主管大卫·巴特勒（David Butler）指出：“不论是社会还是全球的经济发展，我们都已经超越工业革命的成就。那个时代所奉行的‘以控制为导向’的领导结构及管理技巧，对我们早已不适用……现在你必须给生产线上的人适当的梦想和恰当的训练。”

领导者大都同意巴特勒的说法，也都努力促使员工感觉自己强壮、有能力并全力以赴。**但是，成功的领导者并非仗恃权力耀武扬威来促使他人行动，相反的，他是采取分散权力的方式来动员他人。**当员工更谨慎、更有能力、具备更多资讯时，就更能够发挥精力，创造不平凡的成果。

在我们分析的个案中，领导者都自豪地谈论着团队工作、信任及授权，那些是他们成功的基本因素，对员工们来说也是如此。领导者有无能力动员他人是很重要的。事实上，站在员工的利益来看，这点可说是诸多实践方法中最有意义的一项。其实**领导就是一项关系，它奠基于信赖与自信**。要是没有信赖与自信，人们就不会冒险；不冒险，就不会有改变；没有改变，企业和活动就会衰亡。

没有人能独自成功，再卓越的领导者也是如此。从某种意义上说，所谓领导才能，就是能借他人的力量成事。美国钢铁大王曾说过：不是我本人有什么超常的智慧和能力，我只不过比较善于团结在某些方面比我更能干的人为我工作而已。

进取型领导之典范钢铁大王安德鲁·卡内基面对记者关于如何才能获取财富、获得成功的提问时，他没有正面回答，而是列举许多工商界知名的进取型领导，简述了他们的个人奋斗历程，并善意地告诫这位记者，不要固执地向亿万富翁追问获得金钱的窍门，这是不实际的。这位记者就安德鲁·卡内基所提供的例子进行了分析，惊奇地发现，在所有这些成功的进取型领导的周围，都集结了一批才干优秀、能独当一面的精英人物。在许多重要关头，是这些人物协助他们的老板确认了方向，走出了泥潭，取得了成功，几乎没有一个人是完全凭个人智慧和力量在工商界抑或政界打下江山。而史蒂芬·柯维在攻读哈佛大学企业管理博士学位期间，为这位记者的发现又寻找到了一大批非常具有说服力的实证。柯维研究数百名在各行各业出人头地的显赫人物、家庭、财阀，得到了相同的发现，即在这些显赫人物的周围，都有一个极其有力的幕僚机构，抑或称作智囊团。这些机构时时为他们的老板出谋划策、运筹帷幄，在关键时刻，往往能收到意想不到的奇效。在某些人物奋斗历程的某一个阶段，尤其是困难时期，这些智囊人物发挥的作用就表现得更为显著、突出，而他们也始终受到老板的重视、尊重，老板不惜花费巨资维持这个幕僚机构的存在。可以肯定的是，没有这些幕僚的协助，今日的老板不可能拥有如此的成功。纯粹意义上的赤手空拳打天下、白手起家是不存在和不现实的。所以说，**任何一位领导者如欲成功，必善于培养和利用部属，从而使自己拥有一双能翱翔寰宇的羽翼。这是领导特质和领导能力的一个本质的要求。**

4. 以示范的实践力领导组织

领导者一定要能以身作则，通过能创造“进步”与“冲劲”的简单日常行动，带头实践并树立典范。**领导者是通过奉献热忱及以身作则的实践**

力来领导群雄的。

为了领导有方，领导者必须十分清楚自己的领导原则。领导者应该固守自己的信念，因此他们最好有信念可固守。此外，领导者必须有流利的口才，以阐述共同的价值观。光是这样还不够，领导者的行为言辞更为重要，而且必须前后一致、一以贯之才行。美国企业家东妮安·露薇得克认为，在一个成就非凡的企业中，任何一件事都很重要。她这个美国健身娱乐行业中卓越的领导者之一，便亲自以日常行动向位于美国新泽西州的真保力健身休闲中心的同事们证明了这一点。举个例子来说，她刷洗地板的时数并不亚于授课时数。

多年以前，在美国圣塔克拉拉大学的一次教务会议中，后来升任校长的耶稣会神父威廉·瑞沃克（William Rewak）流畅地陈述着改造校园的新计划。在放映完介绍新建筑及庭院的幻灯片之后，他说了一句话："远景需要管理、电力与混凝土联手合作。"他提醒了我们，伟大的梦想不可能光靠冲劲就能实现。若没有艰辛的努力和坚决的毅力，遥远的明天不知道会是怎样。而且，在我们的研究中，成就非凡的个案都具有努力不懈、坚忍不拔、充满斗志和仔细谨慎的特点。

全球大企业成功的典型案例几乎反复地验证了领导特质的这一法则：**任何卓越领导者要铸就自己的羽翼，就必须身先士卒、带头示范。**

在研究中我们发现，卓越的领导者明白刻意地塑造示范是必要的，它可以让人们将注意力、精力和努力投注在被期待的行动上，直到这些行动成为执行的标准步骤，也就是每天例行活动的一部分。建立卓越领导者公信力的另一项要素，就是提高组织成员的关注度。对于自己拥护的价值观所秉承的热心、活力和热情的程度，会决定人们是否把自己当一回事。组织成员对于自己真正运用的价值观，要比自己说说的那些信念投入更多的注意力。没人看得见价值观长什么样子，它们没有实体，我们只能看见人们对价值观的真实反应。

加州州立大学洛杉矶分校教授唐娜·史密斯在一项有关医疗中心行政人员的研究中发现：和员工生产力关系最密切的行为是"以身作则"。如果经理人希望人员提高生产力，就得树立良好的模范，设立高标准，然后让员工按照自己所说的去实行。

在医疗中心是如此，在其他领域也是如此。因为，**领导的内涵就包括了领导者要有示范的实践力才能成功地领导组织**。

5. 激励永远是常抓不懈的领导信条

◇ 鼓励员工，勇敢迈进

追求事业成功的过程，犹如攀登。攀登巅峰的路途既艰辛又漫长，人们很容易在攀登的过程中逐渐感到疲累、挫折、看破一切，常常就这么放弃。领导者这时就要懂得鼓舞人心，让他人愿意继续坚持下去。但是假如这时员工看到组织中有些意志薄弱者，甚至是一些招摇撞骗的家伙，他们会立刻扭头就走。善于激励的领导者，会以诚恳的关心振奋更多人的精神，鼓舞他们勇敢向前迈进，直达成功的峰顶。

任何激励与鼓舞的出发点都是让员工知道他们能够“赢”，这是领导者的一项职责，一个常抓不懈的信条。

领导者可以用各种方式激励每个成员，用人格魅力感召每个成员。你可以用鼓号队、铃铛、运动衫、卡片、亲自道谢以及一大堆其他的奖励方式作为有形的鼓舞，敦促员工继续奋斗、争取胜利。不过，褒奖和庆祝不是玩乐嬉戏，鼓励员工是一件正经无比的工作，是领导者如何以有形的举止行动，将奖励“表演”出来。不论是在努力提升品质、巨变的灾后重建、开始进行新的服务，还是在进行任何一种创新的改变时，假如领导者能以及时而有效的激励表示出对员工的珍惜，会让员工，尤其是组织和事业真正受益。

领导者应不只会鼓舞别人，也会鼓舞自己。美国星图公司的老板乔治·甘纳尼恩（George Gananian）工作得比一般员工还辛苦，对此他回答说：“我热爱用钥匙开门，热爱开启咖啡壶的感觉。”爱，对产品、服务、员工、消费者、客户以及工作，都是最宝贵的领导秘诀。

◇ 激发团队振奋精神

一个卓越的领导者，可以不必考虑是领导的何种机构或组织，但必须

保留自己应有的指挥权，并将其用在适当的事情上。**领导者的目标应该是在建立属下愿意接受你的领导基础上。**

这个团体乐意接受你的领导，而且所有人都有这种强烈的愿望，这就是所谓的团队精神。

哈波德将军在《美军在法国》中谈到他在第一次世界大战中的经验："当命令被执行时，纪律和士气就影响这种非人为的投票：一群英勇的人在心理上是否愿意跟着一位领导者走。美国军队一直要等表决完成后，才愿意开始行动。只有在个别士兵酝酿协调以后，才能得到一致通过。"

团队精神是领导者和被领导者互信的产物，是彼此相信对方拥有高超的品格和能力。领导者要刺激一群人做某件事，必须先激起这群人的团体精神。无论任何组织，都要保持军令如山的原则，组织内成员不得不服从，这种精神依然非常重要。

如何才能发挥这种团队精神呢？**团队精神建立在三样东西上：领导者个人的正直、诚信和集中在奉献而非为本身利益的意愿。**

（1）正直是领导才能的中心点

假若想建立团队精神，领导者就得表现得正直。假若能做到，很快属下都会信任你，明白你说话算话，团体的成员也将以正直的态度来对待你、对待其他成员，团队精神就开始建立了。

（2）应表现真诚的关怀

领导者与属下若想建立互信的关系，必须表现出真正关怀属下的福利。

表现你真的关怀部下的重要性，仅次于尽你领导者的职责。作为一个领导者，你最优先要做的是完成任务，接下来就是关怀属下的福利，而你个人的利益应该放在最后面。

这样一来，你所领导的人会肯冒险犯难，原谅你的怪癖，甚至为你牺牲性命。

（3）尽量"给予"而不是"索取"

任何一个领导者，都应当尽量地施予，而不是一味地索取和接受。唯有如此，才能有效地激发团队精神，从而也为自己铸就一副铁翼。

三、做一名超级领导者

超级领导者，是时代对领导者的特殊要求，是成功对领导者的必然选择。现代管理面临的挑战更多，承受的压力更大，成功的机会更难得。任何以往的经验与知识都已不够用，这就要求当代领导者必须不断学习与丰富，不断进取与创新，让自己成为一个不同寻常、紧跟时代的超级领导者。

1. 培养自己的“超级”领导素质

紧跟时代、为时代所需求的“超级”领导，需要对自己作一番精心设计，从而使自己具有超级领导者所必备的素质。

具体地说，“超级”领导应具有下述的特点与品质。

◇ 富有进取精神

领导者的进取精神表现为对事业有强烈的责任感，有必胜的信念，相信自己的事业一定能够胜利；表现在为事业艰苦奋斗的过程中有百折不挠的精神，有不怕失败的气概。

从进取精神方面来看，超级领导具有以下特征：

一是兴趣广泛，善疑好学，进入新环境，常如“孔子进太庙，每事问”。对事物不断提出新问题，发出新疑问。

二是独立思考，标新立异，不愿随声附和、随波逐流，善于独立行事，敢于弃旧图新开拓新局面。

三是思路灵活，变通流畅，善于举一反三、闻一知十、触类旁通，办事不拘一格，总想开辟新途径。

四是对事物洞察深邃，理解透彻，善于从复杂纷繁的现象中透视出本质所在，从复杂无绪的矛盾中看到解决问题的关键。

五是不怕困难，勇于探索，对创新有强烈的追求欲，对创造有锲而不舍的精神，有不达目的不罢休的坚强毅力。

六是临场发挥，随机应变、见事生情、见机而作。既牢牢把握上级的原则和精神，又能机动灵活地完成上级交给的任务。

> 作为超级领导只有其有永不衰竭的进取心，在成绩面前不满足，在困难面前不停步，振奋精神，勇往直前，才能建立人生事业大厦。

◇ 具有多谋善断的决策魄力

超级领导是一个决策者，又是一个指挥者。决策是管理工作的核心，是超级领导的一个基本功。

所谓决策魄力，就是要求超级领导在别人犹豫不前、看不准形势的时候，能够做出准确的判断，及时地做出抉择，不失时机地带领众人前进。

决策的水平高低、正确程度是衡量管理水平的主要标准。决策最忌乱出主意瞎指挥。出好主意需要“足智”“多谋”。要做到“足智”，单凭个人的经验、学识、才能是不够的，需要借助“智囊团”“思想库”“幕僚”“军师”一类的人员的辅佐，才便于成就大业。“多谋”需要慎思而后行，它是“善断”的前提。世界上的事物是复杂的、多变的，解决一个问题、做好一项工作往往可以有许多不同的做法，只有智谋稠、方法多，才能找到切合实际、行之有效的办法，预先设想几套方案，提供选择，才能处变不惊、应变自如，始终掌握管理工作的主动权。

超级领导的决策素质还表现在具有风险决策的精神上。客观情况是复杂多变的。在科学技术日新月异的情况下，超级领导的常规型、确定型决策较少，而多数是不确定型的决策。要走出新路子，必须有敢想敢干、敢冒风险的精神，那种四平八稳、因循守旧的方法不行。但是，风险决策不是毫无根据的冒险，而是根据事物的可能性和现实性，选择最有希望的方案，并在执行中留有余地，准备应变的措施。超级领导的决策素质还表现在作出决定之后，就要大刀阔斧、雷厉风行地实行。

一名优秀的领导者必须要具有对问题不失时机地作出决断的魄力，并且有坚持下去、一干到底的坚定性。

◇ 具有善于协调的组织才能

超级领导是事业的组织者。艰巨复杂的事业，要求超级领导具备卓越的组织协调能力。

所谓组织能力，是指为有效地实现决策目标，把所属的有关要素、各个环节，从纵横交错的相互关系上，从时间和空间的相互联系上，有效地、合理地组织起来的能力。

管理活动，是管理者组织、引导下属为实现决策目标实施行动的过程。在这个过程中，需要行政权力，但更需要管理者发挥自己的组织协调能力，尤其是进取型领导的自然性影响力，进取型领导不仅要善于凭借自己的自然性影响力把下属团结在自己的周围，而且要善于以高度的凝聚组合力把他们组织成某项决策的功能系统。这就要求超级领导熟悉管理知识，善于人机组合，使组织系统能有效地发挥运转功能，选贤任能、各得其所。

◇ 具有渊博丰富的科学知识

建立自己的事业大厦要求超级领导有高度的科学修养、丰富的知识和较强的专业能力。

超级领导作为一个现代管理者，应当掌握哪些知识才算是拥有**合理的知识结构**呢？简单地说，**应当是专博结合的“T”型结构**。这是由以下两个方面的需要决定的。

一是现代科技发展趋势。现代科学技术的高度发展，使科学出现了高度分化与高度综合的辩证统一现象。边缘科学、综合科学、横断科学不断产生与发展，100 多年来学科由十几种门类骤增至两千多种门类。自然科学和社会科学呈合流之势。21 世纪乃是交叉科学的时代。现代科学技术这种综合发展的趋势，要求人们的知识结构必须与之相适应。如果这时进取型领导的知识成线状，无论是横线还是竖线，都会使人感到知识结构上存在缺陷，在成就某项事业的过程中，会使人感到力不从心。只有专博结合

的“T”型知识结构在这种背景下才能得心应手。

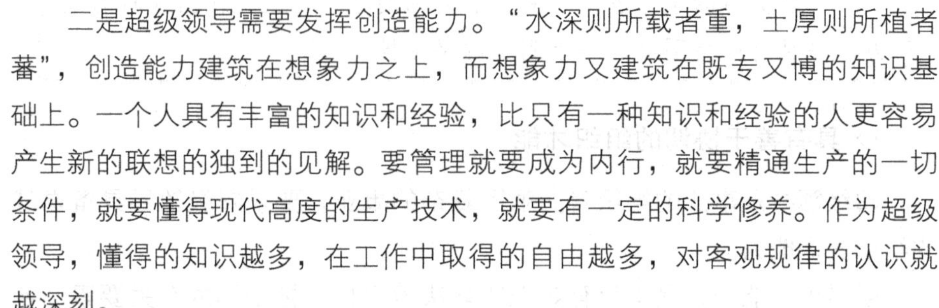

二是超级领导需要发挥创造能力。“水深则所载者重，土厚则所植者蕃”，创造能力建筑在想象力之上，而想象力又建筑在既专又博的知识基础上。一个人具有丰富的知识和经验，比只有一种知识和经验的人更容易产生新的联想的独到的见解。要管理就要成为内行，就要精通生产的一切条件，就要懂得现代高度的生产技术，就要有一定的科学修养。作为超级领导，懂得的知识越多，在工作中取得的自由越多，对客观规律的认识就越深刻。

现代管理者的知识结构最好由三个方面组成：专业知识、相关知识、实践知识。作为现代管理者的超级领导，要善于总结经验，使自己头脑中具有丰富多彩的具体的感性知识，经过自己头脑的加工，使其上升为理性的认识。总之，对于一位超级领导来说，既有广博的一般知识又有相当的专业知识，既有书本知识又有实践知识，才是比较完备的。

2. 设定挑战性的目标

超级领导者对团体的期望很高，成就也很大。超级领导者对自己和别人都抱着最高的期望，而且绝不允许失败。他们首先设定一个非常高的标准，然后坚持每个人都符合这个标准。这样，虽然有些成员势必要被淘汰，但整个团队或组织内的各项工作将会达到前所未有的高度。

约翰·史考利在百事可乐有了辉煌的成就后，转到了苹果电脑。他是百事可乐最年轻的总裁，就任时只有三十八岁。到了苹果电脑，史考利刚上任就遭遇到很多困难，其中最严重的就是夺去史提芬·杰伯（苹果电脑的始创者之一）的权力。史考利拟定了一些新策略，积极推行桌面出版的观念，并推动销售人员积极推销麦金塔电脑。这样一来，销售量大增，而公司也就开始赚钱。他是否告诉过这些推销人员达到的目标？他在《奥德赛》这本自传体的书中记载得很清楚。他说：“我们必须提高卓越的标准，而我也要提高对各位的期望。在上个月我们的麦金塔电脑销路已好转，但现在还不是放松的时候。”

“目标”这一术语指的是一个期望的结果。从根本上讲，就是一个人

在将来某一时间期望达到的程度。**对于进取型领导来说，每项活动都有一定的目标。目标是活动的目的地，也是活动的动力和测定器。**

目标选择又称作目标决策，是指在众多的目标方案中作最后的决断。这是举足轻重的一步，又往往是体现进取型领导特征的一个重要方面。

什么样的目标能使得组织士气高涨，将每一个成员的能力发挥得淋漓尽致，使企业永远成为竞争中的赢家呢？优秀领导者们认为，只有当挑战性目标为远大的目标时才能如此。

优秀领导者认为：困难的目标会引起比容易的目标更高的行为表现水平，具体的困难目标会激发比没有目标或那种“尽力去做”的泛泛的目标更为高水平的行为表现。而所谓的挑战性目标正是这种高而现实的目标。高是指达到目标要有一定的困难，甚至是很大的困难。但这项目标又不是不可及的，它又有其现实性的一面，即实现目标的关键性因素是具备的。这很像运动员登山，他们热衷于新的高度，也只有新的高度，而不是曾经的高度，才能激起他们的激情与斗志。虽然注定有艰难险阻，虽然也有失败的危险，甚至要付出生命的代价，但他们同时也清楚良好的体能、完善的装备和高度的自信心使他们的胜利指日可待，而不是遥遥无期。

丰田汽车公司的加藤诚之在他的《我在丰田公司工作的那些岁月》一书中，谈到了丰田公司的丰田皇冠型小汽车打入美国市场的过程。从中人们可以看到，优秀领导的挑战性目标在这场转败为胜的战斗中所体现出的巨大进取力。那时“一定要打入美国市场”的这项挑战性目标已经成为丰田的一种信念。

加藤的上司看到德国的大众汽车公司制造的“甲壳虫”牌小汽车在美国的高速公路和大小街道上畅驰无阻，他认为既然“甲壳虫”小汽车可以进入美国市场，那就没有理由不让别的牌子的小汽车挤进去。因此，“打入美国市场”成为丰田生产部门和销售部门的首要目标。当时很多人是忐忑不安的。这个目标是不是难度太大了？皇冠小汽车的工艺够得上美国的标准吗？的确，丰田皇冠要打入美国市场是有很大困难的。因为丰田皇冠的发动机是为当时日本的窄路和低速行驶设计的，根本就谈不上符合美国

人对汽车的性能和持久力的要求。果然，当丰田的皇冠车在美国高速公路上以每小时130公里的速度试车时，不久后就爆发出很大的噪音，而汽车的功率则急剧下降。加藤说："我们的理想就像一只底上有一个大洞的船那般地沉没了。我们写信回日本，建议干脆认输算了。值得永远赞扬的是，丰田公司总部说：'不能认输。即使每年卖出50到200辆皇冠小汽车也好。'后来技术问题成了堆，丰田公司不得不把车从美国运回日本，即使这样，丰田公司还是咬住不放。"丰田公司拒绝从美国市场撤退，它执着追求的就是："打入美国市场。"终于，19年后，丰田公司战胜了大众汽车公司，使丰田汽车在美国也可以骄傲地说："车到山前必有路，有路必有丰田车。"超级领导者的一项挑战性目标，会使人们为它付出很多，但它就像一颗北斗星，为人们指明了前进的方向。

挑战性目标的实现是有一定困难的，也具有比一般性目标更大的失败的危险。但**真正的挑战性目标是建立在科学与现实的基础上的**。坚忍不拔是超级领导者的美德。要保持这种美德，因为他有保持这种美德的能力。如果明知道是败局还要坚持下去，坚忍不拔也只能说是一味蛮干了。

> 优秀领导者都喜欢把自己设想成一个优胜者，而不是一个失败者。一个不断获得成功的领导者在做下一件事时比一个总是失败的人的成功率要高得多。

因此，领导者在制定挑战性目标时因时、因地、因人而异，灵活掌握，遵循这样一条原则：不断强化必胜的观念。也就是说要把握好挑战性目标的度，以免产生挑战性目标的副作用——挫伤积极性。

超级领导订立目标时，同时也需要相当多的弹性，因为目标绝不会一成不变。超级领导确定目标是可以企及的，而后别人负责达到目标，自己则对这些人负责。这表示，"我们会去达到目标"的心态建立了起来。超级领导常常会设定一个很有进取性的公司目标，比方说，盈余增加五千万，但不把这个目标加诸任何一个单位头上。只是告诉经理人，这件事有其必要，并要他们去翻动每一块石头、注意每一个机会，帮助做到这件事。人们很少有达不到这些进取性的目标的情况。但如果状况改变，超级领导会回过头去重新设定目标。

3. 抓住上帝掷下的骰子

丧失良机就会失去先机，辨识并抓住机遇意味着成功在握。21 世纪，蕴藏着极佳的机会又伴随着巨大的风险，超级领导当随机应变、择机而动。因为，成功只垂青那些善于捕捉机遇的人。

◇ 机遇是上帝掷下的骰子

任何事物都是按照特定的规律发展的，但有时也会出现意外。在研究借鉴成功的总裁经营经验和方略时，着重研究一下他们对“机会”的寻找，便会发现，成功往往是由能寻找真正改变现状的途径、能创造全新业绩的途径、开发革命性的新程序开始的。超级领导的本能与责任，要求他们总是不停地寻找机会，去做从来没人做过的事。他们冒险寻求新境界的历程——如何扭转颓势，另启新局，如何让未曾测试过的流程上线，如何让企业起死回生。这引进产品或工作流程不只获得 10%、25% 甚至 50% 的改善，而是有数以倍计的进步。顶尖的企业总裁总是超越群伦，勇于挑战现状，做一些前所未见的尝试，达到前所未有的境地。

> 任何事物的发生总会有先兆可寻。观察征兆、留意趋势、捕捉机遇是企业经营成功的法宝之一。所谓择机而动，即发现机遇、迅即行动，通过捕捉机遇到来的征兆，充分把握和利用机遇，进而取得成功。

择机而动的关键是科学的推理和准确的判断，这种推理和判断是建立在对大量信息的分析和综合基础之上的。企业家能否独具慧眼，捕捉到有价值的机会因素，取决于决策者的灵感。经营离不开灵感，创新更是灵感的放大与实施。**灵感一闪而来，机遇稍纵即逝，能够抓住并立即行动，成功就有了基本的先决条件。**

择机而动不仅仅是成功企业巨头的专利。任何企业家只要通过对大量信息的搜集、整理、综合、判断，只要具有敏锐的观察能力和博学的经营理念，就能做到择机而动、随机应变。择机实属难能可贵，择机后迅即行动更少有人做到，由此可见经营者见识的博寡、能力的高下。择机而动，决定于信息占有量、预测的科学性，决定于企业家的知识面及洞察细微的慧眼，决定于能够预见事物发展方向、不为一时一物所扰的才能。

在美国MBA（工商管理硕士）的毕业典礼上，老师们总忘不了最后一次语重心长地告诫踌躇满志的未来精英们：

"你们要时刻牢记：华尔街没有免费午餐！"

其实，任何一个企业总裁都明白：市场竞争中，哪里都没有免费午餐。

午餐需要付钱，机遇的把握、财富的积累也是如此，没有付出学费和代价同样不可能得到。

21世纪，发展无限，商机无限。新经济的兴起更为无数企业带来了勃勃生机，新生企业利用机会抢占市场，老旧企业为获生机变革创新。大企业、大集团改造、重组、上市、兼并，如同千军万马、声势浩大。小公司、小机构兢兢业业、雄心勃勃，仿佛游击小队机动灵活、韧劲十足。精兵强将，残兵败将，规模庞大的战略决战，措手不及的遭遇战、肉搏战，商场每天都在发生着不流血的"经济战"。

这就要求优秀领导者清醒地认识所处的经营环境。因为，企业的生存发展很大程度上取决于经营环境，取决于社会气候，取决于在复杂的环境中对商机的把握，抓住商机对企业的发展至关重要。

> 抓住机遇就是抓住了发展的脉搏，抓住机遇就是抓住了生存的契机，抓住机遇就是抓住了竞争的制高点，抓住机遇就是抓住了财富。

◇ 敢冒常人不敢冒之险

领导行为从本质上讲就是一系列难以回避的风险组合。它不是主动地迎接风险的挑战，而是耐心地等待风险的降临。所以，康德说，人的心中有一种追求无限和永恒的倾向。这种倾向在理性中最直观的表现就是冒险。优秀领导者就是最乐于、最善于冒险的人，并且，他们常常去冒常人不敢冒的险。

超级领导者之所以必须富有冒险精神，是由超级领导者所处的社会环境和他所从事的管理活动的特殊性所决定的。

从社会环境来看，市场经济与其他经济是有着截然不同的区别的。它不是孤立的、停滞的和封闭的，而是有着不断袭来的各种风险。而今天的市场经济是联系的、动态的和开放的经济。在市场经济条件下，生产与消费之间的联系是通过交换、通过市场建立起来的。而市场则是由“看不见的手”调节的，它能让那些敢于冒险、善于创新的人得利，而让那些安分的、无知的、墨守成规的“老实人”失宠。

从一个现代企业的领导者所从事的经营管理的特殊性来看，其中必定包含有许多不确定性因素，因为企业领导者面临的是一个变幻莫测的市场。企业领导者的决策可谓是经营管理活动中最为重要的、最关键的活动，而他的决策是根据他所收集到的信息情报作出的。然而，在一个变幻莫测的市场中，信息是不完全的，无论企业领导者花多大的心血，他也不可能对所有的问题有着完全的把握，他必须依据自己的知识、经验和判断作出决策，等待是不行的。而判断毕竟是带有主观的想象和推断成分的，如果判断失误，就会带来可怕的后果。在市场这一“惊险的跳跃”中摔坏的不仅是商品，还有它的所有者。这就是今天企业领导者所面临的经营风险。

事实上，企业领导者所面临的风险还远不止如此，他还面临着其他的风险，如为了提高劳动生产率，他采用新的机器设备，机器“排挤”工人，往往会遭到工人的抵制；再如在一个“重农抑商”的传统社会中他要开办企业往往会受到民众的敌视，在一个法制不健全的社会他的经营常常会得不到法律的保护，等等。

正因为企业领导者面临各种各样的风险，所以，敢于冒险并敢冒常人不敢冒之险就成了企业超级领导者必不可少的精神。

索尼公司在彩色电视技术上的成功，正是其领导者井深大当初冒着巨大风险，锲而不舍长期紧跟和追赶的结果。没有井深大的冒险精神，索尼就不可能取得如此的成功。经过半个多世纪的奋斗，索尼公司从1946年只有500美元资本、20名职工的小公司一跃发展为今天的全球500强企业。

索尼公司的成功无疑得益于井深大、盛田昭夫等超级领导者的冒险精神。事实上，任何成功的企业在其走向成功的过程中，都离不开企业家的冒险精神。

长期的实践使每位优秀领导认识到：风险与利润同长同消，互成正比，成功的机遇大多唯有勇于冒险方能抓住。因为，财富隐于机遇里，机遇藏在风险中。

◇ 看准机遇就果断行动

决策会使一位领导者看上去真正像一名优秀的领导者。坚决果断已内化为优秀领导者的性格，这种性格有一种十分明显的外在表现，那就是说起话来掷地有声，抓住机遇就果断行动。

能否成为主宰，最重要的是能否做到果断。优秀领导者深知："做事倒不费多大力气，但是决定做什么事需要花很大力气。"这一点正是占据权力高峰的超级领导者与普通领导者的区别所在。

一个强而有力的领导者，具有作出正确而及时决策的能力。正因如此，人们才会相信他，才会对他充满信心，才会积极地为他尽力做事。

估计和评价形势单靠逻辑思维和理性是不够的，这方面很多人都能做到。而只有为数不多的具有个性力量的领导者才能够不失时机、毫不犹豫地作出决策并予以宣布。对于优秀领导者而言，今天的问题绝不能等到明天再作决策。

如果领导者的决策有失误，决不能推诿给别人。正如杜鲁门总统在白宫时常说的那样："在我这里不要说推卸责任的话！"优秀领导者也认识到，作出正确而及时的决定意味着偶尔也必须去冒险。如果总是让别人给出主意，就永远也学不会作出自己的决定。

优秀领导者从思维、决策到行动，都坚决果断、雷厉风行。在超级领导者的哲学里，完全将人的主观能动性发挥到了极致，从而抛弃了一切的优柔寡断、模棱两可和拖沓松散的毛病。

正因为这样，优秀领导者不仅主宰了世界，也主宰了自己；不仅主宰了时代，也必定主宰未来。

4. 优秀领导者的三大法宝

时代更替，万象更新。21 世纪以前所未有的发展速度考验着每一个志在成功的领导者。在变化中，不善于发现新问题，不善于创新和决策，不善于知识管理，领导者就等于已经放弃了取得成功的努力。

◇ 善于发现新问题

与任何伟大的创新一样，领导者的创造活动也是从发现问题开始的。

优秀领导者的洞察力使肯·奥利森创立了数字设备公司，而且还帮他独辟蹊径，降低产品成本，增大了其市场竞争力。这表明，企业的领导者如果预见到未来的新产品是什么，发现了尚未得到满足的市场需求，便可以抓住时代变化的脉搏，得到千载难逢的创造机遇。

在领导活动中，尽管某些事物、原则已经无可非议，被公认为完美无缺，但其中也往往包含着形形色色的未知世界，需要领导者去重新认识和发现。某些司空见惯的事物，展现出的往往只是事物已知的一面，而未知一面则隐蔽着。已知的一面就会对领导者产生一种麻痹和迷惑作用，未知的一面则往往被领导者忽略。因此领导者必须具有浓厚的创新兴趣，在领导活动中善于超出常规，通过逆向思维对“完善的事物”进行重新认识，以求新的发现。由于这种新发展超越了常规，因此必然具有独创性。

> 优秀领导者要想达到创造更新，就需要不断地发现新问题、抓住新商机，而政治生活中的领导者也同样需要不断捕捉新问题才能实现创新。

1978 年 10 月 9 日，时任中国国家交通部外事局副局长的袁庚，代表交通部起草了一份上报中共中央和国务院的文件《关于充分利用香港招商局问题的请示》，第一次提出了“适应国际市场的特点，走出去搞调查、做买卖”的新观点，并在《蛇口工业开发区构想报告》中提出了“时间就

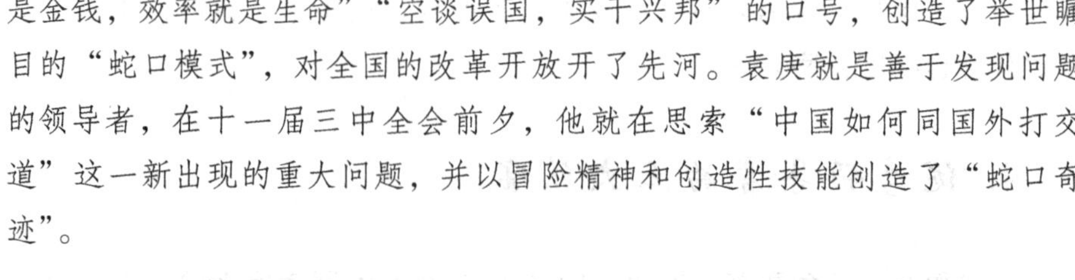

是金钱，效率就是生命”“空谈误国，实干兴邦”的口号，创造了举世瞩目的“蛇口模式”，对全国的改革开放开了先河。袁庚就是善于发现问题的领导者，在十一届三中全会前夕，他就在思索“中国如何同国外打交道”这一新出现的重大问题，并以冒险精神和创造性技能创造了“蛇口奇迹”。

如果一个领导对日常工作中出现的问题拖拖拉拉，总是视而不见、充耳不闻，迟迟不予解决，不仅会给领导工作造成损失，还会使自己失去许多创造更新的机遇。一个超级领导者应该勤奋上进，才能不断发现和解决工作中的新问题，把领导工作推进到一个新阶段。

◇ 善于创新决策

领导决策是典型的创造性活动。可以这样说，**没有创新就没有决策。任何领导决策都以变革现状为前提。**传统习惯、老规矩都是先前领导决策的结果，领导者对此可以有分析地进行继承，但是先前的决策极有可能已经不能完全适应现在的新情况，不能解决现在的新问题。尤其是当先前决策失误，已经造成恶劣后果时，就更需要领导者进行创新决策，否则必将导致彻底的失败。邓小平同志在党的十一届三中全会上重新确立解放思想、实事求是的思想路线，则充分体现了一个战略家高超的批判精神和创造能力。因此，对领导者来说，**要想创新就必须和思想僵化、因循守旧、无所作为进行决裂，因循守旧最容易麻痹领导者，使其丧失创新能力。**

大量体现优秀领导才能的领导活动实例告诉我们，领导者在决策的制定中，可以充分体现领导者的创新性工作技能。作为一个领导者，在确定整个组织的发展方向时，一定要自问这样几个问题：目前发展的最大不足是什么？下一步工作的新目标是什么？工作目标应突破什么？哪些是我们必须重新规划的工作？完成这些工作应该采用什么新方法？……通过对这些问题的思考，才能促使领导决策有所创新，发挥出领导者的创新性工作技能。

◇ 善于进行知识管理

在知识经济条件下，领导者创造性的工作又增加了新的内容，这就是知识管理。

随着知识经济时代的来临，唯一能给一个组织系统带来竞争优势并且保持优势的因素，就是企业知道如何利用所拥有的知识，知道以多快的速度获取新知识。

所谓知识管理，就是将一个组织内部的知识和技能——无论是存在于数据库中的，还是被印刷在文件纸上的，或是铭记在人脑之中的，都作为宝贵的资源调动起来，然后将这些知识和技能配置到能够充分发挥效用、帮助组织实现发展目标的地方。

知识管理的目标，就是将最恰当的知识在最恰当的时间传递给最合适的人，以便使他们能够更高效地工作。面对知识经济时代的挑战，领导者必须掌握如何进行知识管理的工作技能。

知识管理的重要意义可以体现在以下几个方面。

(1) 知识管理是培养组织创造力的基础工作

在知识经济时代，组织内部能力的培养和各种能力的综合与创新是组织维持优势、获得发展的最关键的因素。知识管理可以使组织成员学习掌握新知识，适应迅速变化的新环境，也可以提高组织成员解决问题的创新能力。领导者只有加强知识管理，才能充分发挥组织内部的知识能量，实现领导活动的创新。

(2) 知识管理是知识经济时代进行有效、正确决策的基础

如果组织内部没有充分有效的知识信息管理，那么，当领导者或组织成员需要某类知识信息时，就有可能得不到或无法及时得到。知识信息不完整、不全面或者知识信息陈旧，也就必将影响到组织领导决策的正确性和有效性。因此，通过知识管理，可以使领导者和组织成员充分及时地得到知识信息，进行有效决策。

(3) 加强知识管理，可改变组织原有的心智模式，使组织易于接受和实施创造更新

心智模式是20世纪40年代苏格兰心理学家肯奈兹·克雷克提出的思维分析模式。心智模式理论认为，组织系统中的成员理解与看待周围事物的思维模式一旦形成，往往根深蒂固、不易改变。在组织内部，新的改革观念、新的设想、新的发展规划的实施和推进，往往会因为传统心智模式

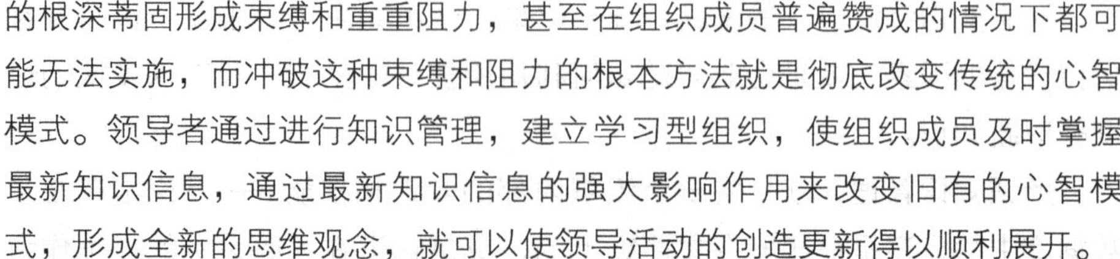

的根深蒂固形成束缚和重重阻力，甚至在组织成员普遍赞成的情况下都可能无法实施，而冲破这种束缚和阻力的根本方法就是彻底改变传统的心智模式。领导者通过进行知识管理，建立学习型组织，使组织成员及时掌握最新知识信息，通过最新知识信息的强大影响作用来改变旧有的心智模式，形成全新的思维观念，就可以使领导活动的创造更新得以顺利展开。

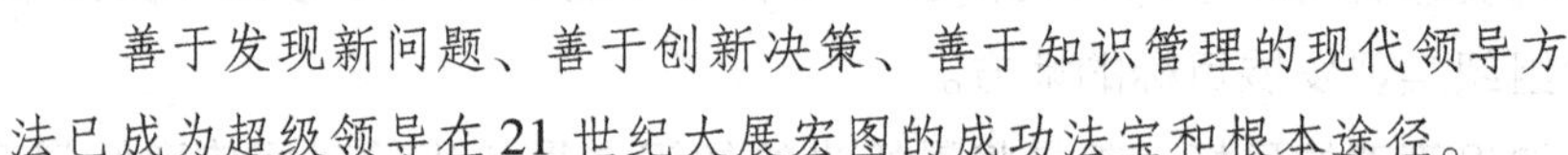

善于发现新问题、善于创新决策、善于知识管理的现代领导方法已成为超级领导在21世纪大展宏图的成功法宝和根本途径。

5. 沉着应对，化危机为机遇

在充满激烈竞争的当今，任何一个领导都不可避免地会遇到某种危机的挑战。在危机面前，领导者必须勇敢地面对，冷静分析，沉着应对，并善于用坚忍不拔、百折不挠的精神及智慧去克服危机，并且化危机为机遇，不断地挺进崛起。

◇ 让自己成为化解危机的强手

(1) 抓住问题的关键

超级领导在解决难题时也是大刀阔斧。

抓住问题的关键。在许许多多复杂的、大大小小的难题中，**有的难题处于各种难题的焦点，是解决一大堆难题的中心环节。抓住这个“牛鼻子”，其他问题则迎刃而解。**

同样，找出矛盾的焦点，在解决过程中也需要多方面的、综合的配套措施，也就是说要着眼于全局，并为其他问题的解决打下一个基础。

这是一个从面到点再从点到面的过程。这需要胸揽全局，目光敏锐，坚决果敢。

加拿大航空公司由于经营不善，长期亏损，累计债款达24亿加元。企业背上了沉重包袱。

后来公司请来享有“解决难题高手”的美国人哈里斯做公司总裁。哈里斯不负众望，在短短三年内，就使公司财政收支平衡，并有1亿加元的净利。

(2) 借用他人进取力

陷入困境的优秀领导不仅从自身挖掘潜在进取力，而且能够巧妙地借用他人进取力。

在进取的过程中，由于无法预测的原因，使优秀领导者走入低谷。这种由客观条件造成的压力有时远远大于来自竞争对手的压力。在这种情况下，超级领导则完全可以利用竞争对手的进取力，去抗衡在当时的具体的政治经济等各方面条件下产生的巨大压力。竞争对手的进取力是针对某个具体优秀领导者全身的，会为优秀领导带来一定的损失，但竞争对手的进取力同时也是抗衡当时的社会背景下产生的巨大压力的。因此，结成联盟，对付共同的威胁所带来的利益远远大于损失，而且会增强自身的进取力，从而摆脱困境，进一步发展壮大。

(3) 选择摆脱困境的主攻方向

在摆脱困境的过程中，优秀领导者会选择一个主攻方向突围。

很明显，四面进取会使力量分散，最终徒劳无功。所以进取力必须集中于一点，但关于进取方向的选择又是一个问题。常规思维会主张从薄弱环节进取，但在某些特定情况下，优秀领导者反而拣“硬骨头”啃，擒贼擒王，这样可集中进取力；一旦进取成功，“大王”被擒，“小贼”便会顺风而倒。

(4) 适应形势，金蝉脱壳

一个组织如果仅能维持当下的视界、优点和成就，必将丧失其适应力。世事沧桑，一切都在变。所以，维持现状就必不能在变动的明天生存。

> 优秀领导者在遭遇困难时，他所寻求的出路就是适应时势，或坚持进取方向，调整进取方式；或改变进取方向，进行大规模战略调整。

当根据形势发展变化，判定针对某一方向的进取必败无疑，甚至已经惨遭损失时，优秀领导者便会拿出极大的魄力和高度的智慧进行战略重点调整但并不放弃原来的进取目标，而是以一部分进取力牵制，以待时机，并且主动调整提高针对原先的进取目标的进取策略。当然最好的结果是两方面的进取都能获胜。

◇ 高人之举，化危机为发展机遇

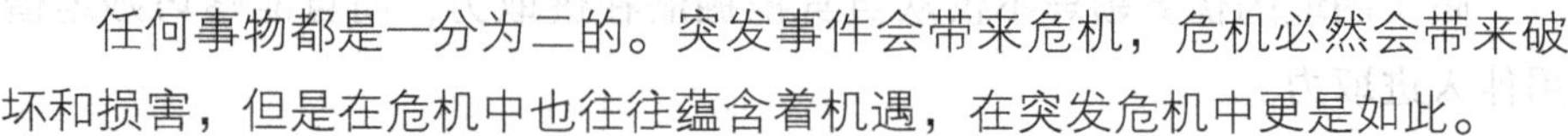

任何事物都是一分为二的。突发事件会带来危机，危机必然会带来破坏和损害，但是在危机中也往往蕴含着机遇，在突发危机中更是如此。

但是，这种机遇隐藏在危机背后，和危机混为一体，而且以极快的速度闪现又消失。

一般人也许只会怔怔地一动不动，危机所造成的混乱已经把他们吓傻了。

优秀领导者则会泰然处之，他们不仅看到了紧张和混乱，而且看到了倏然一亮的机遇，趁它还没来得及逃逸，便牢牢抓住它，用来化解危机。甚至可以借用危机中的机遇来增强进取力，不仅可以避免损失，还会解决在正常情况下无法解决的问题。

优秀领导者的进取力体现在抓住机遇，转化危机。

本·古里安是以色列前总理。1948 年 7 月 8 日，第一次中东战争第一次停火期满前 24 小时，埃及人就在南线发动了突袭。战斗持续了 10 天，以色列人转败为胜。第二次停火期间，联合国派来了“和平使者”瑞典人伯纳多特，督促交战双方解决争端。由于伯纳多特一开始就提出了不利于犹太人的主张，使许多犹太人非常愤怒。9 月 16 日晚，伯纳多特遭到犹太极端组织暗杀。短短几小时内，伯纳多特的死讯传遍了全世界，引起了世人的愤怒与谴责，以色列陷入被孤立的危机。为此，本·古里安提出了解散耶路撒冷所有极端分子团体和消灭一切恐怖分子的主张，并立即被内阁接纳。于是，以政府军开始在全国范围内搜捕恐怖分子，同时还对伊茨尔（本·古里安政敌贝京领导的武装）采取了严厉措施，尽管本·古里安知道谋杀案与伊茨尔无关。谋杀事发后 3 天内，全国所有地下组织都被解散，本·古里安不仅平息了世人之怒，消除了危机，还达到了消除政敌的目的。

本·古里安正是巧妙地抓住了伯纳多特被谋杀这一意料之外的事件这一机遇，运用其领导艺术，利用这一事件和世人的愤怒情绪，果断采取措施消灭恐怖组织，消除了一些人对以色列的厌恶情绪，并借此解除了政敌的威胁，使政府摆脱了受孤立的危机，且保证了本政党的执政权，可谓艺高一筹。

第二章

非权力领导

成功的领导者是能够影响别人，使别人追随自己的人。

——〔美〕赫·巴特

通常认为，领导者通过自己拥有的权力来实现对被领导者的领导。这种领导是硬性的，是命令与服从的关系。这种领导方式对于一部像机器一样运转的组织是必不可少的。但还可以有另一种领导方式：非权力的领导，即领导作用的实现，并不是依靠权力的实施，而是凭借其人格魅力（品性、风格、声望等）和才华（水平、知识、能力、文化教养）等个人的综合素质所产生的对他人的吸引、影响、感召等来实现的。这样的领导在他的部属心目中首先不是一个拥有权力的领导者，而是一个自己倾心向往的出色的人。

一、以品格、魅力立领导之威

“其身正，不令而行；其身不正，虽令不从。”中国的传统文化历来强调身教胜于言教。其实西方亦如此。大凡一个成功的企业，其领导者往往都具有高尚的品德和光华四射的人格魅力。他待人以诚、虚怀若谷；他以自己的品格与魅力将所有的下属都以自己为中心凝聚于一；他并不大树特树自己的权威，而权威自树。

1. 高尚品格是领导者服众的根本

你也许会以最漂亮、最新款式的衣服来装扮自己，并极力表现出最吸引人的态度。但是，这些都很难使你具有真正的魅力。

生活本身的确告诉我们：物以类聚，人以群分。因此，作为一个领导者的你可以确定，被吸引到你身边来的，都是品格与你相同的人。也**只有正直而高尚的品格，才能吸引真正的人才来为你所用，使你成为一个有威望并能成就大事业的领导者。**

在你领导生涯中，你也许会露出一个虚伪的笑容以掩饰你真正的感觉，你也许可以模仿表现热情的握手方式，但是，如果这些吸引人的、个性的外在表现缺乏品格这个内在的重要因素，那么，它们不但不会吸引人，反而会令人逃避你。

美国成功学家指出：只要你内心存在着贪婪、妒忌、怨恨及自私，那么，你将无法吸引任何人，只能吸引和你同类的人。作为领导者，只有拥有高尚的品格才能服众，才能真正树立起自己的权威。

李嘉诚先生2000年在加拿大出席“国际杰出企业家奖”颁奖仪式时有一篇演讲稿。从这篇坦诚心迹的演讲中，我们可以领略这位在动荡年代里成长起来的商界巨子的胸襟——

“我的一生充满了挑战与竞争，时刻被要求要有智慧、要有远见、要求创新，的确是使人身心劳累。但纵观一切，我还是很高兴地说我始终是个快乐的人，因为我作为一个人、一个市民及一个商人，我尽了一切所能服务社会。

我们都痛恨世界上现存的不正义和不公平现象，但我们可带来改变的能力却有局限，然而我深信忠诚、正直、公正无私及同情心是重要和不可替代的价值观。如果有人对你说这些人生观已不合时宜及不适用，这不令我感到惊奇。对于某些人来说，为了追求商业上的成就，就要牺牲以上的价值观。当然现实中的商业社会需要不断更新求变，但我深信在获取更多赢利及更多效率所带来的巨大压力下，也不应牺牲了我们维护公平及减除疾苦的决心。如果我们选择只为追求金钱及权力而牺牲人类高尚情操的话，则一切进步及财富的创造都变得没有意义。

对于一个企业组织领导者来说，最重要的事情是建立一个品德优良的好名声。一位成功的大企业领导者曾经说：“我无法弄虚作假，因为我的眼睛、心和嘴不肯干这样的事。可能正是因为这一点，才取得了今天这点成绩。”

李嘉诚先生在给汕头大学商学院学生做报告时曾说过，有些很容易赚钱的生意他坚决不做，例如赌博。曾经有个国家要赠送给他一个经营赌场的牌照，哪怕他不直接经营，只要把牌照租出去，一年也可以净赚1.5亿美元，但他坚决放弃了。他说，赚钱虽好，但对别人有害的钱绝不能赚。

具有优秀品格的领导者自然有很大的吸引力，这种力量有时看得到而有时看不到。但只要他一走进人中间，即使他一句话也没说，人们也仍会感觉到那“看不到的内心深处的力量”。

2. 诚实有助于领导者的成功

所谓诚实，就是真实、真诚、正直、平等、公平和坦率，它意味着没有欺诈、欺骗和蒙蔽。现实生活告诉我们，诚实、正直和良好的商业行为

有助于成功。

浙江天正集团董事长高天乐曾很有感慨地说："没有诚信百姓战战兢兢；没有诚信，企业如履薄冰；没有诚信，政府寝食难安。"

高天乐曾与一家国外电气公司签订合作协议，本应半个月、最多一个多月就可以谈下来的项目，却花了一年多，因为对方一直在找有关资料，核实他们公司的信誉。

然而实际情况是，有些企业领导者在商业交往中不讲诚信的确也能混下去，但那只是短暂的。说谎的人并非只说一次。一旦他们捏造了什么事情，谎话总是会继续下去，以便支持原来的假话。这样就开始了一系列的半真半假、大大小小的谎言。对经常说假话的人来说，他们的名声会受到损失，将来他们再说真话，人家也不相信了。

花旗集团是美国最大的金融服务公司。其产品的服务对象既包括个人消费者和世界上最大的公司企业，也包括各国政府。其服务范围包括在100多个国家开展的信用卡、消费者和商业银行服务、保险以及投资服务。他们之所以在世界上享有盛誉，就在于他们以诚信为本。

比较完美的企业领导者提倡诚实和正直。根据他们的自我标准，有些什么样的具体建议和做法呢？

①不要随意承诺，不守信用（不过，许多领导者经常干这种事）。

②要记住信任是征服人心的巨大力量。你不信任他人，往往也会使他人不信任你。

③对别人的误解给予谅解。

④把难办的问题摆在桌面上。

⑤不说假话，是什么，就是什么。经常接触现实，避免偏听偏信。

> 做人需要许多方面的素质。对于领导者来说，最重要的一个素质就是当一个真正的好人。不诚实，是无法成为一个好人的，更无法做一个好领导。

与人合作的前提是信任，信任的前提是诚实。人与人之间的相互信任是一种资源，一个人拥有了这种品质，也就拥有了这种资源。培养诚实的最好药方莫过于你心中的良知，它随时提醒你：你的所作所为，哪些是诚实的，哪些是不诚实的。正直是伴随诚实的，你说的、想的和做的，要努力保持一致。人们将注意你，把你同那些言行不一的人区别开来，相信你，希望你成功，甚至助你一臂之力。

3. 领导者的魅力是使人倾心的一把钥匙

魅力是另一个人对你的性格的解释。就算你实施了能使个人变得富有魅力的每一条建议，你还是吸引不住所有的人。富有个人魅力的意思是大多数与你交往的人会觉得你富有吸引力并且才华横溢。但是，富有个人魅力并不意味着与你交往的人们会100%的被你强烈地吸引。因此，在增强你的个人魅力方面所能做到的就是使某一具体的个人觉得你工作时或在社交场合具有吸引力。

为什么具有个人魅力能在人际关系方面给人带来优势？人们受具个人魅力和气质的领导者吸引的因素有如下几个方面。

①人们受他们认为极富个人魅力的领导者的吸引，是因为他们觉得会增强他们的自尊心。它是这样起作用的：假如某人受到另一个人（一个富有领袖气质的人）的吸引，并与之形成了一种积极的关系，这意味着他或她已经被某个重要人物所接受，而被某个重要人物所接受是提高自尊心的重要因素。

②许多人想要为富有个人魅力的人工作，因为这样能给他们以力量并激发他们的积极性。对这些人来说，为一位富有吸引力的人工作是一件令人兴奋的事。

③人们受某个具有个人魅力的领导者的吸引，因为后者使他们产生了一种积极的情感反应。这种情感反应跟性吸引或者与你对一幅美丽的画、一张漂亮的照片、一首壮丽的诗或者一部华丽的汽车所作出的反应在心理上是相似的。

④同样，人们寻求富有个人魅力的领导者是因为引起他们的注意是得到承认的一种强有力的方式。与一位极富领袖气质的人交往会给许多人带

来了他们梦寐以求的身份认同。即使这个富有吸引力的人没有名气，这种认同也会自然地得到加强。

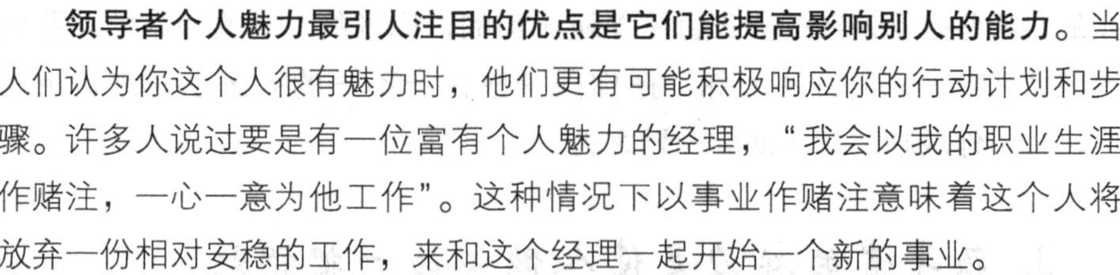

领导者个人魅力最引人注目的优点是它们能提高影响别人的能力。当人们认为你这个人很有魅力时，他们更有可能积极响应你的行动计划和步骤。许多人说过要是有一位富有个人魅力的经理，“我会以我的职业生涯作赌注，一心一意为他工作”。这种情况下以事业作赌注意味着这个人将放弃一份相对安稳的工作，来和这个经理一起开始一个新的事业。

所以，个人魅力实际上是非权力领导力的升华，个人魅力作用在各方面都增强了非权力领导力，如个人感召力的发挥就需要通过以身作则、说服、分享和帮助等方式进行。

一个简单而有效的影响别人的方法是以身作则。领导者可以通过以身作则来领导或者影响他人，还可以通过你自身的行动来传播价值观和传达各种期望。那些显示忠诚、自我牺牲以及承担额外工作的行为特别要以身作则。在项目面临艰难局面时，你也许要每周工作65小时以显示包含在企业文化之中的自我牺牲的价值。

问题是，假如你对人们来说有一种磁铁般的吸引力的话，那么他们把你当作一种行为典范的可能性就要大得多。因此，尽管以身作则的方法很受欢迎，它可能效果不大，除非那个以身作则的人对那些认为可以把他或她作为榜样效仿的人们来说具有吸引力。因此说，**“苦干不如巧干”，个人魅力才是使人倾心、实现非权力领导的一把钥匙。**

> 对很多领导者来说，很强的个人魅力所带来的最大好处是它能让你与别人之间拥有更亲近、更真诚的关系，从而获得影响力。

4. 领导者的宽厚仁德才能众望所归

明智的管理者最在意的是名声，有好名声才有好威信，才能做到众望所归。因此，作为一个管理者，不能不领会厚德得人心的内涵，只有顾及员工对自己的品质评价，**只有在员工面前树立一个仁义宽厚的形象，才能更好地立权树威，做到取信于“民”。**

中国人历来讲究以德服人，也推崇干什么事都要遵纪守法，但员工也希望他们的上司会是一个宽厚长者，树立一个仁义宽厚的形象，将大大有利于管理工作的开展。这也是厚德得人心的真谛所在。要做到这一点也不是不可能的，管理者不妨从以下几个方面入手，培养自己的宽厚品质。

◇ 努力收敛自己的大脾气

有些上司脾气暴躁，情绪容易失去控制，事无大小都喜欢以大脾气压人，他们总以为大发脾气可以形成一种震慑力。其实不然，脾气发得过多，会让员工见惯不怪，其效用也就逐渐失去，而且聪明的员工还会形成一套自我保护的办法。这叫“上有政策，下有对策”。

◇ 专权独裁不可取

有的上司特别喜欢对员工管得严严实实，喜欢看到员工对自己唯唯诺诺、服服帖帖，在具体事情上干预过多，甚至干涉员工的私事。这是非常不明智的做法，久而久之，员工会对领导采取抵制、敌视的态度。正确的做法应该是：给员工一定的自由空间，不要试图把他们套在自己的小圈子里，分派任务时，多强调目的、结果，而具体完成工作的方法、手段，则应该由员工自己负责。

◇ 勇于认错、改错

上司犯了错，绝没有掩盖的必要。欲盖弥彰，反而影响到自己的形象和威信。勇敢地把错误承担下来或者公开道个歉，这未必是一件坏事，说不定还会带来意想不到的效果。勇于认错、改错并不是把污点扩大，适当的认错，可以把污点变为亮点，这就是小过不掩大德的道理。认个错，当即改正它，这实际上是在显示上司本人的“大德”。

二、展示领导者的领袖魅力

应当说，在现代社会，每一个人都应具有良好的道德品质和独具个性的人格魅力，然而作为领导者来说，只做到这一点还不够，他还必须要有意地培养与展示自己作为领导者的那种卓尔不群的领袖魅力。

1. 领导者的领袖魅力

有**领袖魅力的领导者的个性特点有三项因素：极高的自信、支配力以及对自己信仰的坚定信念**。瓦伦·本尼斯研究了90位美国最有效和最成功的领导者，发现他们有四种共同的能力：

- 令人折服的远见和目标意识；
- 清晰地表达这一目标，使下属明确理解；
- 对这一目标的追求表现出一致性和全身心的投入；
- 了解自己的实力并以此作为资本。

不过，在这些方面最新最全面的分析来自麦吉匀大学的杰·康格和鲁宾德拉·卡农格。他们的结论是：有领袖魅力的领导者都有一个他们希望达到的理想目标，为达到这些目标能够全身心地投入和奉献，反传统，非常固执而自信，被认为是变革的倡导者而不是传统的卫道士。

总结诸多有关领导学的研究以及领导实践，应该说，下述各点是展示领袖魅力的基本因素和条件：

①充满自信。有领袖魅力的领导者对他们自己的判断和能力有充分的信心。

②远见和卓识。他们有理想的目标，认为未来定会比现状更美好。理想目标与现状相关越大，下属越有可能认为领导者有远见卓识。

③清楚表述目标的能力。他们能够明确地陈述目标，以使其他人都能明白。这种清晰的表达表明了对下属需要的了解，它可以成为一种激励力量。

④对目标的坚定信念。他们被认为具有强烈的奉献精神，愿意从事冒险性的工作，承受高代价，为了实现目标能够自我牺牲。

⑤不采用循规蹈矩的行为。他们的行为被认为是新颖、反传统、反规范的。当获得成功时，这些行为令下属们惊诧而崇敬。

⑥作为变革的代言人出现。他们被认为是激进变革的代言人而不是传统现状的卫道士。

⑦环境敏感性。他们能够对需要进行变革的环境进行约束和对资源进行切实可行的评估。

有关领导学方面越来越多的研究表明，有领袖魅力的领导者其下属的工作成效与他们对领导者的高满意度之间有着显著的相关性。

为有领袖魅力的领导者工作的员工，会因为受到激励而付出更多的工作努力，而且，由于他们喜爱自己的领导，也表现出更高的满意度。

美国格罗芙集团公司的有关部门正在考虑将苏姗和罗伯提升到一家大型服装厂总经理的位置上，公司人才委员会向总裁提交了最终的提议，人才委员会说两位候选人都很好，但罗伯在个性上略胜一筹。

“为什么？”总裁问。

人才委员会主任认为罗伯有更强的纺织方面的技术知识，并在财务方面更有经验，再说，他在与工会合作方面有良好的记录。不过人才委员会主任说苏姗也很有才华，但她在这三个关键方面不如罗伯。

总裁说：“谢谢你们，我已拿定主意了，我们来雇用苏姗。罗伯在相关商业方面更富有经验，这一点无法与苏姗的领袖气质相比。这个部门的问题在于缺乏干劲。罗伯是个有力的人选，但苏姗的领导气质使她成为我的首选。”

这个例子表明，富有领袖气质通常有助于使你的事业蓬勃发展。

被称为富有领袖气质是很高的评价，而被称为没有领袖气质则是一种轻微的侮辱。很多觉得自己不富有领袖气质的人想变得富有领袖气质，然而他们感到灰心，因为他们认为领袖气质不是可以培养出来的。在他们心目中，领袖气质如同身高，是一个学不来的优点！

尽管领袖气质看起来是根深蒂固的个人方面的特性，但它的很多方面是可以通过学习得到的。

一个重要的事实：领袖气质是一种感觉。下面同样是具有领袖气质的

三个例子：

例1：拉里·博斯帝，联合信号总裁。他那尖锐的言谈以及难以攻击的品行使他的管理者们连滚带爬地去达到他为他们设定的目标，博斯帝的领袖气质使他获得了世界上最抢手的大公司高层领导行政管理人员职位之一。

例2：欧普拉·文弗瑞，哈波娱乐中心总裁。文弗瑞是世界最著名的公众人物之一，她的表演倾倒了成千上万的电视观众。有关她的表演的每一部小说都成了畅销书。文弗瑞是一位热心、富有同情心的老板，她的领袖气质及权威性创造了一批忠实的信徒。

例3：赫伯·开勒赫，西南航空公司总裁。开勒赫是位坦率正直的喜剧家，但他能集市场天才和鼓舞人心的商业领导于一身，从而吸引住了顾客和雇员们。他成功的公司是在商业学校中被最广泛学习的公司。不知怎么地，他那些令人难以容忍的举止，如不停地吸烟，却能得到别人的容忍。

为一位富有领袖气质的人工作就如同与一个你觉得有吸引力和善于鼓舞人的人结婚或生活在一起。有他或她在身边你会觉得很有趣，或许并不是每天都非常令人兴奋，但富有领袖气质的领导者会让你觉得愿意去工作，你会觉得有这个家伙在身边很妙并愿意努力去取悦他或她。

2. 热情、乐观和精力充沛

富有领袖气质的人的一个了不起的品质，即他在整个工作时间和业余时间里都保持高度的热情、乐观且精力充沛。一位驻纽约市的行政调查顾问这样评论他所观察到的最有说服力的例子：“一些管理人员在晚上10点钟与我所追踪的行政人员开会。他们就像是在上午8：30一样精神。你不会听到他们任何人抱怨说太晚了、太累了。当这些管理人员谈论起自己的工作事业时，他们的眼中闪着光。”

变得精力充沛并不像解纽扣一样简单。遵从下面的建议会让你开个好头：

• 晚上得到充足的休息，白天在可能的时候小睡15分钟。如果你要参加一次晚餐会议并想光彩照人，那么在去之前睡一小觉并洗个澡。

• 要改用健康的、提高能量的饮食。

• 在你的单子上划去已完成的任务，以免它们劳你的神、牵扯你的精力。

• 试图控制好个人问题，以便它们不再牵扯你的工作精力。同样地，要控制好工作上的问题，以便它们不牵扯你个人生活方面的精力。

保持热情、乐观和精力充沛的另一方面便是拥有一种行动意向，“让我们去做”是富有领袖气质的人的战斗口号。

行动意向还意味着在决策前不受许多琐事的困扰，在收集了足够的信息来加强自己的直觉之后，富有领袖气质的人会马上采取行动，同时也鼓励他人行动。

3. 拥有热忱，金石为开

一位受邀前来盐湖城摩门大教堂演讲的人，原本预定演讲45分钟，却足足讲了两个多小时还欲罢不能。演讲结束时，在场1万名听众起立鼓掌达5分钟之久。

到底是什么精彩的演说内容得到这么热烈的回响？实际上，他演说的内容还不及他演说的方式重要。听众是被演说者的热诚感动的，大多数的人们根本记不清他说了些什么。

热忱是一盆火，能将岩石熔化。一个缺乏热诚的人，难以成就大事。

“精诚所至，金石为开”这句古老的格言至今仍然历久弥新。

一位非常成功的销售经理说，热忱是优秀的推销员最重要的特质。“握手时要让对方感觉到你真的很高兴和他见面，”他说。

值得注意的是，虚情假意是骗不了人的。过分的热心、刻意地迎合别人，每个人都可以看得出来，也没有人会相信。

热忱并非与生俱来，而是后天习得的特质。你也可以拥有。几乎每一次和别人的接触，你都在尝试推销某种东西给对方。因此，你必须先说服自己，你的理念、你的产品、你的服务或是你自己是值得肯定的。严格地检视，找出缺点，立即改进，由衷地肯定你的理念及产品。

有这种坚定的信念，并养成积极思考的习惯，就能激发你的活力与热忱，发出真诚的光与热，并将其散播到别人的身上。

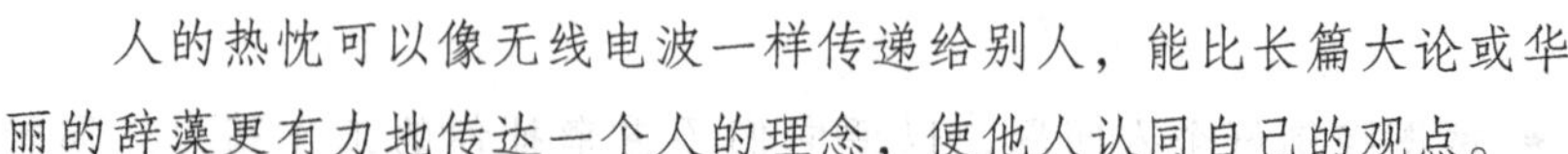

人的热忱可以像无线电波一样传递给别人，能比长篇大论或华丽的辞藻更有力地传达一个人的理念，使他人认同自己的观点。

三、塑造心灵，培养影响力

有人说：领袖魅力是权力与影响力之和。这诚然有一定道理，但我们觉得后者似乎更为重要。权力导致的往往是被动服从，而影响力引发的则是主动跟从，其最后效果大不相同，所以领导者不可不着意培养自己的影响力。

1. 表现诚恳，必能获得良好的口碑

诚恳是一种特质，能带来自我满足、自我尊重，是一天 24 小时都伴随我们的精神力量。我们可以指挥并且充分掌握无形的“自我”，它将引导我们获得荣耀、名声及财富。

林肯有一位朋友告诉他，他的敌人在背后恶意中伤他。

“我不在乎他们怎么说，”林肯回答，“反正他们说的不是真话。”坦荡的个性使林肯不为流言所困。

诚恳是一种动机。别人在把他们的时间、精力或金钱交给你之前，有权利质疑你的诚意。因此，你在着手进行一项计划之前，要先了解自己是否有诚意，问自己：“我是否想要以良好的服务或产品，赚取合理的利润，或者我希望不劳而获?”向别人证明你的诚恳非常困难，但是你必须随时准备好，努力表现你的诚意。

面对困难时，你对于达到目标的诚意将支持你度过艰难的时期。如果

你知道自己的行为都能为别人提供相对的价值，就能逐渐建立良好的口碑。

真诚地帮助别人，可以达到你自己的目标。

2. 付出爱心，定能获得回报

有爱心的领导具有神奇的品质，爱是领导智慧的源泉，是将人们与理性头脑可能观察不到的现实联系起来的内心深处的呼声。爱是很难装出来的。从一个人的所爱之中找到令人振奋的东西是当领导的前提。

善行是表达爱的主要方式之一。在看到需要帮助的人时就本能地伸出援手的人，当自己本身遭遇困难时，有时也会适时地得到援助。这时，可能会有一个人奇迹般地出现，并且会予以“相同的报答”。可是，那并非魔术或其他原因，而是善行必会衍生出另一个善行，善行终会招来善报。这是这个世上最强有力的连锁反应之一。在日常生活中常会碰到那些只需要言语安慰这一点点帮忙的人，说不定他们就在你身旁。像老年、穷苦、因病卧床、身体不自由的人都需要这种帮助。但人们虽然和他们生活在同一个地方，却时常忘记，甚至故意忽略。

帮助别人，虽不图真正的回报，但会因为施善行后觉得自己至少是做了件好事，因而在私下会产生一种自我满足的想法；如果自己这么做了，也能让人家多喜欢自己一点点。不过，若是因为想让人感谢，或期待被社会肯定而行善，那么美好的诚意就会减低。在各式各样的活动中，有那么多人以隐名方式来投入时间、精力、金钱去行善，他们并不期望因此而获得感谢或赞扬，道理可能就在于此。

社会上也有许多不为大众所知、亦不被人歌颂的现代英雄。有许多人为了使整个社会更好，而不惜代价地付出自己的时间。像在保健方面，有医院或护养机构的义务工，他们为了癌症、神经痛、心脏、肾脏等各方面的医学研究而从事募款活动；在教育方面，有为了如果没有奖学金就得失学的年轻学子积极支援各种奖、助学金制度设立的人。这大多数的人，他们的努力并未在正式的场合被提到或受到赞扬，他们只是做他们认为必须做的事，一心只期待着自己的努力对于别人有所帮助，并且享受帮助他人

的喜悦。

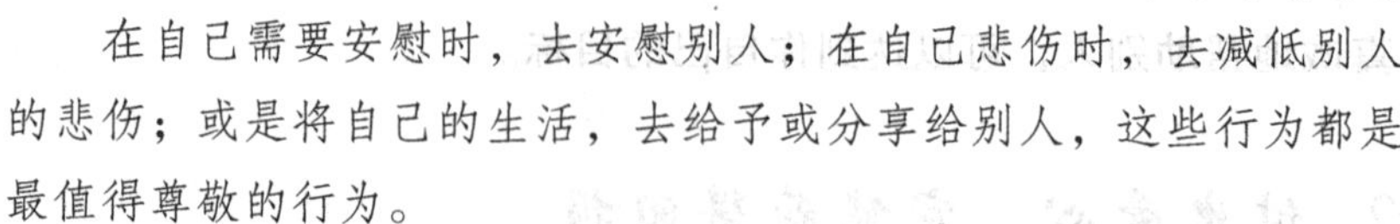

在自己需要安慰时，去安慰别人；在自己悲伤时，去减低别人的悲伤；或是将自己的生活，去给予或分享给别人，这些行为都是最值得尊敬的行为。

所有的善行都充分表现出古谚“施比受更有福”的道理。**如果你能把善良之心扩大，由于“相同的回报”的连锁反应，你也会有好的回报。**

3. 懂得如何去影响他人

未来的世界将是热情、精力充沛的领导者的天下——这些人不只精力充沛，而且具有“有效影响”，使被领导的人也跟他们一样，活力四射。

卓越的领导者懂得，**所谓“管理”，就是让下属去做该做的事；所谓“领导”，就是让别人“主动”去做必须做的事情**。他们积极努力发挥个人的影响力来成事，而不光靠管理能力。

卓越领导的精髓不在于如何去“管”人，而在于如何去“影响”人。

华伦·班尼斯（Warren Bennis）是现代管理学大师，为了研究，他找到90位很有绩效而且足以证明其优秀的领导者。他的研究目标，是希望找出他们优于所谓“好经理”的领导能力。结果他发现，真正的领导者都是极具高度“影响力”的人。经过长期的观察和交谈，班尼斯找出了这一群“领导者”每个人或多或少都拥有的四种领导能力：

- 能充分发挥注意力和影响力在管理中的作用；
- 能够使下属充分理解和支持领导的意图和目的；
- 能够充分取得下属及员工的信赖；
- 能够有效地约束自己，使自己始终保持有影响力的形象。

班尼斯认为：“这群领导者身上最明显的第一个能力，就是有‘影响力’。他们有强大的能力引起其他人的注意，因为他们有远见、有梦想、有意图、有一套行事层和一个参考架构。他们会传达出格外专注的奉献讯息，因而吸引人们的注意。”

你具备这种深深吸引别人、让他主动加入你的行列和你一起共事的能力吗?

这种影响别人积极投入工作的能力，是通过“意向”“远景”“远见”来吸引别人的注意力，可以称得上是当前大家最迫切需要增进的领导能力。

再提醒你一次：**排名第一位，最有效、最能持久的领导能力只有一个——领导者的“影响力”。**

四、提高素质，增进影响力

只是具有影响力还不行，还必须不断增进。现代社会日益复杂，市场竞争日益激烈，领导者必须适应此种情况，不断增进自己的影响力，使得全体员工不独凭理智，还凭感情与你戮力同心。这样，便可有效地抵御种种来自内外的对企业组织的销蚀力。

1. 成功领导者的四项特质

当一位领导者不断追求和学习发展影响力的新价值观时，他所表现出来的气质、见识与能力，都能令周围的人深深感受到他越来越强大的影响力。

影响力可以被整个组织上上下下的人感觉出来。它提供和激发了员工工作的步调、活力与热情，并且促使大家发自内心无悔地执着于共同的目标，一起奋斗不懈。

因此，领导者除了非常需要了解人性并获得部属的敬重之外，还要进一步懂得利用不同的方式去影响部属（当然他要考虑自身的条件和部属的状况），以创造出一种值得部属共同支持，甚至自愿无私奉献的环境和气氛，让组织更具有适应力、创造力和学习力，更容易应付变幻莫测的竞争。

要引导激发部属们群策群力以及决定组织生产力的因素，要看这个组织的领导者他有多少领导才华。而当策略、战术、福利措施乃至于外部竞争产生剧烈的变化时，能力挽狂澜的关键仍旧在于领导者本身，尤其当他具有至深的影响力时。

如何增强影响力可以说是当前领导者最不容忽视、最优先要学习的课程了。

在那些出类拔萃的领导者中，都具有一股令人难以抗拒、挡不住的“影响力”。从他们身上，我们可以清楚地看到他们或多或少都具有以下四项特质。

◇ 引起他人注意的特质

这群领导者身上最明显的一个特质，就在于有能力引起他人的注意、向往和崇拜，并让他的追随者对他们的团体或单位产生归属感。

拥有高度影响力的领导者，几乎个个都有超凡脱俗的远见、梦想渴望成真的蓝图以及一套周密可行的计划方案。他们常常带头领军，强调团队精神，教导新进伙伴认同组织的价值体系，使伙伴们觉得跟随他效命是一种至高无上的荣耀，从而吸引追随者的注意，让人不由自主地与他携手合作。

◇ 十分清楚了解自我的特质

如同做“健康体检”，这些成功的领导者都能定期要求自己参加“领导特质”“领导能力”测验，以了解自己的才能，知道自己的长处、短处，然后定好计划增强或改善它。

同时，高明的领导者知道他们需靠部属献身来完成任务。他们试图向部属请教，诚恳地请他们指出他拥有什么程度的能力（技术能力、管理能力、理念能力与人际关系能力）、在团体中的地位与权力以及是不是一位称职且受人尊重的领导者。总之，成功的领导者对自己领导能力的了解程度，远超过一位平凡的领导者。

因此，领导者需要搞清楚自己是怎么样的人，不论他所拥有的特质是什么——可能是热情洋溢、理想色彩浓厚、坚持到底的决心或绝不认输的干劲，他都可以把它蕴育成厚实的影响力。

◇ **言行一致的特质**

这些令人敬佩的领导者，都具有令人信任、信心、智慧、责任感、勇气、抱负、同情心等品德，他们堪称是有品德的领导者，百分之百值得信赖，即使面对强大的压力、胁迫和艰难也绝不动摇。他们总是把团体的利益置于个人利害前面，不是偶尔为之，也不是为了博得良好的声誉，而是随时随地都能让人信赖，让人不顾一切地跟随在他身旁。

他们总是言教不如身教，而且言出必行。

总之，成功的领导者的行事风格，永远立场前后一致、始终如一。

◇ **高瞻远瞩，开创未来的特质**

永远挺身站在高处，带着望远镜清楚地看出未来方向，具有远见，则是成功领导者另一项难能可贵的才华。他们比一般人更喜爱面对未来的世界，他们更擅长结合事实、数据、希望、梦想、机会和危险，拟订中长期策略、计划，唤起伙伴携手勇往直前，为组织谋求长远的利益，甚至让公司反败为胜。

成功领导者，并非个个都是预测高手，但是，他们都懂得利用各种方法，去研究、获知未来潮流的方向，并编织美梦，让部属了解并支持他所拟订的目标。

> 成功的领导者对他们要做的事情具有十分清楚的概念。而且有能力影响部属和他一起脚踏实地去做。这就是为什么他们总是脱颖而出的原因所在了。

你想做一位新时代的领导者吗？如果答案是肯定的话，我们建议你应尽速增进上述四种特质，使自己气质不凡。这样你才能发挥积极的影响力，带领跟随者开创新局面。

2. 影响下属的三大条件

为什么有些员工那么积极上进，那么有目标、有理想？相当重要的原

因是员工很“服”他们的上司或经营者。不错！成功的领导者总是具有一股挡不住的影响力。

他们之所以获得部属的拥戴，是由于他们拥有深远的影响力，直接或间接地说服部属心悦诚服地跟随他们，并非仅靠指挥的权力。在许多情况下，靠的是他们身上所散发出来的种种魅力。

每一位领导者要达到成功的顶峰，绝对需要部属的支持与合作。而获得部属的支持与合作，除了靠你的权力外，更需靠你自己所拥有的独一无二的特质、属性和才能。

下面是对下属产生影响的三种条件。

表 2－1　领导者影响下属的条件

	影响方式	影响者条件	对象条件
(1)	专业才能	(1) 专门知识 (2) 特殊技能 (3) 可信度较高	(1) 技能较差 (2) 信赖影响者
(2)	说服才能	(1) 深沉坚定的声音 (2) 清晰的声音 (3) 谈判技巧	相关的价值和信仰
(3)	个人魅力	(1) 具有外在吸引力 (2) 具有才学 (3) 舍我其谁的气概	仰慕影响者

◇ 专业才能

人们有高度崇拜专家的倾向，并且对他们所说的话相当信服。如果领导者个人拥有解决重要难题以及完成重要工作方面的专门知识与特殊技能，超越部属相当程度时，就比较容易赢得部属的信任和认同，影响力就如影随形地产生。

而当领导者的专业技能持续为部属所仰赖，对其产生魅力，部属因为爱戴领导者而愿意为其效命，那就更容易持续形成高度的影响力。

根据统计，词汇能力、数字观念、机械能力、目测能力似乎与专业才能有着明显的关联。因此，多多发展这方面的兴趣，并加以学习，一定有助于你在部属面前表现出你对他们的高度影响力。

◇ **说服才能**

领导者也可以利用声音、声调来传递一种信心、可靠和权威的形象。你最好通过专家完成声音训练，增进你的音调和共鸣，使你说话的声音富有意义和影响力。

学习正确交涉、协商和谈判的策略、技巧，则有助于你进行理性的说服，比较容易使对方愿意相信你的建议，引起他人的顺从。这种做法可以轻易取代意气用事的争辩，用以建立起你在组织内的主导身份，而大大发挥影响力的效果。

学习标准的说话技巧，是增进说服才能的基础。

你想表现出无往不胜的说服效果吗？建议你在和部属商谈、沟通时，不妨多举出实例，以数字来说明，使用小册子、照片、简报、图表来进行解说，保证你在部属面前会显得更有影响力。

抱着谅解、鼓励和体谅的态度来听对方说话，并专心凝视他的眼神，是另一种利用倾听来达到说服与影响他人的高明技巧，你不妨试试看。

◇ **个人魅力**

这种影响力与专业才能和说服才能有相当程度的关联性。有些人有天生的领袖魅力，或在言谈、举止间表现出某种特别吸引人注意、仰慕的地方。这一类型的领导者组织环境里，不需靠其职位或专才，光靠微笑、诚恳、外表、举止、服饰、显示权力的道具、整体搭配、谈吐及气质，就具有相当的影响力。你可以在这方面多下功夫。

这种影响力真的很难以捉摸，无法计量且与时俱变。但是，这种被称为“参考权”的影响力，却是增强职权或专业才能的表现，是形成部属效忠的一个重要源泉。因此，**好好包装自己并塑造出一个成功领导者的形象，你就能轻易通过外观的改进和自信心的提升，来有效地改变你对部属的影响力。**

> 一个领导者如果拥有较独特的专业才能、说服才能和个人的魅力，往往会使他现有的影响力产生如虎添翼的效果。

3. 充分运用和发挥影响力

一个人的成就感与工作绩效的高低，绝大部分取决于他能否成功地运用影响力。除了工作职场之外，社团、运动团队、宗教团队，只要你能想到的任何团队，对于有影响力的人无不展开双臂热烈迎接其加入。

一位优秀的领导者，要能有效且充分地运用和发挥其影响力，就必须具备一种基于人的关怀与民主团队的新组织价值观。只有这样才有机会使组织与部属们互蒙其利。

领导者应建立的新价值观，其内涵到底是什么呢？根据威廉·希特（William D. Hitt），从戴那波（Tannenbaum）、戴维基（Davis）的经典论文《价值、个人及组织》中整理出来要点，分别是：

- 人生来具有相当大的为善潜能；
- 将人视为“人”，而不是物质、工具；
- 每个人都被视为会不断改变、发展的人；
- 接受每个人都完全不同的事实，并善用他的长处；
- 将每个人视为具有工作技能、知识和感觉的完整的人；
- 鼓励开放、沟通、诚实的行为；
- 言行一致，让大家信赖你；
- 面对面地讨论歧见；
- 愿意从事风险评估过的冒险行为；
- 强调团队合作。

如果身为领导者能严守上述的理念、价值观，他一定可以立即开拓其对部属或其他人的影响力，并深深影响到他所负责单位的整体生产力。这时候，他对自己努力的过程及实际达到的目标，将感受到无法以言语形容的喜悦和欢愉。

> 每个领导者都应随时随地孕育、培养和增进其影响力，使自己成为最受欢迎、最有影响力的人物。

第三章
挑战传统

我只知道一点：今后要做的与过去所做的绝对不一样。

——〔美〕特朗普

韩国著名企业家金宇中认为，“创新在人类历史上扮演显要的角色。历史的开端总是由某个深具创造力的人物下决心要和现有世界一刀两断，另起炉灶而成”。这是一位企业组织领导者对传统发出的最强硬、最激烈的挑战。其实，整个人类历史都是在革故更新的过程中前进的。哪个民族能最勇敢地突破传统的拘囿，哪个民族就能成为世界上的先进民族。企业组织面临着瞬息万变的市场，就更必须具有挑战传统的勇气，不断地更新自己、超越自己，敢于如熊彼特所说进行“创造性破坏”。

这是一个现代企业组织领导者必须具备的素质。

一、变革是现代领导的灵魂

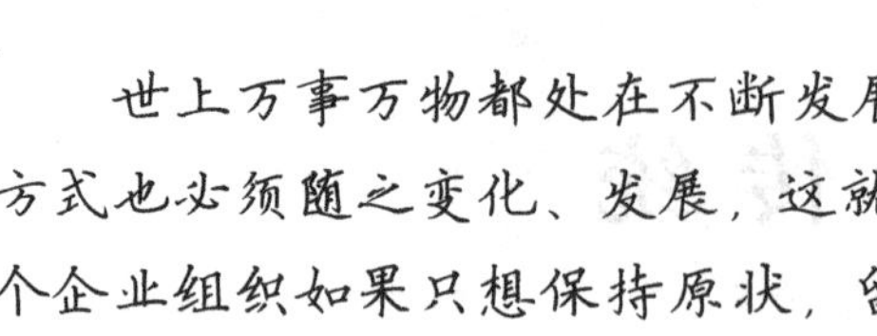

世上万事万物都处在不断发展变化中，领导者的思想与管理方式也必须随之变化、发展，这就是所谓“与时俱进”。任何一个企业组织如果只想保持原状，留在原地跳舞，即便跳得再好，早晚也会成为“最后的辉煌”，灭亡之悲总会到来的。企业的生命就在于不断地适应外部形势，不断处于变革发展中。因此，强烈的变革意识，乃是现代领导者的灵魂。

1. 挑战：推动变革的强大动力

我们生活的时代是一个科技飞速发展、经济突飞猛进的变革时代。全球化经济在无国境的世界迅猛扩展，信息化、开放化和国际化的浪潮一波一波向我们涌来。今天，任何一个国家、一个组织、一个企业，要想固守传统，按部就班地生存下去，都是不可想象的事。**要想进步，要朝气蓬勃地发展，就必须要变革。**只有冲破旧的外壳，才能开创新的天地，才能有光辉的未来。因此说，变革是通往光辉未来的必由之路！

变革从字面上理解是因情境的不同而变。在管理中，变革论即是指通过分析而确定在特定的环境下哪些管理理论和方法是最合适的。主张变革的管理者认为，在管理中并不存在一种适应任何情形的最好的方法。比如，宽松的管理并不一定比严格的管理效果好，分权也不一定比集权好，专业化经营并不总是比多样化经营好，等等。管理具有多变量性，在某种情境中采用一种管理方法能取得很好的效果，而在另一种情境中这种方法就未必有效，而采用与此相反的方法可能会更有效果。因此，管理变革就是关于在变化着的条件下和特殊的环境中如何实现有效的管理的思想和方法。

在管理工作中，依据不同的管理环境和管理对象而适宜地选择和采取不同的管理手段和方式，这是保证管理工作高效率的重要指导性原则。

在管理过程中，要保证管理工作的高效率，在环境条件、管理对象和管理目标三者发生变化时，施加影响和作用的种类和程度也应有所变化，即管理手段和方式也应该发生变化，这就是权变。在管理对象和管理目标保持不变、环境条件发生变化的情况下，在原有环境条件下的管理手段和方式已不适应于新的环境条件，这与高效率的管理所要求的“管理手段和方式应与环境条件相适应”的原则相背，因而，管理手段和方式应该发生改变。

在管理目标和环境条件保持不变、管理对象发生变化的情况下，施加影响和作用的接受者已经发生了变化，这种影响和作用就很难达到预定的管理目标。因而，为达到原来高效率的管理目标，管理方式和手段应跟随管理对象的不同而发生变化。

在管理对象和环境条件保持不变、管理目标发生变化的情况下，施加不变的影响和作用只可能达到原来的管理目标。要使管理目标发生变化，施加的影响和作用也应发生变化，即管理手段和方式应随管理目标的变化而发生变化。

环境条件、管理对象、管理目标、管理方式和手段的相互关系可由下列等式近似地加以描述：

环境条件 + 管理对象 + 管理方式和手段 = 管理目标

从以上等式我们可以形象地看出：环境条件、管理对象、管理目标三者中任何一项发生变化，管理手段和方式都应该随之发生变化，这就是管理工作的变革原则。

在通常的各种管理中，管理目标一般不会发生太大的变化，仍须以和谐作为管理的目标。但环境条件和管理对象却因自身条件和外部条件的不同而具有很大的差异性，工厂管理与商店管理、跨国公司的管理与生产作坊的管理、高级人才的管理和简单劳动工人的管理等显然都具有很大的差异性，因而体现在管理方式和手段上也就有着很大的不同。权变原则就是相应于管理对象和环境条件的不同，而在管理手段和方式上所做的变化。

变革最通俗的含义是随机应变。

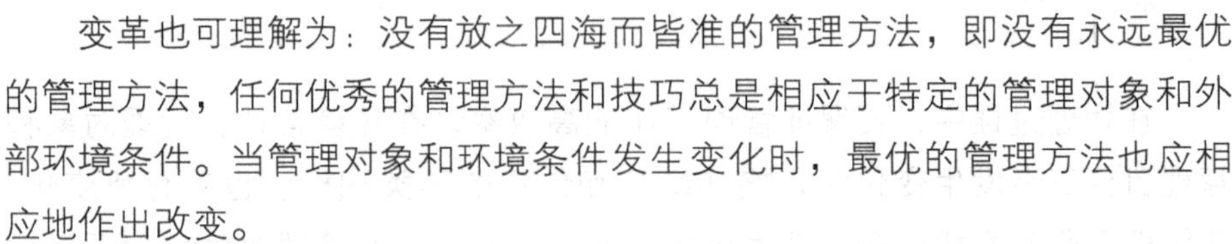

变革也可理解为：没有放之四海而皆准的管理方法，即没有永远最优的管理方法，任何优秀的管理方法和技巧总是相应于特定的管理对象和外部环境条件。当管理对象和环境条件发生变化时，最优的管理方法也应相应地作出改变。

在此企业组织最有效的管理方法在彼企业组织不一定最有效，在此部门最有效的管理方法在彼部门不一定最有效，在此时期最有效的管理方法在未来的彼时期也不一定最有效，在此国最有效的管理方法在彼国也不一定最有效。管理方法的有效性总是与特定的管理对象和环境条件相联系的。

2. 和谐：变革应遵循的原则

变革应遵循和谐的原则，在这一原则下管理方式和手段上的变化，会使管理工作更有成效。

如前所述，变革是指管理手段和方式依据管理对象和环境条件的不同产生的变化，那么，这种变化是以什么方式进行的呢？

我们在这里可以将管理对象和环境条件统称为管理环境。

变革的方式有两种：管理者适应管理环境，管理环境适应管理者，和谐便是在这种方式下进行的。

管理者适应管理环境，是指在管理环境既定的情况下，管理者根据此管理环境的要求采用合适的管理方法。这种权变方式是我们通常所采用而且应加以提倡的方式。如新上任的部门经理尽管不习惯于民主式的管理方式，但迫于管理环境的要求，而不得不改掉自己过去独裁领导的习惯，尊重下属的意见和要求，调动职工参加民主管理的积极性。

管理环境适应管理者，是指在管理者既定的情况下，管理的手段和方式已基本固定，管理环境尤其是管理对象改变自己的期望和要求，使自己适合于现存管理手段和方式的需要。如某公司新换了一名总经理，此总经理的管理方式完全异于前任总经理，他以一种独特的权威主义严格地加强企业的管理，强调上下级分明、下级绝对服从上级的硬派作风。在这种情况下，原来习惯于民主和谐气氛的各级管理人员和企业组织员工也不得不遵从现行的企业管理规范来开展自己的工作。这种权变的方式就是管理环境适合于管理者的方式。管理环境适合于管理者的方式，通常是管理者通过说服或指令管理对象，使管理对象的态度发生转变，从而使管理方式有效的一种权变方式。因为这种说服和指令也是管理者主动进行的，我们仍然认为是管理者遵循着权变原则的结果。这一结果产生的过程就是变革的方式。

在大多数情况下，组织管理中的变革方式是管理者适合于管理环境和管理环境适合于管理者两种方式的结合，但管理者适合于管理环境易于实行，因而是应该大力提倡的一种方式；在员工素质较高时，管理环境适合于管理者的话，管理工作也能顺利地执行。变革的原则是要求管理者和管理对象相互作出调整，以使管理效率达到最大化。

对于一个领导者而言，努力使自己适应管理环境的要求，有利于遵循管理中的变革原则，也有利于管理工作的高效率进行。

变革是当今时代发展的主流。因为变革带来更新，它重塑组织，改变工作的性质，为进步的引擎加助燃料。为了不断发展，管理者应当始终坚持不断地变革。在变革中，找到一些行之有效的管理方法。

3. 实效：实现变革目标的追求

变革管理就是展望组织大致的未来目标并制定达到目标的措施。如果环境条件是稳定的和可预见的，那就很好办。但是，大多数高度竞争环境的变化是充满了不连续性和出乎意料的。因此，对于一位领导者来说，采取“爬上一座山，看两眼，便带几块石头返回”的策略，简直于事无补。在现实世界中，恰恰存在高度的易变性，没有持久的稳定优势。更为重要的是，所需要制定的纲要，应当是当机会出现时能够灵活地部署力量，并能在任何情况下进行竞争的那种。

良好的变革是建立在良好的详细分析之上的。许多领导者想预先将

他们的美好设想形成方案，但“缺乏分析”的危险是存在的。变革活动越来越需要适应缩短时间的要求，强有力的措施是抵御习惯势力的良好措施。

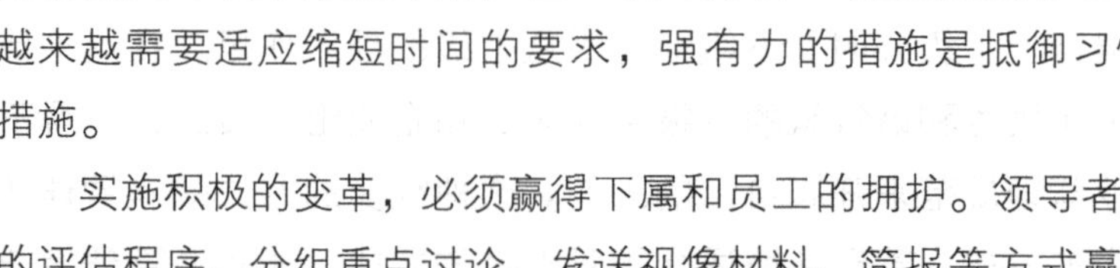

实施积极的变革，必须赢得下属和员工的拥护。领导者必须通过广泛的评估程序、分组重点讨论、发送视像材料、简报等方式赢得员工们的衷心拥护。这也是一个理想化的目标，虽然是劳财费时的。广为接受的观点是：进行激进的变革需要达成共识，但这是极少能够达到的。在实践中，领导者需要走特别长的路才能赢得组织中担任最受人尊重职务的1/5的人的支持，在企业组织中，包括董事们、工会领导者、专业领导者和带来了大量收入的“造雨者”，这些都是代表组织未来的人物。

二、敢冒风险才能成就大业

拿破仑·希尔指出：“幸运之神要赠给你成功的冠冕之前，往往会用逆境严峻地考验你，看看你的耐力与勇气是否足够。”没有风险，也就不会有成功的喜悦与骄傲；没有了成就，也就绝无幸福可言。事实上，在激烈的市场竞争中，作为企业的领导者会时时刻刻面对着风险，想逃避都不可能。只有敢冒风险，战胜风险，企业才会获得长久的生命，领导者的生命才会更加辉煌。

1. 风险与成功是一道算术的过程与结果

无论做什么事，都会有风险。然而，风险既含有危险的一面，又隐含机会的一面。跨越风险便是坦途，机会赫然呈现面前。

大凡成功的领导者总是既能清醒地规避风险，又常常知难而进，善于做出常人不敢做出的选择，善于从风险中寻找发展的机会。

美国成功学家金克拉说：“我所见过的成功领导者中，几乎所有的人都有一个共同的特点，即是不怕承担失败的风险。每一种尝试都要承担失败的风险，否则你要怎么办呢？一事不做、一事无成、默默以终？如果你真的什么都不做，确实可以避免失败，可是你同时也跟成功绝缘了。生命中稍许承重的事物或多或少都要承担一些风险，如果你不尝试的话，就做不到也得不到。不要害怕去为自己的梦想奋斗，一如维尔·罗杰斯曾经说过的：'有时候你总得探头探到枝头上，因为那才是结果的地方。'"

没有任何一个创业者会说他们所做的是一项有极大的风险的事业，大多数的人会告诉你他们之所以这样做的许多原因。当你一无所有的时候，也没有什么好损失的，因为你还称不上失败。这是为什么创业者可以东山再起的原因。

一旦成功了，习惯吃牛排的人，不会再想去吃汉堡的。为了要创业，你必须愿意去亲身体会冒险。虽然吉姆·克拉克（Jim Clark）不是网景的发起人，却是他发掘了拥有技术的聪明人。这是你必须做的。

从投资的角度来说，这也是一种机遇。产品成功了，可以品尝胜利之果；失败了，却得到一个经验教训。虽然有失败的可能，但你若害怕失败而不敢投资，那就永远没有品尝胜利之果的机会。

事实上，风险与成功从来都是并存的。考察、实验和创新都隐含着风险，这也正是人类发展臻于成功境界的首要推进力。

但在现实生活之中，许多领导者为求得所谓的稳定，总在按陈式办事或尽量规避风险，比如政府官员们往往强调降低各项事务的风险率，他们这样做的结果必然使得社会愈发趋于窒息。《美国新闻与世界报道》中引证科罗拉多州大学统计数字，全美出产的汉堡食品必须遵循总计41 000条联邦和州立规章、200 条法令。

当然，意图将风险率降至零指数的政策势必与现实相抵触。它的结果是创造力必然枯竭，拒绝创新并使社会停滞不前。

总之，如不冒险，那你什么事都甭干。作为领导者，要是想让人都满意，那最好是退出赛场，待在家里，钻到被子里读读连环画和杂志好了。

领导者的关键之处，就是不能一遇到压力就低头；否则，肯定一事无成。那样虽然可以大大减轻工作重担，但是能有什么建树呢？

2. 要敢于将梦想付之于实践

成功的领导者，无不具有宏图大略。他们勃勃的雄心在未实现之前，在普通人看来都是一个不可企及的梦想，是一般人在做白日梦时都不会出现的海市蜃楼。

很难讲这些“梦想”在很大程度上是否是建立在理性分析之上的，但是命运往往垂青那些敢于“做梦”的领导者。**因为如果连“梦”都不敢做，便谈不上激发创造的火花，冒险尝试，获得惊人的成功。**通观美国商界，没有哪位发家的大亨不具有野心，没有哪个是因偶然的运气暴富。他们的光荣就筑于梦想之上，越来越大的梦想化作滚雪球般增大的财富。

这类“梦想”进取型成功人士的典型代表是世界旅店大王希尔顿，他说：“我所说的梦想和空想是截然不同的。空想是白日做梦，永远难以实现。也不是人们所说神的启示，我所说的梦想是指人人可及，以热诚、精力、期望作为后盾，一种具有想象力的思考。”

希尔顿认为，完成大事业的先导是梦想，并配合以祷告、工作，否则祷告就失去了意义。这二者好像是梦想的手和足一样。或许，偶尔有些运气的成分存在，不过，**若没有一份完美的宏伟蓝图，不敢将梦想付诸实践，一切都是白费。**

一切都是白费！记住这6个字的结果。为什么许多人工作十几年甚至几十年，忙忙碌碌却终无所成呢？因为他们没有梦想，一切都是机械、被动地去做，像上了发条的机器，他们尽管兢兢业业地工作、一丝不苟，但最终还是为他人作嫁衣。

有作为的领导者不仅敢于闯荡四海，孜孜寻“梦”，而且在经营过程中勇于做“疯子”，作出超乎常人的“疯狂”决策，“疯狂”地坚持自己的目标，坚定地按自己的梦想去做，并不断从一次又一次的失败当中汲取教训，进一步完善和发展自己的管理和经营方法，改进技术，百折不挠，最终得到“成功”的回报。

具有现代思维和进取意识的领导者，都应该知难而进、锐意进取、胆识超人，敢于将梦想付诸实践。只有这样的领导者，才能最终取得事业上的真正成功。

3. 趋于险地而后生

无论在政坛上、战场上还是在商战中，进取型领导都能做到居安思危，长远、全盘谋划，但在更多的时候到最危险的地方去寻求安全，到众人纷纷撤离的地方寻求最佳战机，反而非常稳妥地保证了非凡的胜利。

因为最危险的地方，正是众人纷纷腾出来的“空档”，进取型领导往往能够在众人的思维上空，冷静观察、把握全局、冒险出击。古今中外的进取型军事领导者，一次又一次地证实了这个真理：最危险的地方往往最安全。战场上如此，如果将其演绎到商场，那便是最危险的地方，往往最能赚钱！所以，商界的赢家，往往不惜血本也要冒险，因为只有这样，才能赚到大钱。

名列美国大石油公司第8位、在西方世界最大的工业公司中居第20位的西方石油公司董事长兼总经理亚蒙·哈默，其发迹史和一生的经历，就像一部惊险的传奇。

在一次晚会上，有人打听哈默的发家“秘诀”，哈默告诉他：“实际上很简单，你只要等待俄国爆发革命就行了。到那时候打点好你的棉衣尽管去，一到那儿，你只要到政府各贸易部门转一圈，又买又卖，准能捞一大笔……”听到这里，提问者只当哈默调侃而已，不高兴地转身就走。其实，这正是哈默于20世纪20年代在俄国13次做生意经历的精辟概括。

十月革命不久后的俄国，急需救援物资，特别是粮食。当时是医学博士的哈默，本可以拿着听诊器坐在清洁的医院不愁吃穿地平安度过一生，但他厌恶这种生活，认为自己应该去干一番大事业。于是，他作出了一般人认为是发了疯的决定：到被西方描绘成地狱的俄国去发展自己的事业。

当时的俄国被内战和经济封锁弄得经济崩溃，人民生活十分困难，各种疾病严重威胁着人们的生命。虽然列宁采取了鼓励吸引外资重振苏联的

"新经济政策"，但很多人对苏联充满偏见和仇视。到苏联去经商，被称为是"到月球上去冒险"。

哈默深知这一点。但他感到，风险大，利润必然就大，所以还是值得去冒险的。于是，在饱尝大西洋中航行的晕船之苦和英国秘密警察纠缠的烦恼后，哈默终于踏上了苏联的土地。

1921 年的苏联，其情景惨不忍睹：霍乱、伤寒等传染病流行，城市和乡村到处有无人收殓的尸体。哈默痛苦地闭上了眼睛。但是，精明的他立即想到：灾荒困扰着的苏联目前急需的当数粮食。而由于当时美国粮食大丰收，价格已低到农民宁可把粮食烧掉，也不愿到市场出售的地步；而苏联这里有的是美国需要的、可以交换粮食的皮毛、白金、绿宝石。如果双方能够交换，岂不两全其美。

机不可失，哈默立即向苏联官员建议：从美国运来粮食以换取苏联的货物。这一建议当即得到苏联官员的赞同。哈默首战告捷。而且，由于哈默的这笔交易在客观上支持了苏维埃政府，因此，哈默受到列宁的接见，并鼓励他"拿起你的镐头挖掘俄国的潜力吧"。此后，列宁给予他更大的特权，让他作负责苏联对美贸易的代理商，哈默成为美国福特汽车公司、橡胶公司等 30 多家公司在苏联的总代理，生意越做越大，10 年下来，哈默已成为巨富。

第一次冒险使哈默尝到了巨大的甜头。于是，"不惜血本也要冒险"成了哈默做生意最大的特点，也成为他制胜的法宝。

在以后的岁月里，哈默运用这个法宝，大胆进攻。冒险一次次获得成功，这其中不排除某些偶然性因素。但是，哈默成功的根本因素，还在于他非凡的胆略。

4. 关键时要敢于孤注一掷

面临险境，一般领导的决策方法是退却收缩，但是成功的领导者的处世之道大多是以进为退，主动出击，化解危机。

主动进取往往是以自己的事业前途为赌注，这种主动进取是一种即使在有利的情况下一般领导也不敢做出的大规模扩张。这种进取，不仅需要过人的智慧，更重要的是要有孤注一掷、铤而走险的勇气。因为在风云变幻的政界、扑朔迷离的商界、变化多端的战场以及任何潜伏着不确定因素的领域，都难以作出一个绝对安全的决策。在这种情况下，自认为是非常稳妥的退却的决策，也许其结果是危险的。因此，要敢于有魄力做出以进为退的决断。

日本松下电器公司董事长松下幸之助早年曾在大阪电灯公司工作。他对电灯泡着了迷，为了实现其改进电灯灯头的构想，不惜倾资从事改良的工作，并且组成了松下电器公司。不巧公司成立之初，恰遇经济危机，市场疲软，销售困难。怎样才能使公司摆脱困境、转危为安呢？松下幸之助权衡再三，决定一不做、二不休，拿出 1 万个电灯泡作为宣传之用，借以打开灯泡的销路。

灯泡必须备有电源，方能起作用。为此，松下亲自前往拜访冈田干电池公司的董事长，希望双方合作进行产品的宣传，并免费赠送 1 万个电灯泡。一向豪迈爽直的冈田听了此言，也不禁大吃一惊，因为这显然是一种很不合常理的冒险。但松下诚挚、果敢的态度实在感人，冈田终于答应了他的请求。

松下公司的电灯泡搭配上冈田公司的干电池，发挥了最佳的宣传效用。很快地，电灯泡的销路直线上升，干电池的订单也雪片般飞来。初创伊始又遇经济危机的松下电器公司非但没有倒闭，反而从此名声大振，业务兴隆。

对于刚刚创办、家底不厚的松下电器公司来说，1 万只电灯泡是个不小的数目。但松下在危机面前敢于孤注一掷、铤而走险，采取破釜沉舟的推销行动，震撼了人心，争取了支持者，终获成功。

现代领导者们处在不断变革的形势之中，所以必须具有超凡的睿智和敢冒风险的精神，才能取得事业的发展和成功。特别是在关键时刻，如果没有孤注一掷的勇气，很可能会失去机遇。

三、以战略性眼光经营未来

作为企业的领导者，不独时刻面临着当下激烈的市场竞争所带来的挑战，并且面临着世界经济一体化背景下整个国际市场竞争更加激烈的严酷挑战。领导者再也不能将自己的思维定格于如何创造性地有效整合组织内资源、实现组织的既定目标和责任范围之内，而是要把它置于全世界经济发展格局中去思考，以世界性的战略眼光经营未来，才能立于永远不败之地。

1. 远见卓识的战略目光

要成为一名成功的领导者，必须具备下面一些重要的素质：

- 具有灵活性；
- 不怕冒风险；
- 有敏锐的经营头脑；
- 具有远见卓识；
- 能看清捉摸不定的形势；
- 战略灵活；
- 重视消费者；
- 善于交流；
- 善于鼓励；
- 不断学习。

我们在研究了许多成功企业领导者的例子后会发现，其成功的秘诀有多条，但“专注于远景并具有远见卓识”是这些人的重要特质之一。

假如领导者要带领我们前往我们从来没有去过的地方，不管是哪一种下属，都会渴望领导者具有方向感。在领导活动中，领导者的这种预见未来的能力确实会显得非常重要。**唯有具备展望远景和预见未来的能力，才**

能称得上是出色的领导者。

管理活动的实践告诉我们，下属通常希望领导者能“向前看”，拥有“长远的眼光或方向”。不过，虽然有长远的眼光是必要的，但战略学者盖里·翰墨尔及布拉哈拉德却观察到，只有不到3%的资深经理人，会将精力花在建构未来上，这也是许多领导者失败的重要原因。

追求成功的领导者必须主动去思考未来，各个职位的领导者，都必须专注于现在与未来，唯有如此企业乃至整个社会才会有所发展。

领导者应该有为自己设定目标、开发、预见未来三五年甚至更长一些时间的能力。此外，领导者还必须为经营未来及时提早地采取行动。

怎样才能具有远见卓识，培养自己预见未来的能力呢？下面这些提示你不妨一试：

①直觉未来。直觉是远景的不绝源泉。事实上，就定义来看，直觉和远景有直接的关联。而正如远景一样，直觉是一个“看”的字眼（直觉的拉丁字源是去看）：也就是我们有能力去描绘图像及想象。成功的领导者，通常会说他们的直觉一直都在主导着重要的决策。

②大胆计划。我们在研究中发现，具有远见卓识能预见未来的领导常采用大胆计划，作为推动企业进步的有力方法。任何一个健康的组织都有目标。

杰利·I. 波拉斯是斯坦福大学商学院教授，他还是该学院领导与管理变迁经理项目的主任。他在与人合著的名作《建立并持续：有预见力公司的成功习惯》一书中指出：“一个真正的目标是清楚的且具有强迫性，它被当作努力的聚集点，并被当作团队精神的化身。所以该组织能知道任何可实现的目标，人们喜欢争取达到终点线。目标应是有形的、充满活力的并高度集中的。人们能马上理解它，它不需要任何解释。虽然组织可能有很多目标同时在不同层次上运作，但预见力需要一种特殊形式的目标——一个预见层次上的目标适用于整个组织，并需要10到30年的努力才能完成。把目标放入未来境界需要超出组织的现有能力以及现时环境来思考。

的确，制定这样一个目标迫使行政小组人员具有预见力，而不是战略性和策略性。一个目标不应是一个确定的赌注——它可能仅需要50%到70%的成功概率——但该组织必须相信它无论如何都能达到这个目标。一个目标应有超常的努力，也许还有一点运气。”

③视经验为最佳良师。的确，在现实生活中，我们往往是先去看过去的事，然后才去建构未来的。同时，随着回忆起过去的经验，我们也丰富了未来，让未来更详细。

美国南加州大学教授奥玛·艾沙维曾研究过一个课题，把我们对过去相关经验的了解，运用到规划未来。艾沙维研究了34位总裁级人物，将他们分成人数相等的两组。在他对这两个小组所做的测验中，有一个“远景测验”是为了测量这些人的时间导向。测验中有一项题目，是要求这些总裁去预见自己的未来，去“想想未来可能会发生在自己身上的事”，另一项则是去“想想过去会发生在自己身上的事”。他们必须在两项测验中，各列出十件大事，并且写上发生日期。

艾沙维教授说：“我们是用回想的方式来认识世界，所有的了解都源自于回忆……我们建构未来是用推测的，而过去是推测的序幕，因此去想象未来，其实是回过头来看。”

“回顾从前”可以强化我们向前看的能力。领导者应该尽其所能，好好利用自己丰富的经验。他们的经验越丰富，他们的承受力也就越大，从而，经营未来的时间长度也就会越长。

2. 把握未来的发展趋势

领导者不能够把握未来的发展趋势，便很难在不断变化发展的社会形势中把握正确的航向。

许多曾经显赫一时、声势浩大的公司之所以很快销声匿迹，无不与其领导缺乏远见有关。因此，领导者必须学会从周围所发生的模模糊糊的事件中探寻其含义，并能从其纷扰的形势中发现行之有效的方法，以此推动自己的组织踏上动荡但却朝气蓬勃、充满生机的未来之路。的确，这对我们的领导者来说是一种挑战。我们从大量的研究中还发现，能够为未来做好准备的领导者，是那些了解自己过去的人。在你为未来作出远景规划之前，我们建议你先回顾一下自己过去的辉煌纪录。我们尤其喜欢由贺伯·胥帕得和杰克·哈雷所设计的“生命线”练习。以下是这个练习的简化版本：

①把你的生命线画成曲线图，画出几个你生命中的巅峰和低谷。尽你所能，从能够记得的从前开始画，一直画到目前为止。

②在每个巅峰旁边，写下足以代表你生命巅峰的几个字，在低谷旁边也同样照做。

③现在回头想想每个巅峰，记下你之所以认为它是你生命巅峰的重要原因。

④分析这些重点。看看这些生命巅峰，透露出什么主题与模态？透露出什么样的个人经历？这些主题和模态透露出什么样的信息，使得你个人在未来不得不加以重视？

通过这项练习你会发现，这个练习很清楚也很有用，它可以帮助我们明确未来的远景，并为之做好准备。

> 领导者要时时问一问自己，你想要得到什么？把你想要得到的在开头写上“我想要成就什么事”，一条条列出来。针对每一项，扪心自问：“我怎样才能实现它？”要一直不断问自己，直到找到办法为止。

借着这个练习，可刺激你明确远景：

- 我需要什么样的未来？
- 我如何改变自己或公司？
- 生命中有什么任务令我产生激情？
- 我对工作有何梦想？
- 我对于公司、代理商或客户来说，是什么样的特殊角色或拥有什么样的技术？
- 我最强烈的热情是什么？

● 什么样的工作令我觉得快乐而着迷？假如十年后我依旧全神贯注，会发生什么事？

● 我理想中的公司，应该是什么模样？

其实，我们在现实中无法达到希望的水准是因为我们不认为我们可能做到。为什么不能？我们只不过没有去期待或想象罢了。

> 想象会导引出期待的心理，如果你曾经想象你未来有着新的人生，你的信念和欲望将会表现在生活态度上。你对未来做好了准备，并与你生活的态度一致，你未来的成功人生就能依照你预期的计划进行，并塑造成你想象的人生。

3. 着眼于长远利益

未来的变化是不可避免的。对今天的领导者们而言，他们必须要有洞察未来的睿智，要有长远目光，着眼于长远利益，而不是只顾眼前。

从企业领导面对变革的研究实例中我们可以发现，一些公司的领导感到领导变革的风险太大，他们学会了通过对企业组织进行调整，使企业沿着他人开出的道路前进。这样，他们也能侥幸地避免可能会招致灭亡的挑战和不确定性。但是，这些公司的领导者只是追随者。虽然他们好好地跟着，企业也许就会生存下去，不过，他们永远无法掌握自己的命运。

具有长远目光的领导者们是决不甘于步人后尘的。他们所想的是创造自己的前途和预测未来可能的发展方向，而毫不犹豫地开始在新的征途上披荆斩棘。这样的领导经常鼓励他的员工对传统思想进行挑战，尽可能地改变本企业组织，以取得持续不断的创新和进步。这些领导考虑的不仅仅是生存，他们更多的是考虑规划如何发展，并以未来为导向领导潮流。它们是规则的制定者，其他公司则是跟从者。

亚洲战略投资公司董事长兼 CEO 杰克·平可夫斯基就是这样一个把目光盯着长远利益的人。早在 1993 年前，这位潘恩韦伯公司的投资银行部总监就毅然离开华尔街到中国来淘金，想通过引进西方的资金、技术和强势合作伙伴来提升中国一些行业的国际竞争力，并从中获得高额回报。尽管他整合中国啤酒行业的努力功败垂成，但在汽车零部件行业的整合中却已经初见成效，跻身国内市场三强之列。

他在来中国之前，就坚信世界制造业向中国迁移已经势不可挡，正是这一信念驱使他以未来为导向，来到了此前完全陌生的中国。在中国正式成为 WTO 成员的今天，杰克已经在开始收获八年来辛勤耕耘的果实了。

杰克对《金周刊》的记者说："我所看到的趋势有些不一样，我看到的是亚洲和中国经济飞速发展的趋势。在这个大趋势中，又包含了两个主要的方面：中国这个国家人口多，又很年轻，未来二十年的增长潜力实在太大，市场也太大了！这个大家都是显而易见的。另一方面，我在 90 年代初期看到，发达国家的生产制造业会向中国迁移，中国每年也有大约 1 000 万年轻人走上工作岗位，中国普通工人的工资是每小时 50 美分，而在美国则是 20 美元。要想维持高额利润，必须从发展中国家进行采购，或者干脆把生产基地搬迁到这些地区来。今天，中国作为全球性的制造基地的趋势大家也都显而易见了。1993 年我也在考虑，要来亚洲，究竟是到印度还是到中国呢？后来经过分析，觉得印度虽然有说英语的优势，但进步速度显然远远不及中国，而且任何一个亚洲国家在人口和地域方面都无法和中国相提并论；在东南亚，只要是华人占重要成分的国家，经济都很繁荣，这也是中国的吸引力。当时，是选择印度还是中国，对我来说其实都无所谓；现在看来，如果选择错了，损失就大了。"

显然，多思考未来，并以长远利益为出发点，才能看清方向、把握商机。企业家能否引领企业胜利远航，关键在于其是否能够把握市场发展趋势，看清前进方向，超前对商场变化的走势、进程和结果作出正确的判断，从而趋利避害、抢到商机，掌握竞争的主动权。而要做到这一点，领导者们就要不断经营未来，练就战略眼光，善于高瞻远瞩、审时度势，从而"运筹帷幄之中，决胜市场之上"。李嘉诚先生正是由于习惯以未来为导向，才在经营中如有神助，屡创奇迹。

以未来为导向的领导者，才能着眼长远，树立品牌。事实证明，如果一个领导者目光短浅，急功近利，那么他往往自觉不自觉地会"捞一把"，这样就必然缺少应有的信用意识和品牌观念，他所领导的组织也就不可能

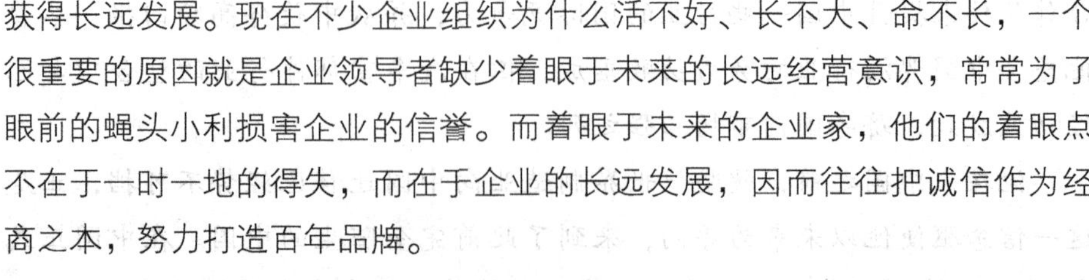

获得长远发展。现在不少企业组织为什么活不好、长不大、命不长，一个很重要的原因就是企业领导者缺少着眼于未来的长远经营意识，常常为了眼前的蝇头小利损害企业的信誉。而着眼于未来的企业家，他们的着眼点不在于一时一地的得失，而在于企业的长远发展，因而往往把诚信作为经商之本，努力打造百年品牌。

> 面对不断变化的市场，领导者必须经常思考未来、经营未来，以未来为导向把焦点对准。只有如此，企业才能成为市场竞争的大赢家。

第四章

运势之道

如果成功的机会只有1%，真正的生意人会视这1%为引燃一场火的火星。

——〔韩〕金宇中

任何一个领导者，都是生活于一定的时空中，工作在一定的具体条件下，并且这一切都处于变动不居中。而他自身的内在因素要与这诸多外在条件相互作用。他就是要在这种“势”中演出威武雄壮的活剧。“势”制约着他，“势”也成就着他。他就是在这“制约”与“成就”的夹缝中求得生存，发挥才干，引领组织创造辉煌。领导者要善于“蓄势”“壮势”“用势”“造势”与“借势”，最终获得驾驭“势”的自由，于是，这“势”也就使他成为英雄。

一、蓄势：聚积和蓄养内在力量

领导者自身素质的高低，是决定其成败得失的关键。任何一个领导者，要想达到厚积薄发、游刃有余的境界，就需要在生活、工作和学习中不断提高自身的素质，强化内在力量，汲取知识和力量，蓄能充电，以备需时才华运用自如，决策操作自如，管理收放自如。而这需要领导者努力，努力，再努力！

1. 努力的汗水让你收获成功的喜悦

在现实生活中，有许多人反复执着于遗传因素，固执地认为一些人之所以能够成为领导者，是因为他们有着成为领导者的先天禀赋。这是天生的，是后天无法给予的。他们的成功完全出于他们的禀赋。这就像一些人能在长跑方面独领风骚，而另外一些人只能在跳高项目上雄居榜首一样，他们都先天具备了成为长跑运动员和跳高选手的优越条件。后天的训练不过使之更为纯粹。每个人都有某方面的禀赋特性，这就表现在他对某方面的执着兴趣，并能凭着兴趣的引导而成为这一方面的专家、权威、大师。这种认识显然是不科学的。需要纠正的是，**先天的禀性固然为个人日后的成就提供了有利条件，但这并不是最重要的。后天的努力训练才是决定自己成就方向与大小的主宰因素。要成为成功的领导也是如此。**

“天才”固然是可贵的，但在任何领域都有太多太多的意外是这个“天才”无法解释的。哈佛商学院的历届毕业生中，一些极为普通的人先后荣任公司总裁、副总裁甚或成为国家财政部要员的人物，这样的例子比比皆是。所以可以断言，他们是通过自身的不断努力才成为卓越领导者的。用天生禀赋解释一切，无疑是在为自己的失意与失败寻找借口，就像亚当、夏娃用一片树叶遮住自己的羞处那样；否则，人生的大厦就会压在他们的身上，让他们翻不了身。真正带有领导意识的人，是不会相信这些的。天才在他们看来毫无意义，他们相信的只是自己的行动和努力。**天才**

这东西，再有力量，也只是凭空的。它不能带来实际的成就。只有实践才是可信赖的。应当说：成功来自于努力。

一些极普通的人成为公认的偶像，历史上有太多太多这样的案例。拿破仑就不用说了。他的辉煌业绩实在太让人目眩了。世人只能高山仰止，无法与之比肩。这里，还有一个新近的领导者，也许你昨天还在报纸杂志上看见人们对他丰功伟绩的追述以及对他本人表示出来的莫大仰慕和崇敬。他就是北约前防务总指挥官艾尼·哈桑上将。大家或许迫切想知道上将的身高，其实他只有1.5米左右。这样的身高，却承载如此之多的荣誉。哈桑上将在第二次世界大战中，几乎参与了所有著名的战役，如索姆河战役、北非登陆作战、代号“黑鹰”的轰炸柏林的大空战、保卫伦敦的空中大格斗、敦刻尔克大撤退、中欧平原坦克大会战……所有这些战役，都凝聚了哈桑上将的心血。他的名字将与这些战役一起永垂不朽。哈桑将军不是天生的将军。将军在自己写的回忆录中曾叙述自己在西点军校期间的表现——

我真不知道我是否能坚持度过我的军校生涯，我怀疑自己以后的选择。军队也许在我毕业以后就会从我的记忆里消失。我的同学在学校都是各方面的佼佼者。他们经常受到教官的表扬和学校、政府方面的奖励，而我的胸前仍是空白的。有一段时间，我害怕触摸我那套可怜而可憎的军装，它们是那样的寒碜。在麦克阿瑟将军叼着他那有名的大烟斗出任校长期间，我曾受到严厉训斥，说我是军校和军队的污点。将军并没有说错，我那时真的自认就是学校和军队的污点。我差一点被勒令退学，唯一的原因是我缺乏领导能力而这是军校学生最重要的素质，或者说是必须具备的素质。将军的训斥让我清醒了，我不再甘于现状，望着将军的肩章，我坚信有一天它同样会出现在我的肩上。我不再回避自己的弱点。我向它们发起了挑战，我要成为全军队最优秀的指挥官。我积极地培养训练自己的领导才能……毕业时，还是麦克阿瑟将军，他拍拍我的肩，又指了指他自己的肩，满意地大笑起来，眼睛里满是赞许和期待。我明白了将军的苦心。是他激励了我，我的努力是他促成的，他是我的恩师……

在大战中，哈桑将军接连受到擢升，与自己的恩师并肩作战，成为美国军队的骄傲和美国军人的偶像。

后天的努力是成为优秀领导者的康庄大道，舍此以外无他捷径。同时，优秀领导者的培养也并非如你想象的那样不易，你的努力与汗水终会让你收获成功的喜悦！

2. 培养理智的自主意识

要成为成功的领导者，就必须树立自主意识。自主意识是自我意识的一个重要方面。

所谓自主意识，是指人在认识和改造世界的过程中，能够依据客观条件和自己的需要、目的、计划和聪明才智，最大限度地发挥和运用自己的积极性、主动性、创造性的一种能力和权力的体验。

显然，只有当人们具有足够的自主性、自决权时，人们的能动性才能得到充分的发挥。具备这种自主意识的人知道：人作为人，不仅是劳动工具和财富的创造者，同时，人还是一个具有主体意识的“个体”。

人的自主意识表现在人们活动的各个方面。如在活动过程中的自我支配、自我控制和自我调节；对自己活动成果在一定合理限度内的自我支配、自我占有；在思维活动中的独立思考，提出独立见解；在工作中勇于进取，敢于负责；在学习中不依赖于他人和权威；在生活上依靠自己的劳动而自立，在精神状态上，具有朝气蓬勃、自强不息的气概和勇往直前的坚强信念，等等。

自主的人能够认识并且善于确定自己的目标，不仅能够成功地控制外部环境，而且能够控制自己的冲动。

每个人都有达到自主的能力，要求自主，是人的本性使然。但是真正能做到的人却是极少数。拜恩说：“人类虽是自由之身，但他学到的第一件事就是听别人的话。他一生都在听从别人。第一个支配他的是他的父母。他遵行父母的教训。”正是这些生活中传统的教育以及其他种种原因，使多数人形成了依赖别人的思想，并养成了依赖别人的习惯。例如不敢独立完成自己想要完成的某一件事，希望得到别人的指点或合作；不敢做权威人物不同意做的事，对那些有可能引起权威不愉快的事也不敢做；一贯服从别人，没有自己的主见，等待别人为自己作出决定，等等。缺乏自主意识，依赖性强，是一种错误的心理选择、错误的习惯。选择了依赖便意味着接受别人的安排，由别人主宰你的言行，这也是许多人不能成为领导的直接原因。然而许多人却欣然接受它，因为依赖可以使自己得到别人的保护，像孩子似的不必对自己的行为负责；可以因为取悦别人而感到满足；可以将自己的缺点掩饰起来或归咎于别人；可以自己不做选择和决定，不用冒险，也避免了许多麻烦。但要成为领导就必须克服依赖性，树立自主意识。这就必须要求自己具有独立的分析辨别能力、高度的选择能力以及准确地把握客观条件的能力。也就是说自己要独立地听、看、触、尝、嗅、研究及评价，是一个独立的个体。自己应从实际经验中理解世界，知道自己在哪里、在做什么以及自己的感觉是什么；自己在许多选择中能选择一条最适合自己情况和目标的路径，作出决定，引导潜力，发挥才能，朝成为领导的方向努力。事实上，人有多大程度的自主性，不但取决于自己认识世界和改造世界的能力，而且取决于各种客观条件，同时，每一个个体的自主性，都依赖于整个社会，需要别人尊重自己的自主性，也需要尊重别人的自主性，人们只有在一定层次上得到社会承认，才更易于发挥个人的自主意识。只有这样，才能有效地引导自己成为真正的领导。

《第三次浪潮》一书的作者托夫勒所指出："凡是探索工作意义、怀疑权威、持有独立见解并认为他们的工作负有社会责任的职工，在第二次工业浪潮中，都可能被视为调皮捣蛋。但在第三次工业浪潮中他们却成为带有进取性的领导，独领风骚，可以说没有他们不行。"

现代社会是不断变动的，社会发展速度加快，这就决定领导者必须要具有自主意识。只有培养自己理性的自主意识，才有可能认清现实，适应社会的发展，使自己成为一名成功的领导者，走在时代的前列。

3. 树立强烈的发展意识

生命在发展中存在，历史在发展中创造。**发展意识，是人的自我意识**

的最高表现。你应该有勇气、有能力成为你所希望并且能够成为的样子。正如苏联作家帕斯捷尔纳克说的："……不仅音乐应该成为超级音乐以便有某种意义，而且世界上的一切都应该超越自己以便成为自己。人、人的活动，应包括无限个因素，它会使现象具有明确性和特性。"

要成为优秀的领导者，就需要树立发展意识。

发展意识，是人希望自己不断有所成就，完成与自己的能力相称的一切事情的愿望。生活中，每个人都在自觉或不自觉地追求自身的发展，用人本主义心理学家马斯洛的话来说，即一位音乐家必须作曲，一位画家必须绘画，一位诗人必须写诗，否则他就无法安静。人们最终都需要尽其所能。

人的发展意识是驱动人向上发展的"指南针"。人自呱呱坠地，一般有前后相继的三段历程，即从生物人向社会人的转变、人生价值的开拓、生命和人生价值的维持。从生物人到社会人的转变要达到生命的成熟和取得社会成员的资格两大目标。人生的社会性转变有两种可能，一是由生物个体转化成社会人，一是转变失调，成为一个有社会缺损的人或人格不全的人。

4. 提高自己的自控能力

要成为优秀领导者，关键还在于你要有自制力。

自制力是一种控制和约束自己情绪的能力。神经生理学家告诉我们，理性思维与情绪行为在大脑中是有部位分工的。人们的行为既受理性指导，又受当时情绪状态的影响，这种影响有好的也有坏的，程度上也有强有弱。如果没有自制力，听任情绪自由行事，自我行为管理则是不可能的；只有增强自制力，才能迫使自己去执行已经采取的决定，战胜对抗的干扰，如恐惧、懒惰，抑制感情的激动，使人忍耐、克己。自制力，是一种使人变得高尚的能力；自制力，是一种使行动的目标集中到创造性活动的力量。

苏联教育家马卡连柯说过："不仅善于期待并获得某种东西，而且也善于迫使自己在必要时拒绝某种东西。没有制动器就不可能有机器，没有抑制力就不可能有任何意志。”

高尔基也指出：“哪怕是对自己的一点微小的克制，也会使人变得强而有力。”

具有严格控制自己的能力和顽强的毅力是成为优秀领导者必备的品质。自制力对于促进人的生理和心理健康，也有重大作用，不能进行情绪控制和行为控制的人，是不会有健康的身体和健康的心理的。为了提高自制力，可采用以下几种方法：

①转移注意法。即在受到不好的刺激时，可以先想点或干点别的。如俄国著名作家屠格涅夫劝人在吵架将要发生时，必须把舌头在嘴里转上10个圈。

②心理暗示法。如林则徐用“制怒”条幅自控；苏轼以“忍小忿而就大谋”的词句自勉，以使自己在遇到不良刺激时，保持良好的心境。

③回避刺激法。当遇到可能使自己失去自制力的刺激时，应竭力回避。如隔壁有人骂我，我不侧耳去听，而是外出散步，这样就避免发怒造成冲突。

④合理发泄法。有人在情绪波动时，利用听音乐和绘画来宣泄其情绪。

⑤积极补偿法。即利用愤怒激情产生的强大精力，找一件你喜欢的工作埋头猛干，或拼命读书，或伏案疾书，使消极情绪转化为积极的因素。

⑥反道而行法。即要干那些自己不愿干的事，也就是故意与自己过不去。

自制力是一种意志力，是自尊、自爱、自重的表现，它能使领导者选择行为的最佳方案，顺利通过一个个岔路口，并始终沿着成功领导者的正确方向前进！

5. 善于自我管理

管理好自己需要自我约束。只有严格地约束自己，从点滴做起，才能

使自己一步一个脚印扎扎实实地积蓄内在的力量。自我约束需要自定义务、自我执行、自我强制、自我检查、自我处理。

◇ 自定义务

苏联教育家索洛维耶娃和鲁温斯基在合著的《自我完善心理学》一书中指出，自定义务是自我完善的主要手段之一。他们认为，人通常是根据从周围环境、作品等方面获得的有关社会对人的要求、有关道德和意志品质以及模范领导的大量信息，制定他们的自我完善计划。这种计划通常由一系列的自定义务构成，例如培养独立性、勇敢精神、顽强性、责任感等。

◇ 自我执行

在行动中要坚定不移地执行自定的义务，就要注意克服“起动障碍”，克服惯性和摇摆性，提高自我系统的响应速度。

◇ 自我强制

自我强制是强迫自己采取一定行为的措施。人往往是在完全符合个人愿望和社会要求的情况下管理自己的。自我实现的特点是个性的自我肯定，是根据人的主观的愿望、观点和需要来管理自己的活动。但是，不可否认在自我实现过程中，可能有自我强制和服从于同自己的愿望相矛盾的自我实现目的的一面。因此，自我强制也是自我管理的重要方法之一。

苏联心理学家索洛维耶娃和鲁温斯基认为：“只有当个性按照自我完善的要求随时监督自己的活动时，承担的自定义务才能够实现。”他们还指出，自我监督有助于按照自我完善的动机修正活动，有助于使学习、工作、体育活动等保持随从这一动机。而这种动机将有发展为理智上对活动起组织作用的趋势。因此，“自我监督在稳定自我完善活动方面具有特别重要的意义”。

◇ 自我检查

如果说自我监督偏重于活动内部的行动程序方面的自我监督职能，亦即行动的稳定职能，那么，自我检查则是修正和稳定活动，使之符合活动动机、提高活动的稳定性以防无意变换的职能，亦即活动的稳定职能。自我检查包括对自定义务执行的结果进行数量上或质量上的考查分析。

◇ **自我处理**

自我处理是自我处理活动一个周期活动过程的终结阶段，是对个人行为效果的分析、鉴定、修正，并进行奖惩，为转入下一个周期做好各种准备。自我处理着眼于自我控制、自我协调、自我激励。

自我管理中的自定义务、自我执行、自我强制、自我检查、自我处理是一个统一的、互相衔接、互相依存的整体，只有从整体把握这七个环节的有机联系，才能提高自我管理水平。自我塑造为成功领导的道路，是以一个又一个这七个环节渐近的良性循环为里程碑的。

6. 不断地学习，给自己充电

现代社会已成为学习型的社会，不学习、不善学习就无法适应这个时代，更不可能成为一个成功的领导者。

知识和技巧就像是其他资源一样，如果不加以开垦就会贬值。对于我们每个人来说，想成为成功的领导关键在于大家耳熟能详的一句话："终身学习。"除此之外，还要将另一句良言在品质管理革命中，应用到我们每个个体，那就是大家很熟悉的名言"持之以恒的进步"。

学习必须持续不辍。活到老，学到老。

只要能不断学习，人人都能成为更出色的领导。试试看，挑一些你所知甚少的领域去进修，甚至去参加你所在公司提供的课程，也能让你获益良多。

与此同时，要成为成功的领导者还应以他人为师。他人的智识和经验也是指导自己的重要资源。在职场上，最重要的三种潜在关系是：良师益友、直属上司以及同事。

良师益友如同是非正规的赞助者和教练一样，同样价值非凡。他们能协助自己学习如何引领部属，而且他们能做重要的引荐入门工作，为自己指引正确的方向。

对自己的职业生涯来说，上司的重要性不言而喻。他们能帮助自己进步，也能阻碍自己更上一层楼。上司是实现回馈及身为表率的极为重要的人物。出色的上司能给自己挑战、信任自己、乐于和自己共度时光，而且他们的行为前后一致。正如同其他所有领导者一样，上司也必须要有公信力，否则自己无法学习、仿效他们。在各自的职业生涯中，大家都曾经遇到过好上司也遇到过坏上司。好上司固然深受欢迎，而坏上司却未必是发展的绊脚石，反而，他们能制造讨厌的压力给自己。假使你发现自己遇到的是个坏上司，无论他是暴君型、病猫型、自求多福型还是干涉型的上司，应付他的最好的办法就是，以你想要的方式去对待他，亦即用坚决但非对抗的态度面对他，而以正面乐观的态度对待自己。坏上司固然令人不乐于共事，但他们却是自己明白“什么事不要做”的绝佳警示。

同事是资讯的有用来源。他们可以告诉我们，其他部门发生什么事。可信赖的同事还能充当智慧顾问，对我们个人的行事风格给予意见，并协助我们测试出解决问题的方法。

最后一点是，还可以去师法与自己毫不相干的人。

7. 于实践中训练自己

一名成功的领导者，并非是天生的，他们同样是肉身凡胎，普通人无需对之望而生畏、高山仰止。其实，你也可以做一个很好的领导者，只不过你没有明确地意识到这一点，它还没有成为你的追求目标和奋发的动力。你**必须首先认清自己，剖析自己，要尽可能地了解自己的长处和短处，挖掘意识深层的领导潜质，使之成为现实可能**。总有一天，你会惊奇地发现，别人惊讶地赞誉你是一位出色的领导。

领导能力的训练和领导潜质的开发，需要最难预测的、险峻的环境，否则很难去适应现实世界的瞬息万变。

只有在高出现实环境中的训练，才能对现实游刃有余、从容不迫。最为险峻、最不可测的环境该是硝烟弥漫的战场。战争的危险性、冒险性、复杂性都是现实生活中其他环境难以比拟的，称之为地狱魔鬼训练实不为过。每一个受训者都要在这样的环境去独立应付面临的险境，克服一个又一个的难题，综合训练提高个人的观察力、分析力、心理承受力等诸方面的能力。战争的不可预测性，更增加了这项训练的价值。正因为战争的不可预测，就更需要发挥个人的各项能力，能在复杂的现象面前演绎归纳、去伪存真、弃粗取精，得出准确的关于未来状况的预见。个人的每一个计划的成功和失败，更需要过人的心理承受能力，不仅在战术上精心筹划、步步审慎，更重要的是要有高瞻远瞩的气魄，在战略上轻视敌人，有敢以大踏步地后退去换取更大进步的勇气和豪情。这样的惊天一笔是难得一见的。如果对这样恶劣环境下的训练你能应付自如的话，相信在现实的其他环境的较量中，你都会感到气压群雄的优势与得心应手的快感。毫无疑问你自己就是一位真正的领导者。

8. 把握时势，积蓄外在力量

◇ 拓展社会空间：建立良好的人际关系

要成为成功的领导者必须注重建立良好的人际关系。这是因为无论喜欢与否——许多人不喜欢——要实现任何程度的成功，任何人都必须程度不同地与其他人打交道，无论你在生活中的地位如何，无论你的目标是什么。你使别人同你的合作越成功，你争取到的朋友越多，社会空间越广阔，取得积极成果的可能性就越大。

良好的人际关系很重要，如果与别人相处得不好，你的生活就会困难重重。一个人可能对很多事情都很精明，然而却完全忽视如何与别人相处和如何得到别人的合作。谁都知道，有人富有才干，但人际关系方面的知识几乎等于零。大多数情况下，这是因为这种富有才干的人没有不辞辛苦地研究人际关系，甚至没有多想一想这个问题。这是很不幸的，因为像所有其他习惯一样，保持良好的人际关系是人人要学的一门艺术。有些人在这方面生来就有天赋。世界的事就是这样，但重要的是谁都可以通过实践得到提高。

如果你善于与别人友好相处，那么至少在两方面可以获得裨益。

第一，通过掌握成功的人际关系的艺术，你对欣赏这种艺术的人具有吸引力。假如你擅长做使你成为一个具有吸引力的人的一些事情，你对其

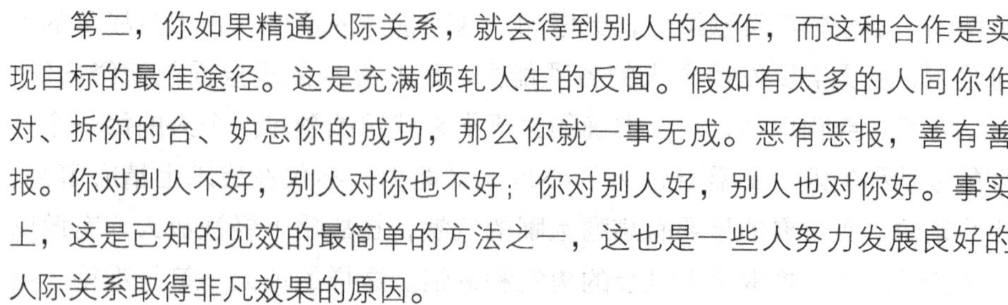

他有吸引力的人也会有吸引力。有吸引力的人将给自己的人生增添价值。

第二，你如果精通人际关系，就会得到别人的合作，而这种合作是实现目标的最佳途径。这是充满倾轧人生的反面。假如有太多的人同你作对、拆你的台、妒忌你的成功，那么你就一事无成。恶有恶报，善有善报。你对别人不好，别人对你也不好；你对别人好，别人也对你好。事实上，这是已知的见效的最简单的方法之一，这也是一些人努力发展良好的人际关系取得非凡效果的原因。

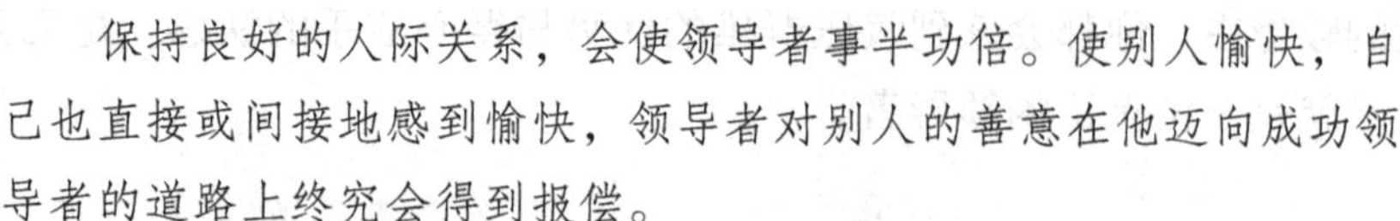

保持良好的人际关系，会使领导者事半功倍。使别人愉快，自己也直接或间接地感到愉快，领导者对别人的善意在他迈向成功领导者的道路上终究会得到报偿。

◇ 抢占有利之地

孟子曾说过："三里之城，七里之郭，夫环而攻之而不胜，是天时不如地利也。"军事上的地利极其重要，地利对于人生事业也是如此。

对于一名领导者来说，地利意味着优势。地方位置好，获取消息早，条件方便，距离成功的目标便近。这对于这一地方的人，就是别的地方的人没有或不及的一种优势。

地利意味着占尽地缘之利，意味着凭借的资源比他人多，"近水楼台先得月"，这样成功的概率就会越高。

二、壮势：打造一支常胜军

现代领导者已不再是孤家寡人治理天下的时代。一个领导者才干再高，点子再好，离开众人的努力配合，离开团队的合力支持都不可能有所作为。卓越领导都致力于把一个组织、一个团队打造成凝聚人心、形成合力的高效队伍。这是当代领导的管理之策，也是实现目标的壮势之道、常胜之师。

1. 组成一支强有力的高效团队

美国管理学家詹姆斯・马克说过，要想取得今后的成功，就应充分运用人力资源，尤其要尽力形成强大的团队合力。

对于领导者来说，建立一支强有力的团队，就等于为自己打造了一支无往不胜的常胜军。

建立一支高效强有力的团队主要有以下几种策略。

◇ 确定共同目标

共同目标是团队存在的基础和奋斗的根据。因此，领导者要将团队打造成一支常胜之师，首先要确定一个共同目标，并采取有效策略，亲和每个职工的思想，使他们为实现这一共同目标全身心地奋斗。这一目标是职工共同愿望在客观环境中的具体化。它以实现公司整体利益为前提，又包括职工的个人意愿和目标，充分体现职工个人意志与利益，并且具有足够的重要性和吸引力，能够引发团队成员的激情，同时这一目标要随环境的变化有所调整。只有这样，才能充分调动职工的积极性和创造性，实现整个团队效率最大化。例如，中国台湾地区的霖园集团把“人人都是‘小富翁’”作为团队的共同目标。

◇ 完善制度与机制

一个团队如果缺乏完善的制度和机制将无法形成合力。**合理的制度机制建设主要包括：团队纪律、上级对下级的合理授权、团队的激励与约束、建立公平考核、健全升迁制度。**如果说选择团队共同目标是建设高效团队的核心，那么建立合理的授权、激励与约束、考核制度是实现团队共同目标的保证。有严明纪律，团队就能战无不胜；有合理的上下级授权，就既能明确责任和义务，又能充分调动各方面的积极性和创造性；有效的激励约束、公平考核与升迁制度，就能做到人尽其才，既可充分实现职工个人价值和团队价值，又可杜绝团队中因责、权、利不明而导致的摩擦和冲突，保证团队整体利益。

◇ **聚集人才**

重视人才，提倡学习和创新。人才是企业生存之本，是否拥有一批高素质人才直接决定着企业的成败。当今跨国企业竞争的焦点之一就是人才的争夺战，哪个企业得到优秀人才，哪个企业就掌握了商战取胜的主导权。知识经济时代尤其如此。

一个企业只拥有人才还远远不够，还要善于培养和运用人才，要充分激发其潜能，大力培育其创新精神，为人才的发展和成长提供广阔空间。

◇ **协作与沟通**

团队成员间的密切团结和高效沟通，不仅可以减少成员间的矛盾和冲突，促进成员间相互了解、相互帮助和相互交流，使各成员的矢量和最大化，以实现团队的整体目标，而且可以实现团队成员间智力资源共享，促进知识创新。

2. 当下属的“教官”

当一个组织羽翼未丰、势力不够强大时，领导者往往潜心积蓄和扶植自己的力量，把一支平庸队伍逐步训练成一支常胜之师。在训练自己这支常胜军过程中，领导便是“教官”。

这种教导过程，应把它看作领导者的一个重要组成部分；反过来说，教导渗透于领导的全过程，在领导过程中要时时体现教导。因此，领导者在日常工作和生活中要时时抓住契机，对队伍进行教导和训练。

但是，这种融入日常生活的教导训练必须有个前提，即领导者本身具有亲和力，使下属能够从内心深处乐意接受训练，即使与上司有不同意见，因为沟通没有障碍，问题会马上得到解决。

要想达到沟通、训练、教导的目的，领导者就应多和下属谈话，但是这种谈话也不是随意进行的，应预先设计。

在训练过程中，领导者应把握一点——既为严父又为慈母，实施双向进取：责备惩罚与肯定赞美。

毫无疑问，要做领导者，就负有教导被领导者的责任。

教导是领导的应有之义。领导者必须乐意教导属下，和他们分享看法和经验，并和属下在一起密切合作，协助他们达到成熟而具创造力的境界……领导者重视领导中教导作用的发挥，可以使属下各种不同能力的人，全都受到鼓励、刺激和影响。

若想将一支平庸的队伍训练为一支工作有效的团队主力，那么这种训练不能是一劳永逸或者是定期性的事。

美国企业管理学教授伯特·史坎隆指出："有效的训练是每天而不是一年才一次的工作。经理人花在教导属下工作上的时间越多，所得到的效果也会越好。"

因此，领导者首先要做的就是将训练融入日常生活。

> 领导者要随时随地抓住机会教导那些追随团队组织的人，协助他们增进工作能力和技巧。团体的成员越能得到改进，他们执行工作的能力会越好；他们工作得越好，当然团体也会更好。

假若领导者想成为一位好教练，实际上并不太困难，下列五点是必须要做的：

- 对人随和，容易亲近；
- 多找属下个别谈话；
- 肯定别人的成就；
- 适时地责备下属；
- 按照制度执行惩罚。

3. 形成亲和进取力

在领导者和被领导者中间建立一道墙是一个绝大的错误。这并不是说要你跟他们放浪形骸、混在一起，而是说你本身应该完全开放，不要拒任何人于门外。假若有问题或是有意见，别人才敢或是愿意向你提出。

领导者与下属之间有“墙”阻隔沟通没有任何好处，只能隔绝你和属下的交流，好的意见或坏的意见或坏的消息传不进你的耳朵来。这只有伤害自己的领导效果和团队合力。

史戴夫是一位具有亲和力的领导者，他的这种品质使得他的下属敢于与他积极地沟通，甚至与他唱反调。这样的上下级关系有效地推动着工作的展开。当史戴夫在一家公司的研究发展部门担任主管领导时，想研究出一种飞行员头盔上用的耳罩，以增加对飞行员耳朵的保护能力。史戴夫工作了好几个月都未能成功。他耐心地等候一个研究构想的证实，可是研究员告诉他有些事情不对，他要求一切试验再从头开始。

史戴夫坚决地拒绝了。他说：“花了这几个月的时间，眼看着要成功了，你又要从头来一遍，绝对不行！”

“长官，这次花费的时间不会超过一个星期。”

“我们不要再有任何延缓，现在就可以用了。”

“我不敢保证一定管用。”

“好吧，我保证，来签下同意书。”

幸运的是，史戴夫的人都知道他和他们之间没有墙，只要他们有意见都可以提出，自认为有理还可以据理力争，直到史戴夫做出决定。

也许，任何事情中途出了问题，一半以上的情况团体中会有人发现，只是他们无法接近负责的领导者，或者是即使向他报告了，他也不愿听属下的意见，最后造成不可收拾的大灾祸。

但这并不意味着属下的建议每次你都必须接受，而且有时候时间紧迫，也没有讨论的余地。

> 领导者要让属下不怕提出意见，即使是以强烈的用词表达。这也表示你已建立明确的管道，保证你能接受到各项讯息。只有这样，才能形成一种亲和进取力。

是不是要这样做，部分要看你对待提出建议者的态度。假若你只希望接受和你想法一样的意见，你就根本接收不到意见。

假若只有那些和你意见相同的人得到升迁，事情会变得怎么样呢？那只有一种结果：不会有多久，你的属下全都会是附和你的人，而那些最好的人才很快就会外流，一个曾经十分强有力的团队就这样离你而去，消弭于无形。

4. 为教导而惩罚

有时候，团队成员犯的错误非常严重，领导者必须执行某种形式的惩罚。**当必须用到惩罚时，就不要犹豫。拖得越久，对领导者和应该受惩罚的人来说，日子就更难过，也越容易使别人误解领导者的惩罚不公平。**

惩罚时，通常要附带某种形式的纠正行动，假若领导者惩罚的目的只为防止未来，那应谨记主要是防止未来因素，而不必太过严厉。

惩罚的一个重要含义为不是为了惩罚而惩罚，而是要达到惩罚的目的。

在拉丁文字眼里，“惩罚”的意义就是“教导”。惩罚的轻重全视领导者想“教导”对方的程度。

假若领导者要团体中的成员尊重他们的领导者并尊重自己，要求他们做事达到最高标准，这是要靠慢慢教导而非一蹴而就的。领导者无法平日很放松却一下就要求严格。要培养一个团体的高标准纪律，乃是件极其艰苦的工作，需要花费很长的时间才能达到。

同时，一个团体的纪律已经被破坏，要想重整比新建还要难上几十倍。这就是为什么有些领导被调职的原因。因为旧领导不能维持团体高度标准的纪律，只有换新领导来扭转乾坤。只有新领导也许有希望建立坚强的纪律，重建这个团体，旧领导通常已无能为力。

5. 让下属懂得无条件服从

有位著名的田径教练，每当逮住运动员，便苦口婆心地劝他们把头发理短。据说，他所持的理由是：问题并不在于头发的长短，而是在于他们是否服从教练。

可见，纵然不懂教练的意图，但却不找借口地服从，这才是教练所期望的好选手。

此事与“洗脑教育”颇有异曲同工之妙。所谓“洗脑”不外乎只教一条规则，并且持续数个小时以上。当事者即使心存反感，然而，此种训练方式足可使他们丧失思考能力，于是只好来者不拒，照单全收。

此种方法与训练军事人员的方法也有类似之处。在新兵入伍时，往往采取“斯巴达式”的各种训练。这种做法的优点在于下属的身体疲惫不堪，没有提出反对的余地，则形成无条件服从上司的基础。此种行为如果积累下来，便可维持绝对服从的团体规则，日后即使他们有再好的理由，也无法对规则提出异议。

在企业上班的人员，也同样受一种命令系统的控制和影响。例如在一个团体中，若下属不能无条件地服从上司的命令，那么在达成共同目标时，则可能产生障碍。反之，如能完全发挥命令系统的机能，此团体在企业中凡事必可胜人一筹。

如此分析，并非意指要将新进公司的职员以军队方式加以训练，而是指由于新进人员在初期对公司的确完全陌生，因此可能对上司的教导产生反感和疑问。为了防止出现此种现象并能有效地实施教导，领导者不妨让他们遵守唯一一条不成文的规定。例如，“新进人员必须在上班前30分钟到达”或“新进人员在进入公司1年之内，必须身着蓝色制服”。如此一来，即可使下属形成接受上司命令的风气。

三、用势：借助有利条件展开进取

用势，对领导者而言，是一种可以培养的精神和力量，而势则是一种可以利用的机会和条件。有势者有力，用势者用强。现代领导无一不是待势而发，谋势而动、把握时机、一举制胜的人。其用势之道，常常审时度势，于变化中因势利导赢得先机，于平常中出奇制胜。

1. 审时与度势：把握态势的发展

势如风云，如流水飘忽不定、稍纵即逝。把握态势的发展，认清时机的变化，是一个现代领导的基本素质。如此才能就势发展，因势取胜。

◇ 审时：进取中对态势发展的把握

中国古代的兵圣孙子曾说："兵形像水……水因地而制流，兵因敌而制胜。敌兵无常势，水无常形；能因敌变化而取胜者，谓之神。"意思是兵的势态就像水一样，水依据地面的形成确定流向，用兵根据敌人的势态确定取胜的办法。所以，用兵没有固定的势态，没有不变的阵势。能够根据敌人的变化获取胜利者，称作用兵如神。孙子的基本思想是，为将之道，必须懂得审时度势，量敌用兵。在中国古代战争史上，运用孙子这一思想克敌制胜的战例很多，明朝的燕王朱棣出兵蒙古击败鞑靼便是其中的一例。

元朝灭亡之后，北逃的蒙古贵族分裂为鞑靼和瓦剌等部。鞑靼是明朝初年北部边防的主要对手。燕王朱棣取得了明朝的统治权后，遣使通好，以求安定。然而，鞑靼可汗本雅失里企图恢复元朝统治，竟杀死明使者，纵兵南下侵扰。朱棣决定出兵北漠，率兵亲征，经过半年的充分准备，出兵五十万发往北漠。整个战役持续半年，战斗数十起。行军过程有步步为营的缓进，又有昼夜奔袭的疾进；战斗过程，有重兵进逼，也有轻骑长途追袭。朱棣对待任何一种方式都审时度势，量敌而定，不受其他因素干扰。比如，在上年丘福率十万大军冒进而兵败的地点，朱棣却率二万奇兵远程奔袭。敢于作此决定，所依据的是敌情发生了变化。再如，进取鞑靼主力仅用了二万轻骑就解决了问题，但进取较弱的阿鲁台部却五十万大军结阵而行，这是由于情况不明，地势险要。但当探知阿鲁台内部慌乱时，朱棣却突然率千余轻骑疾速出击，大获全胜。

这正是：作为一名领导者，对于局势变化审时要明，用兵要准。

◇ 度势：把握时机体现进取力

审时度势，意思是认清形势，审察时机。事物是经常变化的，其中的道理是可以理解的。能够预见今天看似不可行的事物却日后可行的人，日后可以得到好处；而那些今日可行但不能维持长久者，必定成为日后的祸患。认识变化的规律，在于能够审时度势和分清本末、强弱。

审时度势主要是要求领导者认清客观形势，明察事物发展过程中显露出来的时机。审时度势仅仅是一种认识，运用这种认识的目的是为了“把握时机”。

军事活动中要求审时度势，是指要求军事家和政治家认清政治局势，认清敌我力量的对比，认清潜在的外部扰动因素，还要预见敌我双方力量的对比可能发生的变化。审时度势与把握时机的关系是，前者是认识，后者是行动；前者是行动的依据，后者是行动的结果。有了审时度势的准确认识，才有准确把握时机的结果。

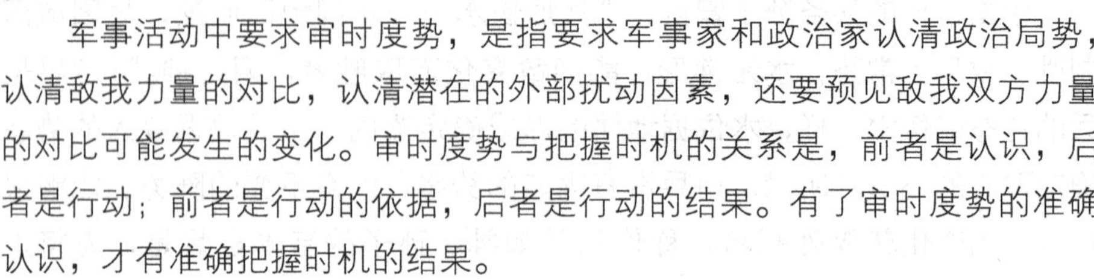

在企业的经营活动中，审时度势并非一定要具备高深的智慧，但却需要冷静的头脑、敏锐的意识和务实的精神。作为一名领导者，就要善于把握时机以制胜。

2. 就势与因势：进取力的权变

当敌我态势明了、时机条件具备时，一个高明的领导者通常会顺势发展，因势利导，利用一切可以利用的力量就势取胜。

◇ 就势：利用客观条件发出进取力

在商业活动中，经常会出现“天赐”的赚钱机会，这种机会可以称之为商业活动中的“势”，能够认识并利用这种“势”的进取型经营者，如同战场上会利用地利之便的进取型的将帅一样，可以轻松地赚到钱，这即是“因势取利”。

人人都有好奇心，为了满足这种好奇心，人们往往对于越看不到的东西，越想看，在人们强烈地想看某事物却又看不到时，如果能为其提供一种满足好奇心的工具，那么，这种工具肯定会成为抢手货。这个秘密被巴黎的进取型经营者发现和利用了。

某年法国国庆日那天，巴黎香榭丽舍大街两旁的人行道上挤满了人，等着观看阅兵盛况。后排的人根本就看不到街中心的壮观场面。于是，有人推出了构造简单、成本低廉的曲视镜，人们争相购买，一个小时之内就做成了一笔可观的生意。

> 善于“就势取利”是一种高超的进取才能，现代领导者具备这种才能要有相应的条件，其中最主要条件是：丰富的知识，敏锐的眼光，准确的判断，果敢的行动。

◇ 因势：根据具体情况变化进取力

以势进取的奇妙之处在于“变”，但这种变不是随心所欲地变，而是根据时间、地点、条件和竞争对手的情况采取相应的进取方式，即是“因敌制变”。

在中国古代三国时期，著名军事家司马懿在攻打叛将孟达和公孙渊时就运用了截然不同的两种战法。司马懿问道：“过去孟达反叛归蜀，太尉率大军八部并进，昼夜不停，急攻上庸。仅十多天即攻拔坚城，擒斩孟达。现在我军远道而来，反而迟迟按兵不动，不知何故?”司马懿回答：“当年孟达兵少粮足。我四倍于敌而粮不足一月之用。从兵力看，以四倍击其一，稳操胜券。从军粮看，以一月对一年，又怎能不力求速战速决。现在敌众我寡，敌饥我饱，阴雨连绵，攻之无益。因此我们的行动旨在造成对守城之敌无能为力的假象，以迷惑公孙渊，使其安居襄平。待雨过天晴，擒他如同瓮中捉鳖，毫不费力。”情况不出司马懿所料，天晴之日，城中粮食早已耗尽，士卒饥饿难忍，毫无战斗力，魏军顺利攻下城池，斩杀公孙渊，平定了辽东之乱。司马懿对战法玩得得心应手，运用自如。

“战胜不复”不是说不可以用同样的进取方法，而是说要运筹合理，使用得当。

毛泽东同志是中华人民共和国的开国领袖，同时是也典型的智慧型领导者。在他的领导行为中，处处闪现着成功使用进取的光辉。现仅以毛泽东同志四渡赤水中声东击西的进取力的应用为例，展现他高超的用势之道。

1935 年 1 月下旬，毛泽东留下少数部队阻击敌人，率主力分三路从猿猴场（今元厚）、土城南北地区西渡赤水河，向古蔺、叙永地区前进。

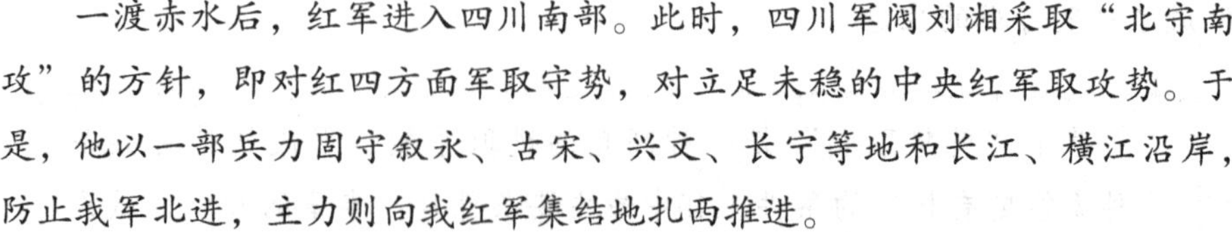

一渡赤水后，红军进入四川南部。此时，四川军阀刘湘采取“北守南攻”的方针，即对红四方面军取守势，对立足未稳的中央红军取攻势。于是，他以一部兵力固守叙永、古宋、兴文、长宁等地和长江、横江沿岸，防止我军北进，主力则向我红军集结地扎西推进。

2月9日，军委在扎西召开扩大会议，毛泽东在会上分析敌情并指出，我军的北上已经造成了敌人的过失，那就是敌人的主力和注意力都被调到川南一线来了，黔北比较空虚。我们应该利用敌人的过失，寻找有利战机，调动敌人，摆脱敌人。鉴于此，毛泽东提出了“回师东进，再渡赤水，重占遵义”的战略方针。

蒋介石获悉中央红军到达扎西的消息后，急忙调整战略部署，任命龙云为第二路军总司令，薛岳为前敌总指挥，专门对付中央红军，采取分进合击的部署，纷纷向滇东北杀奔而来。龙云更是占着地利之优势，断然宣称，红军“已入死地”，“不久即可一网打尽”。

然而，就在各路大军张网奔来之时，毛泽东却带领红军神速东返，二次渡过赤水河，向敌兵力薄弱的黔北地区进攻。红军的前进与后撤均出乎蒋介石的意料之外，令其大惑不解。蒋的高级将领叹道，红军“忽进忽退，一再回旋，使国军迷离徜徉，摸不着其企图之所在”。

2月中旬，中央红军二渡赤水后，再度进入贵州，把敌人重兵抛在了长江两岸。毛泽东以红五军团一个团向温水开进，一路招摇，吸引追敌，主力红军迅速占领桐梓，直取娄山关。

娄山关是桐梓通往遵义的必经关口，地势险峻，有“一夫当关，万夫莫开”之势。黔军王家烈派其精锐部队第六、第十五等团防守。红军经过一天一夜苦战，打下了娄山关。随后，王家烈又派出3个团企图夺回娄山关。我军打退敌人多次反扑，歼敌大部，残敌逃往遵义城。

2月27日，红军又在遵义以北之董公寺粉碎黔敌3个团的阻击，28日占领遵义城。这时前来增援的国民党中央军第五十九、九十三两个师进至遵义附近的忠庄铺地区。毛泽东当即决定集中主力，歼敌于遵义以南地区。红军在老鸦山一带与敌增援部队展开激烈战斗，28日下午5时左右，红军对于进犯之敌实施全面反攻，一部红军迂回敌后发起猛攻，敌军招架不住，兵败如山倒，慌忙向乌江方向逃窜。我红一、三军团紧紧跟踪追击，整整追了一天，追到乌江边，俘敌1 800多人。

遵义之战，连下桐梓、娄山关、遵义城，击溃和歼灭敌人两个师又八个团，俘敌3 000人，缴枪2 000多支，子弹10多万发。这次胜利是在敌情非常严重、我军处境十分艰难的情况下取得的。它鼓舞了全军士气，使我军获得了物资补充，打击了蒋介石的嚣张气焰。蒋介石得到消息后，称之为“国军追击以来之奇耻大辱”。

遵义战役后，蒋介石急忙于3月2日由汉口飞往重庆，布置南北夹击，企图围歼我军于遵义、鸭溪狭小地区。毛泽东将计就计，故意在遵义地区徘徊寻敌，诱使更多的敌人前来围集，以利我军摆脱强敌尾追。蒋介石果然上当，误认为红军“徘徊于此绝地，仍系大方针未定的表现”，遂命其部队火速向遵义逼近。

3月16日，毛泽东率领红军在茅台及其附近三渡赤水，再入川南，佯作北渡长江的姿态。蒋介石在遵义扑了空，见红军又入川南，忙令其所有部队再向川南进击，并在云、贵、川边境赶修碉堡工事，构筑封锁线。正当蒋介石手忙脚乱之时，毛泽东却以红军一个团伪装主力，在古蔺一带游击，红军主力则突然掉头向东，又在二郎滩、太平渡一线四渡赤水。这样，就把敌人的主力全部抛在了后面。

3月底，毛泽东又布迷阵，让红九军团向长干山、枫香坝之敌佯攻，引敌北上，主力则向南急进。4月2日，红军又以一部兵力佯攻息烽，主力前锋逼近贵阳。此一着吓坏了正在贵阳督战的蒋介石，蒋大有“笨人下棋，死不顾家”之叹，当时贵阳周围只有4个团。蒋介石一面急调滇军孙渡部火速来贵阳护驾，一面准备飞机、轿子以便随时逃跑。

毛泽东一达到调滇军入黔的目的，立即率队急转向南，以每天60公里的速度向敌人兵力空虚的云南急进。此时，追踪我之敌军已疲惫不堪，士气极为低落。蒋介石又急忙赶往昆明督战。5月初，红军在金沙江边的龙街渡伪装架桥渡江，待敌人麇集昆明、元谋地区时，红军主力立即分两路抢占绞车渡，并由绞车渡全部渡过金沙江，把尾追之敌全部甩在了金沙江以南，从此跳出了几十万敌军围追堵截的圈子，粉碎了敌人围歼我军于川黔滇边地区的计划，为红军长征的胜利奠定了基础。

四渡赤水、巧渡金沙江是毛泽东兵法最精彩的一页。毛泽东指挥红军三万人马，竭尽声东击西之能事，在国民党几十万重兵包围之间，忽东忽西，大范围迂回，如入无人之境，堪称毛泽东进取型领导生涯中的“得意之笔”。

在变幻莫测的进取中，运用以往打胜仗的经验和战法未必能打胜仗，关键问题在于“具体情况具体分析”，根据“敌人”的特点巧妙设计进取方案。

四、造势：突出优势，助己成功

时势造英雄。卓越领导者多是驾驭时代潮流的砥柱，引领时代风云的先锋。运谋造势，运势谋胜，于平常处发现机遇，于波澜中高瞻远瞩，敢为人先而随机应变，创新造势而助己成功。放眼当代社会舞台，演技高超、动人心魄的超级明星——成功的领导者比比皆是。

1. 智慧造势：营造美好氛围

在社会环境中，各种有利、不利的因素无时无刻不在影响着领导的发展。对领导而言，造势之必需，犹如戏剧之景、演出之台。现代领导更是如此。一般而言，领导者有以下几种造势之法：

◇ 引火烧身

超级领导者的过人智慧，往往表现在于有中发现没有，在没有中创造出有。以一般行为而言，高明的领导者常能故意引火烧身，制造新闻，吸引大众的注意力，将所需之势着力烘托，最终达到自己精心设计的既定目标。

美国宝丽莱远东有限公司开发出一种“即拍即有”的新型相机后，决定开展一项独具特色的公关宣传活动——举办全世界最大的相机模型展览。

这一活动在美国洛杉矶世界新闻发布中心举行。洛杉矶四季如春，阳光普照，很适宜拍摄示范照片。他们按照“即拍即有”的相机的外观形状制造了一个巨大的相机模型。该模型高21米，长72米，宽30米，看上去好像一座二层高的小楼。而机内是一个展览室，可容纳50～70人在里面参观，还设有专人讲解和示范相机的各种特点和特技，整个建造和装饰非常有特点，成为新闻界炒作的热点，各媒体争先报道。宝丽莱产品因此一炮而红。

在巨型相机模型展览举办期间，公司还安排了产品试用和摄影示范游园会，与会的各界社会公众用自己刚刚获得的宝丽莱公司赠送的“即拍即有”相机，拍下了难以数计的美好照片。这些照片随着有关相机的各种报道刊登在各类杂志和报纸上，使人们在了解该相机使用特性的基础上，又亲眼看见了其使用效果。

通过此举，宝丽莱公司实现了其公关宣传目标，即让全世界目标公众了解了这个新型“即拍即有”相机的创新之处和产品特点，在世界范围内掀起了使用该相机的浪潮。

一件新产品在上市之前，首要的一个问题是与所有的顾客熟悉起来，得到“上帝”的赞同和认可后，市场便自然而然地大敞其门了。宝丽莱公司正是首先抛开销售渠道、市场分析等问题，紧紧抓住此种相机的优点和特点——“即拍即有”，并制造一条大的新闻，通过各种媒体将其深深地印在顾客的脑海中。尔后推出此种新颖独特的相机产品，销售自然火爆。

从产品广告行销角度来讲，新闻界的推动始终是最重要的环节之一。这个包括报纸、杂志、电视、广播电台等大众传媒的网络，是联系消费者与生产经营者的主要渠道。企业要实现其公关目的，就不得不考虑这个与大众消费者关系密切的行业。

媒介人士是比较特殊的一群，他们是企业与社会公众联系的纽带，通过报纸、杂志、电视、广播等大众传媒工具帮助企业与社会公众发生联系。这些传播工具具有传递信息迅速、传播面广、可信度高等特点。

舆论对一个组织的发展起着无形的制约作用，媒介通过制造舆论可以对企业产生有利和不利的影响，作为一名领导，就要善于利用媒介，制造对自己有利的舆论，从而在公众中树立良好的形象。

2. 形象造势：让企业看起来更美

21 世纪的市场，随着市场的全球化而不断扩张。此时竞争的焦点会在哪里呢？作为一名企业领导应是十分关注这个问题的。专家们研究发现，企业竞争的焦点是在形象方面，即企业的形象、产品的形象、品牌的形象。谁在社会及消费者心目中有一个深刻的、美好的形象，谁就会成为商战中的赢家。

于是，塑造形象成为企业的重要任务之一。这一工作的绩效如何，直接关系到企业生存与发展的可能性与现实性；自然地，它也就成为兵家必争的“战略要冲”之一。

企业形象，一般指公众或社会舆论对某一社会组织的机构和运行模式的总的印象、看法和评价。以企业为例，包括产品质量的好坏、价格的高低、服务的优劣以及经营方针、管理水平、员工素质、办事效率、商标名称和办公设施等。**从公众的角度说，最基本的指标只有两个，知名度与美誉度。**

知名度指一个组织被公众知晓、了解的程度以及社会影响的深度和广度；而美誉度则指一个企业获得的公众信任、赞美的程度。**美誉度是建立在一定知名度之上的，但知名度并不一定会导致美誉度。**现代社会组织尤其是企业组织在树立形象时，往往突出地表现为对知名度和美誉度的追求。

形象造势，无非是让企业看起来更美，让更多的顾客更长久地青睐、信任、拥戴自己的企业。

成功的领导者不乏创造运用形象优势获得成功的典型案例。在领导者眼中，重视形象与信誉绝非是一种“雕虫小技”，而是一种同组织命运攸关的公关基本策略，它体现在管理活动的各种细微之处。当这种良好形象在人们的心目中稳固地存留时，它便成为一种强力剂，把所领导的组织与社会公众永久地联结在一起。

重视塑造企业形象的企业领导非常普遍。因为，现代企业的经营实践以有力的事实向企业领导证明，“在一个富足的社会里，人们都已不太斤斤计较价格，产品的相似之处又多于不同之处。因此，商标和公司形象变得比产品和价格更为重要”。

> 在市场日趋繁荣、竞争日益激烈的今天，良好的企业形象更是企业经营过程中不可多得的无形的宝贵资源，运用得法、营造有方就可以为企业带来意想不到的结果。

◇ 企业形象创造着消费信心

在发达的市场经济条件下，信用和信誉是维持市场竞争秩序、使经营活动正常进行的先决条件。**良好的企业形象就像社会颁发给企业的“信用证”一样，它可以使消费者对企业及企业产品和服务产生依赖**。这种依赖之情将会使消费者很乐意、很放心地去购买该企业的产品，接受该企业的服务。不仅如此，这种依赖之情更有一种奇妙的“传导”作用，亦即当一家形象良好、声誉卓著的企业在推出某种新产品之前，传统的形象和信誉本身就已经为这种新产品的畅销寻找到了潜在的市场。

◇ 企业形象能形成内部“人和”环境

一个企业的经营绩效的好坏，受制于多种因素和变量。在企业内部形成一种良好的组织气氛和强大的凝聚力，是取得好的经营绩效至关重要的因素；而良好的组织气氛和强大的凝聚力，首先又取决于企业在其内部职工心目中的形象。良好的企业形象，是企业吸引人才、保留人才、激发员工生产积极性和创造性的最为重要的因素，也是使企业始终保持高昂的士气和旺盛斗志的条件，促使企业内部产生人人向往、团结向上的氛围。

◇ 企业形象能产生适宜的外部经营环境

良好的企业形象具有强烈的磁力作用，它**能够为企业建立吸引资金的先决条件**。一旦一个企业在社会公众心中形成良好的形象和信誉，它就会

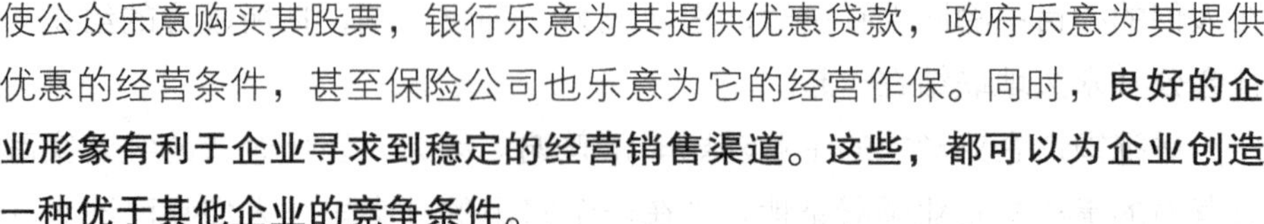

使公众乐意购买其股票，银行乐意为其提供优惠贷款，政府乐意为其提供优惠的经营条件，甚至保险公司也乐意为它的经营作保。同时，**良好的企业形象有利于企业寻求到稳定的经营销售渠道。这些，都可以为企业创造一种优于其他企业的竞争条件。**

那么，如何利用形象造势呢？总括起来说，可通过以下途径进行。

(1) 导入 CI

目前，绝大部分企业都已经意识到企业形象对于自身的生存与发展是生死攸关的，因而不惜投入大量的人力、物力、财力来为自己“美容”“化妆”，以期在社会与公众的心目中树立起一个良好的形象。导入 CI 战略，整体性地考虑如何塑造企业形象，整体性地考虑如何宣传企业形象，并采用 CI 的许多有效技法，那么这一造势的效果就自然会好得多。

众所周知，CI 战略的基本作用和目的就是塑造企业形象，并已形成一套完整地塑造形象的方法。可以断言，若能正确地使用 CI 战略与技法，我们在通过塑造企业形象造势，从而达到发展企业的最终目的上就可以获得事半功倍的效果。

> 从积极意义来看，企业形象无疑是企业一笔可贵的无形资产，它是企业的一种潜在资源，或者说是潜在的销售金额。

在现代社会中，CI 战略作为一种具体造势技术，如今已得到企业领导的广泛注目。

(2) 苦练内功

企业形象中最能给人以直接感受的是企业的环境以及企业员工的仪表、表现。为此，**想要塑造超群的企业形象，一流的环境**（并不意味着一定是豪华的环境）**与对员工的严格管理、严格要求是必不可少的**。世界上许多具有良好形象（当然也因此带来丰厚利润）的企业无一不是在这一方面做出了艰辛的努力。这对把公司建设成一个高质量、受人欢迎的企业起到了至关重要的作用。

许多营销专家认为：“麦当劳成功的主要原因是把马路旁肮脏的熏鸡店改成了干净舒适的家庭餐馆。”麦当劳为顾客提供了一个愉快的环境，售货员整洁的服饰、友好的态度成了巨大的竞争优势。麦当劳在保持足够的效率、友好的服务、高度的清洁方面付出了艰苦的努力。

麦当劳在世界上发展了一个又一个的特许经营商店。这些店都在监督机构严格监督下经营。他们总是注意防止由于某一个餐馆的问题影响整个公司相关商店的经营。麦当劳别具一格的商店设计也是其形象的显著特征。

为塑造企业形象，他们不仅这么做了，还没有忘记把这一切有效地传播出去。麦当劳从来不忘记向公众宣传自己的这些方针、对策。他们每年花5 000万美元用在向公众进行宣传的广告上。曾经有过以中小学生为对象的调查，这些学生中有96%给麦当劳投赞成票。难怪这个公司会如此成功。

在企业领导者的造势谋略中，运用“形象策略”寻求竞争优势，一方面要求企业必须为顾客提供优质的产品、优良的服务；另一方面，企业还须让公众充分了解和认识企业的产品与服务，这已成了经营谋略的共识。在这个方面，企业运用信息传播手段，充分利用各种大众传播媒介，把企业与消费者经常性的信息沟通与交流，作为塑造企业形象的一个重要内容。**企业形象是顾客对企业的评价与印象，而不是企业自我评价与自我感觉**。顾客对企业的评价和印象既可以通过他购买企业产品和接受企业服务来产生，也可以通过各种传播媒介来形成。

> 充分运用企业公共关系的巨大实力，把建立企业形象、维护和发展企业与社会公众之间融洽良好的关系作为一项战略性的目标，这是企业公关的关键。

五、借势：借得春光映日红

借势是指借助外界的力量而求得发展。风筝借助风力上升空中，帆船借助风力出海远航。“好风凭借力，送我上青云”，

优秀的领导莫不是深谙借势之道的高手。

1. 因势功成，腾飞添翼

中国香港这一弹丸之地，制造业面临原料缺乏和市场狭窄两大难题。香港地区的很多企业组织领导近年来运用借势的谋略，与外国的大公司联营，借别国的产品品牌进口外国原料，从事加工和制造，然后借用那些公司在全球的销售渠道，广泛开展经营活动。香港地区逐渐兴起的借风腾云的经营热潮，使其迅速繁荣起来。

20世纪70年代中美关系解冻后，中国的美味食品逐渐在美国消费市场上兴起。中国的食品业没有花钱在美国大做广告、广为宣传，而是邀请各大报记者、社会名流、经济界知名人士品尝中国名厨制作的美味佳肴，向他们介绍中国的食品文化。他们在大饱口福之后，纷纷著文介绍中国的美食，并在美国著名刊物《经济展望》中对中国食品在美国的消费前景进行预测。通过报刊、电视的宣传，中国的美食在美国市场声誉鹊起，兴起热潮。这种借助《经济展望》等有关方面的借势宣传，远比自己花钱做广告更有说服力。

一位著名的企业领导告诉友人，花费一星期的时间去拜访知名的各业商店，有助于更新他对于自己营业的看法。他每年总要外出旅行一次，去考察各家著名商店的管理方法和经营方法。每次旅行回来，以前不曾注意到的自己商店营业上的小缺点、店员的小疏忽以及办事方法上的不恰当，都会被他发觉。于是他对店务进行革新，这给他的事业带来一种崭新的气象。这位企业领导的外出旅行，其目的是借鉴同行业先进的管理经验和经营方式，改善自己商店的经营面貌，给事业注入生机和活力。

借势是多方面的，有多种途径。借助声望，借助外交，借助政治，借助关系，借助社会舆论，借助时事潮流，等等，不一而足。在政治斗争和军事冲突中，最常见的是借助“第三者”的力量，即政治上或军事上的结盟。在商界中，最普遍的“借力”，要数借重名商巨贾、沽名而钓“利”。在社会生活中，那些手握大权的政界要人和掌握雄厚经济实力的强人，有着特殊的社会地位和深广的影响力，借助他们的声望和影响，可大大增加竞争取胜的砝码。

社会是人群的集合，无数个体的竞争之力汇合起来，构成巨大的社会力量。一个人要想做出一番非凡的事业，为社会做出贡献，就不能仅仅局限于自身的努力，而必须寻找一切成功的契机，寻求一切可以利用的力量，并将之借为己用。

伟大的心理学家阿德娄宣称：人类最奇特的特征之一，是那种可以把减号变成加号的能力。借势就是“把减号变成加号”。可以这样说，借势对于领导的作用，犹如羽翼之于飞鸟。

2. 借声望之势：盛名之下天地宽

1951 年，美国著名的心理学家卡尔·霍夫兰和沃尔特·韦斯主持了一次著名的心理实验：权威人物的作用影响力。当时世界上还没有制造出核潜艇，绝大多数美国人都认为核潜艇不可能问世。霍夫兰和韦斯在实验中，首先向被测试的 A、B 两组展示同一种观点：可以建造核潜艇。然后他们告诉被测试的 A 组，这一观点是美国著名原子能专家奥本海默提出的；而对被测试的 B 组则说，这种观点是苏联《真理报》提出的。测试的结果是：A 组大多数人改变了原先“认为核潜艇不可能问世”的观点，认为制造核潜艇是可行的；而 B 组则很少有人改变原观点。A 组改变观点的人数是 B 组的四倍。

研究结果表明：当代社会科学技术迅猛发展，科学知识的领域已十分广阔，依靠个人的智力已不可能独立地通晓一切知识领域。而人们的求知欲又十分强烈，这就必然形成对各领域专家、权威的崇拜心理。这些权威人物的发言自然比一般人有力得多，更容易使人们信服。

历史上借助名人的事例与典故比比皆是。即使是当代国家首脑，也很注重与社会名流的交往，以此来抬高自己的声望，扩大自己的影响力和感召力。

借助名人的影响力达到目的，政界如此，商界尤盛。例如制造力士牌

香皂的厂商高价聘用国际著名影星娜塔莎·金丝姬做广告，一句“我只用力士牌”使慕名者、崇拜者竞相使用力士香皂。该品牌香皂一时间在全球独领风骚。

除了借助名人的影响力之外，商界最常见的是借用有名企业的名号，借用名牌商标。企业长期辛辛苦苦蓄积起来的信用、稳固的事业基础已牢牢地植根于广大消费者的心中，其所显示的威力是初创企业无法相比的。

据美国《工商时报》报道：还未在工商业界立足的人们，白手起家、自力更生贸然开业时，失败率高达开业件数的60%，然而借用“有名企业”的名字来开业时，失败率则只有4%。现在商场上普遍流行的租用商号使用权的做法已比比皆是。

这种经商策略现在已被推而广之：有名的公司或商号，把自己有信誉的名号出租给愿意加入联盟的公司或商号，使他们成为自己连锁系统的商店或子公司，并运用自己的成功经验或经营方法对其进行指导。出租名号、形成联盟，既增强了企业的实力，又让那些白手起家的企业得到迅速发展。

借名生势，是成功企业领导懂得并巧妙施用的谋略。借用名人、名企业，借用典故、故事、传说来为商品扬名的事例举不胜举。许多著名商标品牌都是“借名钓利”谋略的运用。

留园，这家东京最驰名的中国饭店，曾经把借名钓利的谋略发挥得淋漓尽致。当点心栗子面窝窝头端上席面时，主人向客人们介绍说：“这是慈禧太后爱吃的窝窝头。”当年是深宫禁苑的御食，如今却为寻常百姓所享用，而且这种点心的制作方法传到了东瀛。食客们听到介绍后，无不以享用皇家美食为幸事。

3. 借名钓利，反败为胜

20世纪60年代初，美国的一些金融大亨垂涎中国香港市场，他们经过密谋，决定联合实施一项旨在占领香港金融市场的计划。他们纷纷前来香港，企图击溃华人及英国人在中国香港地区的金融实力。

香港汇丰银行在香港地区有雄厚的根基和社会基础，对稳定香港经济有着举足轻重的作用，因此美国金融大亨们首先将进攻矛头对准汇丰银行。这些大亨们在来香港之前，便开始秘密买进汇丰银行股票，很快汇丰银行股票行情便扶摇直上，引得香港地区的股民们争相购买。紧接着，美国金融大亨们飞往香港，将数额巨大的汇丰银行股票在一天之内统统抛向股票市场，并大肆散布汇丰银行经营状况不好、无力收回股票等谣言。一时间，汇丰银行股票如退潮般下跌。正当汇丰银行为稳定人心、保住汇丰信誉准备大量购进汇丰银行股票时，汇丰银行各分支机构又频频告急：储户纷纷提款，如不关门休业，资金有被提空的可能。

面对如此严峻的形势，汇丰银行一面开动宣传机器安抚民心，一面千方百计四处借款，他们上下奔走，甚至不惜找香港黑社会恳请相助一臂之力。由于美国金融大亨从中作梗，外出联系借款的职员都空手而归，谁也不愿把钱借给即将覆没的汇丰银行。

香港汇丰银行的首脑们日夜紧张磋商，他们情急生智，分析到中国内地当时很少参与国际竞争，美国金融界在进攻香港地区时，肯定没有想到内地可作为香港的靠山。况且香港地区的经济稳定与否，也会对内地经济产生一定影响。于是香港汇丰银行总裁决定向中国政府紧急求援。

中国政府对美国金融界的野心早有觉察，为稳定香港地区的经济繁荣，击败美国对香港地区的经济侵略，中国人民银行迅速办理了支援汇丰银行的贷款入账手续。香港各家报纸、电台迅速做出反应，“中国人民银行与汇丰银行联手共进”“汇丰银行信心的一票来自大陆”等大小标题赫然入目。很快汇丰股票价格直线上升，货币储蓄额大幅度增加。

美国金融大亨们打错了如意算盘，他们万万没料到汇丰银行有财力如此雄厚、资金信用如此高的强大靠山。由于美国金融大亨以高价吃进、低价抛出汇丰股票，损失惨重。在惨败面前，美方不得不承诺今后再不干类似的勾当，并以一个航空公司作为赔偿，弥补汇丰银行的损失。

汇丰银行借用在世界上享有极佳声誉的中国人民银行之名，反败为胜，因祸得福。

第五章
领导情商

无论你走到哪里，只要你是真诚的，得到的也是真诚的。

——〔日〕井植薰

情商（EQ）是人类智能领域的重大发现，也是成功者，尤其是领导者必备的一种基本能力。一个现代领导者，如果能够认识和控制自己与他人的情绪，那么，他必然善于从激励中管理好组织内的各种人际关系。如果全面地认识领导者的才能，情商无疑是丰富与提升领导力的首要法宝。一个人如果情商不高，绝不可能成为一个杰出的领导者。而出色的领导才能必然与领导情商有着千丝万缕的联系。

一、领导情商：来自情绪与情感的领导力

现代科学最新的研究表明：领导者情商的高低决定了他能力的高低与成就的大小。西方有句谚语：你可以牵着马来到河边，但你不能强迫马喝水。领导者缺乏情商，就不可能与他人沟通，也不可能有效地领导他人。当代领导者所应具备的情商素质与发挥领导艺术、完成领导任务有着直接的决定性影响。对于任何一个希望提高领导能力的人而言，培养自己的情商应是当务之急。

1. 领导情商的内涵

领导情商主要包括领导者的情绪和情感两大部分。

情绪和情感是人对客观事物的态度和体验，是人的需要是否获得满足的反映。人对客观事物的态度，主要取决于客观事物与人的主观需要之间的关系，情绪和情感就是在体验客观事物与人的需要的关系中发生的。符合人的需要的东西，就会引起人的积极态度，使人产生愉快、满意、高兴、欣慰等正面情绪；不符合人的需要的东西，就会引起人的消极态度，使人产生失望、厌恶、怨恨、愤怒等负面情绪。在这个意义上我们可以认为，**情绪和情感是人对客观事物与人的需要之间关系的反映，或者说，是人对客观事物态度的反映。**

情绪和情感的发生通常都伴随着呼吸、脉搏、心跳等机体状态的变化。例如，人处于激动和紧张状态时，呼吸加速、加深，心率和脉搏加速、加强；而处于惊恐状态时，有时呼吸暂时中断，脸色发白，会出冷汗等。所谓“体验”是指人对自身机体状态变化的自我感受或自我觉察。体验或感受总是与主观意识经验联系在一起的。一个人不知道自己痛苦，就不能说他有痛苦的情绪、情感；不知道自己快乐，也不能说他有快乐的情绪、情感。因此，**情绪、情感也就是人对客观事物是否符合自己的需要时**

所产生的体验。

就脑的活动和机能而言，情绪和情感是同一物质过程，其区别主要是侧重点不同。情感侧重于人对客观事物体验的内容和性质方面，如爱或恨以及爱什么、恨什么。情绪侧重于体验的具体形式，如激动和平静。情感，体验的具体形式就是情绪，如愉快、悲痛、愤怒等。同一情感也可以通过不同的情绪表现出来，如爱国的情感，既可以表现为对祖国繁荣昌盛的欢乐情绪，也可以表现为对祖国危难时的忧伤情绪。所以**情绪是一种外显的、强烈的体验，而情感一般是内在的、平静的体验。情绪的情境性强，会随着情境的变化而变化。**例如一个兴高采烈的人会由于出现或得知某个不幸的消息或事件，马上变得情绪低落；一个情绪低落的人会由于出现或得知令人高兴的消息或事件而马上变得情绪高涨。情感则不同，它一经产生，就可以长期维持甚至保持终生。

我们懂得了一般人的情绪和情感，就可以更进一步地认识领导者的情绪、情感与情商。

领导者的情绪是指领导者受到某种刺激所产生的一种身心激动状态。情绪不是自发的，它是由外在或内在刺激引起的。外在刺激，如生活环境中的人、事、物的变化，工作的成败荣辱、上级的信任或猜疑、部属的忠诚或背叛，工作环境的舒适程度和美化程度等，都能引起情绪的变化。但是面对同样的外在刺激，不同的人也会产生不同的情绪，这显然与人的动机和价值观念有关。如同样是对上级的批评，功利心极强的人可能会因此而焦虑和沮丧，而淡泊者可能会情绪平稳、冷静思考和总结应该汲取的教训。此外，还有内在刺激如心理性的刺激：想到伤心事会使人潸潸泪下，回忆起美好事情会使人沉浸在欣慰情绪之中。

> 领导者的情绪不同于一般人的情绪，因为领导者身份地位和责任的差异，他们的情绪比一般人往往要深沉些，这是与领导者的主观控制有密切关系的。

一个成熟的领导者十分注意喜怒哀乐不形于色，而且领导者情绪的表达更富于为主观目的服务的色彩。当外界刺激引起领导者愤怒时，是否表露得看场合。所谓当怒则怒，不当怒则制怒，不是指领导者愤怒情绪的产生而是指愤怒情绪的表达。

隐藏在领导者情绪背后的是领导者的情感。情绪与情感是两个密不可分而又有区别的概念。一般来说，情绪的产生与情感有关，情感是隐藏在情绪背后的原因，情绪则是情感的外化。与情绪由生物性和社会性需要引起不同，情感往往是由社会性需要引起的。**领导者情感往往表现出强烈的社会责任感、道德感和理智感、美感等。这些情感是领导活动中的社会角色需要引起的**。研究领导者情绪，除了研究引起领导者情绪的外界和内在刺激之外，还应该明白不同的情感在同一刺激下会表现出不同的情绪。因此，由于领导者一般更具有较强烈的社会责任感、道德感、理智感和美感，其情绪的表达会更富于理性，会更善于控制自己的情绪，使之更有利于领导者职责的履行。所以，一个具有成熟心理品质的领导者的情绪会比一般人更显得平稳些。

2. 领导情商与领导工作

人的情绪虽是人的情感的具体表达形式，受外界和内在刺激的影响，往往自身不易控制。然而，情绪却不可避免地对自身及其所处的人际关系环境有不同程度的影响。例如，处于热恋中的男女，对对方的情绪总是非常敏感的；处于一个团体中的成员，其个人情绪往往十分具有感染性。这就说明人的情绪影响所及决不仅仅是本人。

领导者由于所处的特殊地位，他们的情商往往有更大的影响，无论是对自身还是对他人，这种影响都是我们必须认真研究的。

领导者情商对领导工作的影响表现在以下方面。

◇ 对工作效率的影响

领导者情商具有动机性质。愉快、积极的情绪会加强人们对事物的兴趣，激发人去接近、得到他所喜爱的、给他带来愉快的事物；而不愉快、消极的情绪会减弱人们对事物的兴趣，激发人去避开、摆脱使他不愉快的事物。因此，**愉快、积极的情绪有利于领导者产生对工作的兴趣，反之，会使领导者对工作产生厌烦心理。**

此外，在良好的情绪状态下学习和工作，工作效果好、思路开阔、思维敏捷、富有创见性；在不良的情绪下工作，则思路闭塞、思维迟钝、无创见性可言。持久而炽热的情绪能增长领导者的工作的能量。

一般来说，情商与工作效率的关系是比较复杂的。当一个人工作时，适度的紧张情绪和心理压力会有利于创造最佳工作状态，而过于松弛的情绪和毫无心理压力，则可能导致工作马虎、拖拉。但情绪紧张过度或心理压力过大，又可能造成工作失误。根据耶克斯·多德森定律，工作越难越复杂，越要保持平静的情绪；工作比较简单，则要求有比较高涨的情绪才能取得最好成绩；对于中等复杂的工作，则要求中等水平的情绪（见图5－1）。

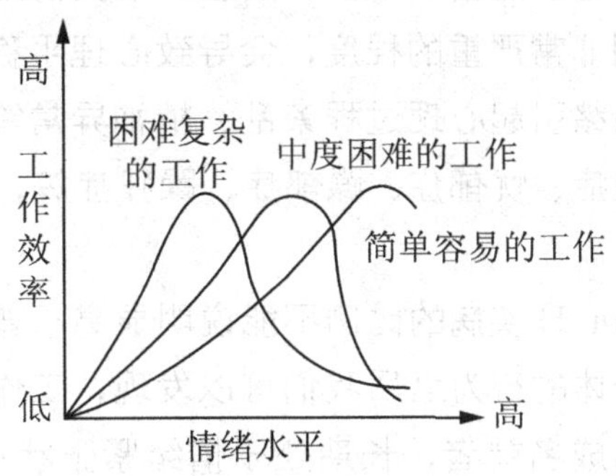

图5－1　耶克斯·多德森定律

耶克斯·多德森定律在领导工作中是可以找到很多例证的。如领导者在进行重大而复杂的决策时，一定要保持头脑冷静、情绪平稳，在情绪激动时作出的决策往往缺乏理性，会导致失误。而在一般目标明确、简单的执行性工作中，则要求领导者保持紧张而热烈的情绪，并以此激发部属的积极性。

◇ 对自己身心健康的影响

情商与身体健康有密切关系，我国古代医学典籍《内经》中就有“喜伤心”“怒伤肝”“忧伤肺”“思伤脾”“恐伤肾”的记载。现代医学证明，情商因素往往与心脏病发病率有密切关系。情绪急躁、求成心切、功利心强的人心脏病发病率高。这种情绪往往称为过激型性格。这种情绪的人往往与现代社会工作节奏快、压力大有关。

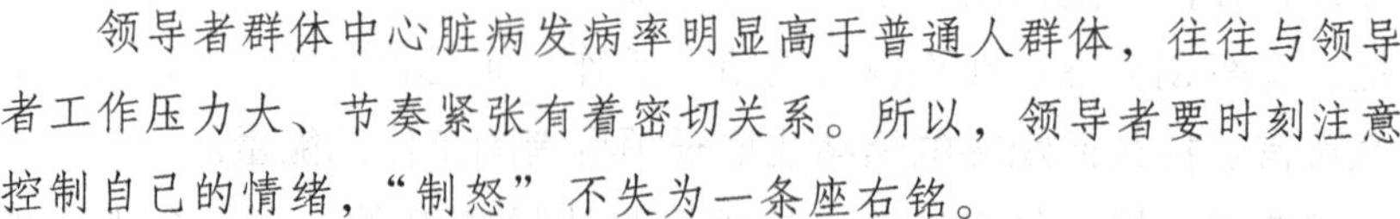

领导者群体中心脏病发病率明显高于普通人群体，往往与领导者工作压力大、节奏紧张有着密切关系。所以，领导者要时刻注意控制自己的情绪，“制怒”不失为一条座右铭。

心理学家发现：过激与保守两种性格者比较，在心脏病发病率上，脑力劳动者中前者是后者的两倍，而在体力劳动者中则没有明显差异。可见过激型性格（即情绪容易激动）不是直接导致心脏病的原因，而只有过激型性格承受较多的工作压力时，其性格的不利因素才会显现出来。

情商与心理健康也有密切关系。情绪异常往往是心理疾病的先兆。若人经常处于紧张、焦虑、痛苦、恐惧、愤怒等不良情绪状态之中，或者虽然比较短暂，但达到非常严重的程度，会导致心理平稳的破坏，即出现明显心理疾病。不良情绪引起心理过程紊乱、精神异常等症状。最常见的焦虑症、恐慌症、强迫症、忧郁症、躁郁症、躁狂症等，多因精神和情绪异常而产生。

领导者群体中患心理疾病的比例不能说明显高于普通人群体，但观察领导者患心理疾病个体的行为之后我们可以发现，工作压力太大、好胜心极强、特别是急于功成名就者，长期处于情绪紧张状态而又不善于调节，是患病的心理疾病产生的基本原因。

这样看来，领导者要保持身心健康，不仅必须学会一张一弛的工作方法，还要学会调节自己的情绪，特别注意保持愉快健康的心境，防止长期处于不良情绪控制之下。

3. 领导情商的性质

影响领导者工作绩效和决定领导者权威大小的基本因素有两个，即权力性影响因素和非权力性影响因素。领导者情商的性质属于后者。

情商作为领导者心理品质之一，在非权力性影响因素中属于比较外显的东西。领导者的喜怒哀乐，情绪激昂还是低沉，都是非常直观地显露出来的。即使是十分克制自己的情绪，或者对自己情绪深藏不露的领导者，人们也可以从他的面部表情和行为举止中窥探到一些信息。情绪不过是情感的具体表达形式，二者是不可分离的。一个领导者具有高尚的情感和情操，他的情绪也会充满道德感、理智感和美感。由这种优秀的心理品质形成的人格力量，便成为吸引追随者的基本原因。而如果一个领导者缺乏高尚的情感和情操，他表露出来的情绪往往丑陋不堪。这种人格的缺陷，往往使他得到的是部属的疏远、公众的轻侮，无论他拥有多大的权力，也无法使公众产生对他心悦诚服的拥戴。

领导者的情商也不能单独构成非权力性影响因素，只有与知识、智慧、资历等相结合，才能形成巨大的影响力。从这个意义上说，领导者情商与知识、智慧、才能、资历等是密不可分的，都是在外界刺激下逐步形成的。情商毕竟属于心理品质，它与人的生理、心理基础有内在联系。因此在相同的社会实践中，知识、智慧、才能、资历相差不大的人其情商可能有很大差异。这从一个方面说明了国外往往在选拔领导者时进行心理品质测验的必要性。

> 一般来说，领导者高尚的情感、稳定的情绪是在长期实践中逐步磨炼出来的，这个过程也是积累知识、增长智慧和才能以及加深资历的过程。

4. 领导情商的特征

领导作为特殊的群体，他们除了具备人的心理特征的共性之外，还有一些特别的心理特征。从领导情商特征来看，就充分体现了有别于普通人的一些基本特点，这些特点无不与领导工作这一特殊职业有关。

◇ 领导情商具有放大性

领导情商的放大性特点，是由领导工作具有职位放大器特征决定的。掌握着权力的领导者（特别是掌握巨大权力的国家领导者），他对工作范围内的每一项决定，都直接或间接地影响着人们的生活。当人处在并非显赫位置时，他个人心理品质上的优点和缺点通常不会对公众产生显著的影响；而当一个人掌握了一定的法定领导权时，他的心理品质上的优缺点往往会被放大到足以影响公众。这就是职位放大器原理。

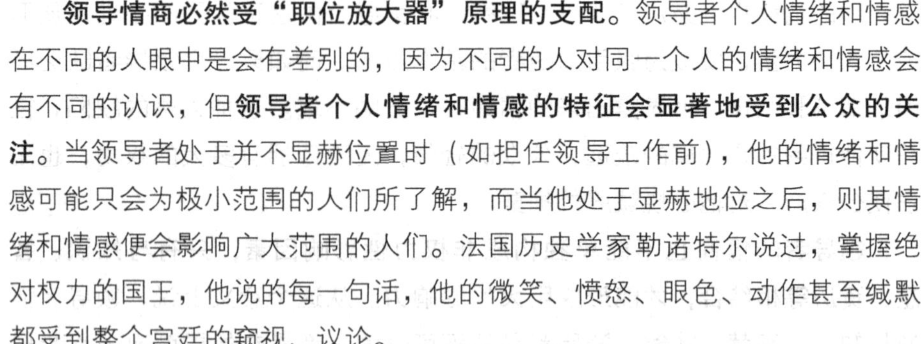

领导情商必然受“职位放大器”原理的支配。领导者个人情绪和情感在不同的人眼中是会有差别的，因为不同的人对同一个人的情绪和情感会有不同的认识，但**领导者个人情绪和情感的特征会显著地受到公众的关注。**当领导者处于并不显赫位置时（如担任领导工作前），他的情绪和情感可能只会为极小范围的人们所了解，而当他处于显赫地位之后，则其情绪和情感便会影响广大范围的人们。法国历史学家勒诺特尔说过，掌握绝对权力的国王，他说的每一句话，他的微笑、愤怒、眼色、动作甚至缄默都受到整个宫廷的窥视、议论。

人们也并不是了解领导者情商的一切方面，也就是说“职位放大器”原理不能把领导者的一切情绪和情感都加以放大，而总是放大那些能通过传播媒体加以传播的方面。这往往与领导者的政绩有密切关系。那些为国家和人民立下丰功伟绩的领导者，人们往往更多地了解他们情绪和情感的美好的一面；而那些严重损害国家和人民利益的领导者，人们往往更多地了解他们情绪和情感的丑陋的一面。然而，政治业绩与情商特点有时并不统一，如法国国王路易十四是一位有作为的政治家，他曾使法国工业和贸易取得相当大的成就，使军事力量强大到足以称霸欧洲。然而路易十四是一个情感并不高尚、心胸狭窄、情绪反复无常的人。领导者的情商有时会给不同的人们以不同的印象，如德国法西斯头子希特勒在人们心中是一个张牙舞爪、常常歇斯底里地发泄自己情绪的人，然而他的近臣却说他是一个情感丰富且自制力极强的人。公众印象和近臣印象有如此大的差别，这是传播媒体对领导者情绪、情感传播有很大的选择性的必然结果。

◇ 领导情商具有晕轮效应

所谓晕轮效应，即光圈效应。日光或月光通过云层时因折射作用而在太阳或月亮周围形成的光圈称为晕轮，带有很强的神秘色彩。领导者（特别是权重位尊的领导者）由于所处地位的显赫，在公众眼中往往带有一种神秘性，人们往往对领导者的性格、个性和才能加以种种推测和想象。**于是领导者情绪、情感等就不会仅仅具有“职位放大器”原理所表现的放大性，而是不可避免地带来晕轮效应。**常见的现象有，那些处于公众关注焦点的领导者，其情绪的任何细微变化往往都有人细心加以体察、推测、揣

摩和合理想象，也有人热衷于对领导者的情绪和情感变化的传播、窥探。

> 对那些德高望重的领导者，人们往往从美化的角度加以想象，对他们的情绪赋予十分美丽的光环；而对那些公众厌恶的领导者，人们往往从丑化的角度加以想象，并且对其情绪给以丑恶的理解。

晕轮效应使德高望重的领导者更加光彩照人，为其增添了巨大的感染力量。当希特勒法西斯兵临莫斯科，苏联首都被四面包围之际，斯大林在红场举行盛大阅兵式，他镇定自若的情绪稳定了全国军民，成为鼓舞苏联军民战胜法西斯的巨大力量。

◇ 领导情商具有理智性

大多数优秀的领导者都比较善于理智地控制自己的情绪，以避免职位放大器原理使个人情绪对领导工作造成不必要的影响。换言之，优秀领导者的情绪具有理智性。

领导者的理智性首先表现在精明的领导者懂得如何表达自己的情绪。周恩来给人的印象总是温文尔雅、非常善于选择情绪的表达方式。面对部属的过失他从不随便发怒，偶尔流露一点愠怒对部属就是极大的震动了。林则徐在自己办公桌上方悬挂的条幅就是“制怒”两个大字。对处于核心地位的领导者来说，当他对领导集团内部人物的行为感到不满时，不能随意表露自己的不满，更不宜带有个人感情色彩。领导者如何表达自己的情绪，必须从有利于维护领导集团的平衡和稳定的角度出发。

这种理智性还表现在，精明的领导者懂得如何控制自己的情绪。**每临大事有静气，遇到危难更从容，这往往是领导者善于控制情绪的结果。**

二、情绪管理：缓解管理压力

优秀的领导者需要具备情感智力，他应该是一个人情练达者，而人情练达者必定具有高情商。他不独有强烈的成就感，而且善于把握情感平衡，能妥善管理自己的情绪。其中对注意力

的训练也是情绪管理中的一个重点。

1. 领导者情绪的几种形态

一位优秀领导者并不需要高智商（IQ），而是需要高情商（EQ）。为什么呢？因为智商高的人一般来说都是专家，而情商高的人却具备一种综合平衡的才能，可以成为领导者。

美国领导学专家柯维教授认为，一位领导者如能将自己的情绪“握在手中”，即掌握和协调好自己的情绪，则将具有特别的智慧。的确，一个人良好的情绪管理对于一个人获得人生成就、健康和满足感是相当重要的。

美国心理学家约翰·迈尔于其研究中发现并描写了**人类三种不同的情绪基本特征。**

（1）注意型

这类型的人时时察觉自己的心情，并且不断地修炼以处理自己的感觉生活。

对于自己情绪的明了，可以支持其他的个性特征。这种人是自主的，而且知道自己的极限，心灵健康而且大部分都有正面的生活准则。注意力帮助他们完成其情绪。

（2）被征服型

这类型的人经常觉得被自己的情绪所征服，或是陷入情绪中而感到很无助，因此，他们会被突发的、强烈的心情转变所击倒。

由于他们并未特别注意自己的感觉，因而无法保持清醒的认识而迷失其中。之后，他们并不采取任何行动以抗拒恶劣的心情，因为他们相信，那对他们的感觉生活不会有任何的影响。

（3）接纳型

这类型的人对自己的感觉大多很清楚。他们也倾向于接受自己的心情，并且察觉之后并不试着去改变它。

接纳型又可分为两种不同的类型：一种大多心情很好，而且很少有什么动机去思索自己的心情问题；另一种则为恶劣的心情所击倒，虽然他们深受其苦，可是却接受了它。例如忧郁的人，甘于和其所处的情境妥协。

这三种不同的情绪基本特征在领导者身上同样存在。

2. 以健康心态缓解压力

新的情绪健康心理学发现，今日情绪上最有智慧的行为乃是以聪明地和压力打交道作为前提。心理学教授欧透·柯鲁克下了如下结论："压力的概念于情绪观念中是可证实的。"

越来越多的人于情绪上受苦，感到恐惧或是精疲力竭而容易病倒，因为他们工作关系复杂或是缺乏社会的安全感，而使其感觉到压力沉重。举例来说，根据最新的数据显示，在德国境内有500万人感到无比的寂寞，每两个人中就有一个人在情绪上觉得受到工作条件的压榨。由此，对许多人而言，处理不断蔓延的刺激潮流乃是一种苛求。

时间压力、工作、关系和休闲时间的压力会对身体机能产生负面的影响，这将会减弱人的免疫系统，并导致对天生贮能的滥用。结果是睡不安稳、胃有毛病、血压过高、肌肉紧绷、过敏、心情沮丧，最糟糕的是造成心肌梗死、精力耗尽或是严重的心理疾病，如忧郁症。

为了情绪的健康，人类也需要压力以及有意义的任务、挑战和目标。压力研究者谈到，耗尽精力、令人生病的"恶性压力"和正面的"良性压力"并不相同，人们自良性压力之中体验到的是满足或是幸福等愉快的感觉。

> 比较自己情绪能源收支以及经由放松、休闲和冷静一再获得力量的能力。无论如何，那是一种人们必须再度学习的艺术。

3. 以笑抑止管理压力

幽默有益于情商修炼。现代心理学证明，笑是健康的。懂得自嘲的人，对其感觉的收支情况和其整体的健康皆有正面的作用。适时的幽默和微笑，可以解除挫折感或是将感觉压力上的芒刺拔掉。

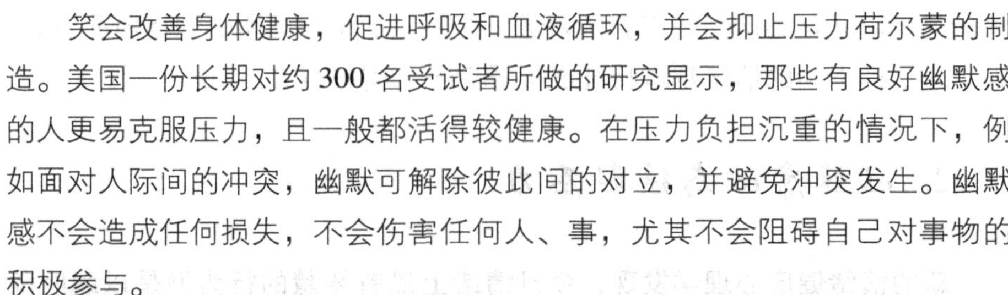

笑会改善身体健康，促进呼吸和血液循环，并会抑止压力荷尔蒙的制造。美国一份长期对约300名受试者所做的研究显示，那些有良好幽默感的人更易克服压力，且一般都活得较健康。在压力负担沉重的情况下，例如面对人际间的冲突，幽默可解除彼此间的对立，并避免冲突发生。幽默感不会造成任何损失，不会伤害任何人、事，尤其不会阻碍自己对事物的积极参与。

其间，越来越多的治疗师发现，笑和幽默是健康的源泉。举例而言，幽默在法兰克·法瑞里提倡的挑衅治疗或是理智动机治疗中所扮演的角色越来越重要。

三、领导者的自我激励

每个领导者都向往成功，都向往事业的发展。这是合格的领导者一生都在孜孜以求的目标，是理想，也是梦想。但是，要出色地完成每一件事情，没有热情、没有干劲、没有动力、没有斗志昂扬的精神是不可能的。那么如何激发自己的热情、干劲和旺盛的斗志？众多的心理学者研究的结果表明，那需要激励特别是自我激励。

1. 把握命运，激励自我

鼓励是鼓舞人们作出抉择并加以实行。激励能够提供动因，动因仅仅是在个人身体内的“内部催动”，例如本能、热情、情绪、习惯、态度、冲动、愿望或想法，能激励人行动起来。

希望或别的力量也能引起人的行动，使人追求获得特殊的成就。希望是预期获得所想要的事物的欲望加上可以得到它的信心。人们觉得适合、可信而又可以得到的事物，就能引起希望。当然激发因素是可能有不同的形式及程度的。

每一个结果都有已知的起因，领导者的每个行动都是已知起因或动机的结果。

> 自己的命运掌握在你自己的手中，最了解你的人是你自己。你明白自己在想什么、想干什么、为什么去干，任何一种动因都有可能激发你的行为。

激励自我需要动力。有了动力，领导者方能设定一个目标，不断地激励自己，并朝着这个目标去奋斗。有了激情，你就有了干劲；有了动力，你就有了斗志。命运把握在自己的手中，胜负成败在于自己。

2. 正视失败，战胜自我

失败是每个领导者必然要遇到的人生修炼。历史表明，凡是有成就的领导者都是那些战胜失败、能坚持不懈地追求梦想的人。这些成功的领导者不但有着坚忍的毅力、不屈的斗志，而且有着一整套人生奋斗的战略，他们往往临危而不惧，能在逆境中奋起。他们的成功经验在于能正视失败，战胜失败。

◇ 了解失败

领导者战胜失败的第一步是了解失败的本质，知道失败是暂时的挫折。只要你不服输，失败就不是定局。每个错误不一定都是致命的，每一种压力都不是永恒的。**现代领导者，为了追求卓越，应当把失败看作成功路上的里程碑。**

◇ 检讨失败

德国心理学者威廉·沃德说："失败应当成为我们的老师，而不是掘墓人；失败是短时的耽误，而不是一败涂地。……失败是暂时走了弯路，而不是走进死胡同。"如果领导者能这样看待失败，就能轻装前进，最终战胜失败。因此，领导者必须把失败看作学习的机会。

不成功的领导者浅尝辄止，遇到挫折便转而做其他事。他们的座右铭

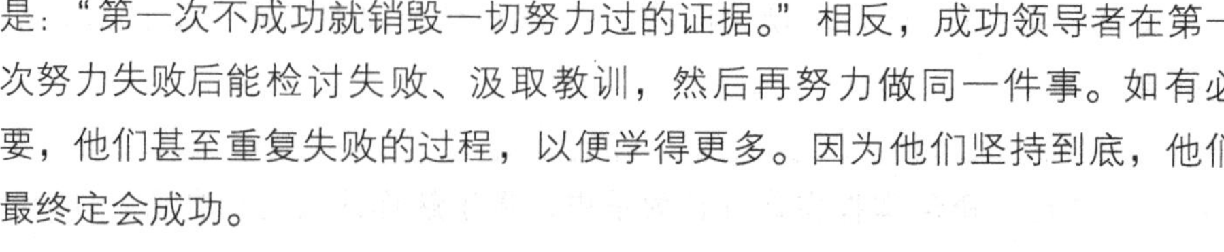

是：“第一次不成功就销毁一切努力过的证据。”相反，成功领导者在第一次努力失败后能检讨失败、汲取教训，然后再努力做同一件事。如有必要，他们甚至重复失败的过程，以便学得更多。因为他们坚持到底，他们最终定会成功。

> 如果失败了，就要检讨过去，用客观态度分析失败的原因。通过检查原因改变做法，然后再试一次。只有再次尝试，领导者才能聪明起来，更具备成功的条件。

◇ 认清弱点

从失败中学习，最终的是找出并且正视导致失败的个人弱点。这个过程需要有真正坦诚的个性。一旦领导者看清自己的弱点，就要开始努力克服。

从历史上著名的领导者的生平中我们可以找到许多例子，纳尔逊勋爵就是其中之一。他是舰队司令，后来成了英国最有名的海军英雄。纳尔逊一生都晕船，但这位曾经摧毁拿破仑舰队的英雄从不让晕船妨碍他的事业。不用说，他逐渐适应，而且战胜了这个弱点。

我们大多数领导者也有类似“晕船”的弱点。有些人有体力问题，有些人有心理问题。通常，克服缺点是一场静悄悄地发生在领导者个人身上的战役。领导者不会因此获得一枚奖章，但如果他们确实成功了，就会明白自己已经坚持到底，没被自己的缺点打败。这种满足感是永不会消退的。

◇ 调整战略

战胜失败的另一个重要环节是调整领导者的战略以便成功。**不断地重复错误是不能战胜失败的。**但是，有些领导者正是这样做。他们重复着之前犯过的错误，却一心想着会有不同的结果。

美国的罗斯福总统在整个第二次世界大战期间的表现人所共识，他由于小儿麻痹终生只能在轮椅上度过。当有人问他伤残的部位时，罗斯福会说：“我没有残，只不过无法站起来罢了。”

◇ **重新开始**

领导者在认识失败的本质、了解自己的弱点、调整战略以后，就应该重新开始，回到人生的竞技场上。如果不重新参赛，那就永远没机会成功。你往往可以用一个人犯错误的次数来衡量他是否乐意从尝试新事物中学习。如果在年终你回顾过去的一年时说，“我没犯任何错误”，那么，你并未尽力尝试新事物。如果你能说“我犯了好多错误，但这些错误是我努力尝试、成长和冒风险时犯的”，那么，你大概正在学习、在成长中进步。

如果领导者始终处于“刀刃”上，就会有很大进步。任何领导者都会犯错误。如果从那些错误中有所学习，那么，他就已走上了成功之路。

3. 坚信自己，立定自我

失败者说：“如果有机会，我也不知道将做出什么来?”

成功者说：“我了解我自己，知道我的起点和目的。”

成功者了解他们自己是什么样的人，相信自己，了解自己在生活现实中所扮演的角色、潜在能力和将来去承担的角色及要求达到的目标。他们从经验中，或凭借着洞察力、反馈信息、判断力不断加深对自己的了解。总之，他们在生活中不是靠出力气做事，而是时常开动脑筋，避免发生错误，纠正不足。他们习惯以最诚实的方法鉴别一切，他们不欺骗别人，更不欺骗自己。

所以，领导者应放开视野，去观察生活中可能发生的事情和所能达到的目的，随时改变自己的人生态度和生活方式。这样，所处的许多环境就会随之改变。领导者要了解自己之长，知道自己与他人的不同之处；要学会自如地对待各种形式的紧张，向好的方向改变。排除眼前那些可改变的消极影响，适应调节那些不能改变也不能排除的消极因素。

每天，都应该自我反省，认识自己的处境和现实，更要了解自己的能力：

• 我有什么才干和天赋？什么东西我能做得最出色，或比我认识的人做得都好？

• 我的激情在哪一方面？有什么东西特别使我内心激动，使我分外有冲劲去完成？如果有，是什么？

• 我的经历有什么与众不同的地方，能给我特别的洞察力、经验和能力吗？我能做出什么不寻常的事情？

• 我所处的时代和环境有什么特别之处？理想常常来自人生的独特环境。地理、政治气候、历史、经济、文化背景和许多其他因素都可能起作用。记下任何可能对你的机遇产生影响的东西。

从挫折中汲取教训，是迈向成功的踏脚石。真正的失败是犯了大错，却未能及时从中汲取有用的经验。

当我们观察一些成功的领导者的环境时，会发现他们的背景各不相同。那些大公司的经理、政府高级官员以及每一行业的知名人士都可能来自清寒家庭、破碎的家庭、偏僻的乡村甚至于贫民窟。这些人现在都是社会上的领导者，他们都经历过艰难困苦的阶段。具有很强的挫折承受能力是高情商的人的素质之一。

把每一个“失败”先生拿来跟“平凡”先生以及“成功”先生相比，你会发现，他们各方面条件（包括年龄、能力、社会背景、国籍以及任何一方面）都很可能相同，只有一个例外，就是对遭遇挫折的反应大小不一。

当“失败”先生跌倒时，他就无法爬起来了。他只会躺在地上骂个没完。

“平凡”先生会跪在地上，准备伺机逃跑，以免再次受到打击。

但是，“成功”先生的反应则跟他们不同。他被打倒时，会立即反弹起来，同时会汲取这个宝贵的经验，继而往前冲刺。

下面这个事例就是很好的说明。

有个非常有名的管理顾问。你一走进他的办公室，马上就会觉得自己“高高在上”似的。

办公室内各种豪华的摆饰、考究的地毯、忙进忙出的人潮以及知名的顾客名单都在告诉你，他的公司的确成就非凡。

但是，这家鼎鼎有名的公司在创业阶段，经历了无数的辛酸血泪。它的成功不是偶然的。

该公司创立者在创业之初的头六个月就把十年的积蓄用得一干二净，几个月都以办公室为家，因为他付不起房租。他也婉拒过无数的好工作，因为他坚持实现自己的理想。他也被顾客拒绝过上百次，拒绝他的和欢迎他的客户几乎一样多。

就在整整七年的艰苦挣扎中，他没有说过一句怨言，他反而说："我还在学习啊。这是一种无形的、捉摸不定的生意，竞争很激烈，实在不好做。但不管怎样，我还是要继续学下去。"

他真的做到了，而且做得轰轰烈烈。

别人有一次问他："把你折磨得疲惫不堪了吧？"他却说："没有啊！我并不觉得那么辛苦，反而觉得是受用无穷的经验。"

看看"世界名人榜"上那些人的生平你就知道，这些功业彪炳的伟人都受过一连串的无情打击，只是因为他们都坚持到底，才终于获得辉煌成果。

天下哪有不劳而获的事？如果能利用种种挫折与失败，来驱使你更上一层楼，那么一定可以实现自己的理想。

> 人们都可以化失败为胜利。一定要从挫折中汲取教训，好好利用，就可以对这个失败泰然处之了。
>
> 千万不要把失败的责任推给命运，要仔细研究失败的实例。如果失败了，那就继续学习吧。可能是自己的修养或火候还不够的缘故。

他们对自己一直平庸的解释不外是"运气不好""命运坎坷""好运未到"。这些人仍然像小孩子那样幼稚与不成熟，他们只想得到别人的同情，简直没有一点主见。由于他们一直想不通这一点，才一直找不到使他们变得更伟大、更坚强的机会。

马上停止诅咒命运吧，因为诅咒命运的人永远得不到他想要的任何东西。

4. 设定目标，实现自我

◇ 将来的成就最重要

如果你是高情商的领导者，你也会坚信：“你过去或现在的情况并不重要，将来想要获得什么成就才重要。”

良好的企业或组织都有 10 年至 15 年的长期目标。经理人员时常反问自己：“我们希望公司在十年后是什么样呢?”然后根据这个来规划应有的各项努力。新的公司并不是为了适合今天的需求，而是满足五年、十年以后的需求。各研究部门也是针对十年或十年以后的产品进行研究。

如果你希望十年以后变成怎样，现在就必须变成怎样，这是一种很严肃的想法。就像没有计划的生意将会变质（如果还能存在的话），没有生活目标的人也会变成另一个人。因为没有了目标，人们根本无法成长。

像那些良好的公司那样，自己也要有计划。从某个角度来看，人也是一种商业单位。你的才干就是你的产品，你必须发展自己的特殊产品，以便换取最高的价值。下面有两种很有效的步骤可以帮你做到这一点。

第一，把自己的理想分成工作、家庭与社交三种。这样可以避免冲突，使自己能够正视未来的全貌。

第二，针对下面的问题找到自己的答案。我想完成哪些事？想要成为怎样的人？哪些东西才能使我满足？

在领导者计划自己的未来时，不要害怕画蓝图。现代的人是用幻想的大小来衡量一个人的。一个人的成就多少比他原先的理想要小一点，所以在计划自己的未来时，眼光要远大才好。人的工作、家庭与社交三方面是紧密相连的，每方面都跟其他方面有关，但是影响最大的还是工作。几千年以前，在山顶洞人之中能拥有快乐的家庭生活又受别人敬重的，是那个最成功的猎人。这样的原理永远不会改变。一个人家庭的生活水准、他在社交中的名望大部分是以其工作表现决定的。

美国麦金塞管理研究基金会曾经做了一次大规模的研究，希望找出优秀主管需要的条件。他们对工商业、政府机关、科学工程以及宗教艺术的领导者进行答卷调查。经过这番求证，他们终于了解到成为主管最重要的条件就是“渴望进步的需求”。

> 一个人除非对他的工作怀有迫切要求进步的愿望，乐意去做，否则就做不出什么大事来。妥善运用你“渴望进步的需求”，往往会产生惊人的力量。

◇ 全力以赴才有辉煌的成就

要实现目标就必须全力以赴，并且让目标为你带来达到目标所需要的那种“自动调整能力”。那些高阶层的成功人物都完全投入自己的目标。

按部就班做下去是实现任何目标的唯一聪明的做法。想要实现任何目标都必须按部就班做下去才行。对于那些初级经理人员来讲，不管被指派的工作多么重要，都应该看成是“使自己向前跨一步”的好机会。富丽堂皇的建筑物是由一块块独立的石块砌成的，而石块本身并不美观。成功的生活也是如此。

不可做一个空泛的梦想者。要晓得如何切实前进，以现在为起点，向着想要达到的目标前进。

四、领导者的自我情绪控制

领导者必须学会自我情绪控制，在任何情况下都不应做出不理智行为。成熟的领导者，不应使自己的情绪陷于愤怒、紧张、急躁和消沉等不良状态，要善于从中解脱出来，使自己的情感处于平衡状态。诚然，让一个人对任何不良刺激都不做出非理性的反应是一件难事，但领导者却必须这样做，因为他是领导者，是群众的表率。领导者也要通过学习和锻炼，才能达到善于进行自我情绪控制的境界。

1. 驾驭自己的愤怒情绪

喜怒哀乐是人之常情，领导者也概莫能外。**发怒是一种颇具进攻性的**

情绪行为，这种激烈的情绪行为对领导者的威信、形象、工作成效等方面的影响十分明显。领导者在其领导行为过程中必须要善于控制和驾驭愤怒情绪，而不要被愤怒情绪控制和驾驭。

领导者驾驭愤怒情绪应当标本兼治。所谓治本，就是从源头着手，让愤怒无法产生，进而无怒可制。所谓治标，就是在怒气内生的情况下，运用自制力加以抑制，或者通过某种方式方法和技巧加以排解、泄怒。

◇ 心理自我控制

驾驭愤怒情绪是对自我情绪的一种调控，是心理自我控制的重要方面。心理自我控制是人对自身的心理与行为的主动掌握，也就是人控制自己的情感冲动和行为方向。

之所以能够进行心理自我控制就是因为人具有自我意识。人的意识具有二向性。首先，人的意识指向外部世界，目的在于认识外部世界和改造外部世界。与此同时，人的意识也逐渐指向内部，指向人自身，直观自己和认识自己，鉴定、判断自己的能力和行为，从而形成自我意识。人通过自我意识可以认识自己的心理状态，认识自己的心理和行为特征。为了使自己适应外部世界的要求，对自己的心理、情感和行为进行有目的的调整。由于人们所处的环境不同，其生活、成长和工作的经历不同以及人的各种心理因素在其心理系统中所占的比例不同（如理智因素和情感因素所占比例在每个人那里都是有差异的，一个理智因素占主导地位的人，在很大程度上能够驾驭自己，而一个情感因素占主导地位的人，往往不善于驾驭自己），人的自我意识的发展水平是不同的，自我控制的能力也会有所差别。

> 自我意识发展水平比较高的人，自我控制能力也比较强；自我意识发展水平较低的人，自我控制的能力也比较弱。由此可见，领导者制怒能力的强弱，在很大程度上取决于领导者自身的自我意识的发展状态。

◇ 加强领导者自我修养，建立健全健康的自我意识

用现代观点来看，领导者加强自我修养最重要的就是要牢牢树立远大目标，具有团结一切可以团结的人的宽阔胸怀，其核心是树立正确的世界观、人生观和价值观。正确的世界观、人生观和价值观最重要的表现就是看是否具有强烈的事业心和责任感，是否具有为崇高的事业而献身的精神。一个人只要具有了为理想而献身的精神，他就可以从容大度地去面对一切。

领导者加强自我修养，还必须注意陶冶自己的情操，也就是古人所说的“养性”，塑造宽容大度、温文尔雅、性情温和、不急不火、处事妥帖的良好形象。

◇ 控制愤怒情绪的若干技巧

我们在工作中难免会碰到不愉快的人和事，难免会发生令人气愤的人和事。

遇到这种情况时可能怒火中烧，之后马上想办法平息它，这就是息怒。息怒的方法和技巧一般有以下两种：

(1) 拖延法

所谓拖延法，就是当心中生起怒火时，首先强忍下来，不作任何反应，等过了一段时间以后，再回过头来考虑和处理这些事情。这个时候，也许会有许多结果——说不定只是一场误会，说不定事情并没有当时想的那么糟糕，说不定找到了很好的解决办法。拖延是平息怒火的好办法。

美国总统杰弗逊说：“当你生气时，便在心里从一数到十，再开口说话；如果怒不可遏，就数到一百！”英国作家悉尼也认为拖延对熄灭怒火的作用极大，他以自己的经验为证：“在事情未明朗之前，不要乱下判断和鲁莽行动。因为我发现只是24小时之差，看法就有天渊之别！”

(2) 转移法

所谓转移法，就是当你心中生怒时，立即脱离生怒时的环境，转移自己的注意力，参加一些其他的活动，或者看看电影，或者听听音乐，或者打打球，最好是选择自己的业余爱好，或者是痛痛快快地去干一会儿体力活，怒气便可以通过这些方式发泄出去。这里尤其要注意选择具有积极意义的转移方式，而不要选择消极的转移方式。比如回到家在自己的妻子(丈夫)、孩子身上出气发火，或者通过破坏公共设施来发泄不满的情绪，

或者是通过酗酒来出气，这些消极的转移方式都会造成严重的后果并使你产生更糟糕的情绪。

2. 克服不必要的紧张情绪

领导者是现代社会中被紧张问题困扰较多的一类人。紧张主要产生于人们知觉到的各种不同的要求与自己能力之间的不平衡以及由于主客观条件的限制而不能满足人的需要与未满足需要的强烈程度之间的不平衡。产生领导职业性紧张的原因可以归结为以下方面。

①权力欲望和对职务升迁的期望。当权力欲望很强烈而又得不到满足时，就会产生紧张。

②不切实际的过高目标。目标定得过高，就会过分费力、不切实际地驱使自己，因未达到目标而失望，这样就永远不会从已经完成的工作中获得轻松之感。

③工作中的人际冲突和矛盾。工作中的人际关系状况是使领导者紧张的又一个重要因素。在一个人际关系复杂的环境中，矛盾多、冲突多，领导者面临的压力就会大。当同级领导成员之间意见出现分歧时，容易产生紧张情绪；当下属提出不合理要求时，尤其是有的下属采取各种手段进行威胁或利诱时，领导者也容易紧张。

领导者要克服过度紧张的情绪，除了要注意对引起自己紧张的问题进行自我分析，注意睡眠、运动和营养等方面以外，还特别需要注意以下几个方面。

◇ 确立正确的人生目标、生活目标和工作目标

人生最大的痛苦莫过于梦醒之后无路可走。人生没有目的，生活失去目标、方向和内在动力，这是现代社会最折磨人的社会重压，同时也是人们产生过度紧张、深层次紧张的最终根源。领导者也概莫能外。只有从根本上解决好世界观、人生观、价值观的问题，才能正确应对工作中、生活中的各种矛盾、冲突和问题，才能正确对待自己、他人和环境，才能正确对待权力、地位、金钱、名利、待遇、职位等问题，才不至于被这些问题所困扰，也就不会出现过度紧张的问题。相反，如果世界观、人生观、价值观这个根本问题没有解决好，人就过不了权力关、金钱关、名利关、美色关，紧张问题就会连续不断地出现。

领导者如果利用手中权力徇私枉法，违法犯罪，即使不为人发现，也必将成为其长期紧张的重要因素。“心底无私，坦荡处世”，这是领导者克服过度紧张的法宝。

◇ **多享受工作，少享受权利**

尽情享受工作本身带来的乐趣，保持积极的、适度的紧张是克服过度紧张的有效方式。在工作的时候，全身心地投入工作，享受工作带来的乐趣，如因工作而产生的成就感、与他人合作而产生的亲密的友情等，这些都有利于保持对工作、生活的热情。我们不应该也不可能完全避免紧张，重要的是寻找并保持积极正面的紧张情绪，把消极紧张转化为积极的紧张。

◇ **适当参加一些健康、高雅、文明的娱乐活动**

这些活动包括下棋、打球、听音乐、读书、书法、绘画、园艺、跳舞等，也可以利用业余时间发展一至二项个人爱好，戒除一些诸如饮酒（特别是酗酒）、吸烟、赌博等消极地应付紧张或压力的方式，学习掌握并长年坚持一些集放松、健身、运动于一体的身体活动。**一张一弛、调节有度，只有会休息的人才是会生活、会工作的人。**

◇ **加强家庭成员之间的交流和沟通**

正确处理好与家庭成员之间的关系。在家庭中创造一种相互体贴、相互支持、温馨和睦的良好气氛是消除紧张的一种有效方式。家庭常常充当紧张状况下的感情支柱和感情庇护的堡垒，充满亲情和天伦之乐的家庭生活对于缓解领导者的过度紧张有着特殊的作用。来自家庭的支持对领导者来说是非常重要的。当一个人感受到来自他人的鼓励和支持时，就容易面对压力；当一个人感受到家人的支持和关心时，就更容易直面让人失望、冲突、忧虑、沮丧等事情的发生。相反，如果家庭生活中充满矛盾和危机，给人带来的压力和紧张可能会大大超过工作中给人带来的压力和紧张。因此，领导者在紧张繁忙的工作之余，应该分出一部分精力和时间来投入到家庭建设之中，使自己始终生活在理解、信任和融洽的家庭环境之中。

3. 避免工作中的急躁情绪

在复杂的领导活动中，领导者所面临的形势、任务、政策环境和领导环境都是发展变化的，领导活动中的各种相关因素也在随时变化，领导者必然会遇到许多复杂的矛盾和难题。在探索解决难题的办法时，大凡有成就的政治家和谋略家都把不急、不躁、不乱作为谋大事、成大业的经验之谈，即作为一个领导者，应该始终保持沉着冷静，以热烈而镇定、紧张而有序的情绪来处理每一件事。尤其是当领导方案和领导行为受到外界干扰，特别是受到某种突发因素或突发事件的冲击时，领导者更要镇定自若，稳如泰山，时刻注意克服和避免急躁情绪，以必胜的信心迎接挑战。

在当前社会转轨、剧变时期，就领导者所承受的重压而言，领导者产生急躁情绪是可以理解的，这是他们情感的自然表达形式。但凡事都有个度，情绪也不例外，若不加以控制、避免和克服，自然的急躁情绪就有可能演变为动辄发怒、怒极生非。**一个合格的领导者，应该时刻注意加强自身修养，善于调节情绪，运用机动灵活的方法和策略克服和避免因急躁情绪而产生的不良后果。**

当然，对于一个容易急躁的领导者来说，坚持过有规律的生活和进行有秩序的工作，只是一种长远的策略。除了要有这种长远策略以外，还应当掌握一些更为具体的避免和克服急躁情绪的方法。

◇ 培养韧性

避免和克服急躁情绪的一个有效方法，就是把自己的急躁性格磨慢、变韧。平时可以做一些需要很大的细心、耐心和韧劲才能做好的事。有一篇小说描写一位急性子连长，通过把衣服缝了拆、拆了再缝的针线活，来培养自己的耐心和韧劲。我们的领导者也可以采取类似的办法，如练习书法、临摹画、下棋等，针对自己的性格弱点，有意识地加以磨炼。只要持之以恒，一般都能收到良好的效果。

◇ **目标适当**

避免急躁情绪，为自己的目标确定一个合理的预期时间很重要。某项事业，你做好干十年的准备，那么一两年内碰到困难和挫折，就不会太过急躁。相反，某项工作如果你准备在两三天内完成，那么，第一天碰到麻烦，你就会急躁起来。因此，要避免不应有的急躁情绪产生，我们凡事都要为自己确定合理的、适度的预期时间。有的领导者上"大工程"，搞了几个月也没有达到预期目标，就急躁起来；有的立志当个企业家，创"惊人之举"，可也只是努力一阵子，看到收效不明显就发急，这些都是预期时间不当的缘故。而这些急躁情绪又会影响他们后续的努力，最终妨碍影响目标的实现。

> 不管何种工作要想取得比较突出的成就，没有长期努力是不行的。领导者如果想要做出一番事业，就得作好长期奋斗的思想准备。不要急躁，辛勤耕耘，成熟季节就会到来。

◇ **进退有节**

避免急躁情绪的产生，要靠平时的、经常的努力，不要等急躁情绪产生了，才想到克服它。**应该在做工作、办事情之前，事先考虑一下有无导致急躁情绪的因素，提前采取措施预防急躁情绪的产生。**例如，活动时间表的安排要留有余地，以便一旦发生了什么意外耽误了工作时，不至于焦灼不安。在考虑和制定工作方案时，应当尽量多准备几手，防止因客观条件限制一种方案的实行时产生急躁心理。工作之余，要注意劳逸结合，张弛适度，多看一些书，也可以思考一些无关紧要的事情，不要整天忙忙碌碌，紧张不已。这样可以使时间得到充分利用，从而减少急躁可能给自己带来的烦恼和不快。这种心理和躯体的调节，对于避免急躁情绪的产生是很有用的。

◇ **急事冷处理**

领导者在处理急事、难事时，应保持头脑冷静，在时间上、速度上适当放缓，通过必要的推迟、等待使事情的结局更为圆满。史载，西门豹深知自己处事有急而厉的缺点，就佩带玮以提醒自己注意做到缓而圆。这说明，如果具有急躁性格的领导者能充分认识到自己个性的弱点，发挥主观能动性，在急躁情绪将要产生时及时修正，进行心理上的自我放松，提醒自己“不要急”“这件事根本就不值得急”“急躁会把事情办坏”等，通过这种心理上的放松和暗示，使冲动和急躁的心情平静下来，待心情平静后，再从容不迫地投入到工作之中。进入工作后，急躁情绪还有可能不断出现，因此，需要不断地进行心理上自我放松的修正，直到急躁情绪被真正克服为止。

具有急躁情绪的领导者只要能够坚持急之有度、急缓相宜，注意运用灵活有效的方法和策略，克服和避免急躁情绪，就会充分发挥其可贵之处，克服其产生的负面影响。

4. 积极地摆脱消沉情绪

领导者担负着十分重大的责任，他们应该有积极、热情、开放和乐观的情绪，这是做好领导工作的重要精神保证。然而，领导者也有七情六欲，面对工作和生活的压力，也会有人经不住磨难而陷入消沉情绪状态。

领导者消沉情绪危害极大，摆脱这种不良情绪的办法如下。

◇ 培养健康的心理

健康的心理大致包括四个方面，即积极的心理、热情的心理、开放的心理和成就感心理。

(1) 积极的心理

积极的心理是指对事物持肯定和主动态度的一种心理状态。在这种心理支配下，人们总是对事物保持欣慰、赞赏、热爱的情绪状态，有助于人们心情愉快，对客观事物保持浓厚的兴趣。

培养积极的心理，对领导者来说是十分重要的。它可以减轻人的心理疲劳，保持足够的心理活力，从而激发其奋发向上的情绪，克服消沉情绪。为了培养积极心理，领导者要善于从客观事物中挖掘美的东西，从而去欣赏它、热爱它。例如，对于部属，领导者要多看其长处、优点，特别注意发现其性格中的闪光点，从而产生对部属的深刻理解和欣赏；对于工作，领导者要充分理解它的意义，越是困难的工作，越能显示领导者才能，这样困难的工作就变成了挑战性的工作，反而有助于激发自己积极的情绪。

（2）热情的心理

热情的心理是指人们对客观事物充满好奇、兴趣和热爱的一种心理状态。

兴趣和热爱是人们研究事物的动力，只有对某事物充满兴趣和热爱，人们才会具有研究事物奥秘的百折不挠的毅力。领导工作也是一样。只有对自己的工作充满兴趣和热爱的领导者，才会具备战胜工作困难的勇气，也才具有探究工作规律的耐心。具备了热情的心理，领导者在工作中才不会感到枯燥乏味；而只有在工作中享受到无穷乐趣的领导者，才会始终保持朝气蓬勃的精神风貌，保持遇挫折而不失积极进取的心态。

（3）开放的心理

开放的心理是指人们乐于接受外界信息，渴望与外界沟通的一种心理状态。

在这种心理支配下，人们视野开阔、心胸豁达、思维敏捷，对新事物的十分敏感。领导者应注重培养自己的开放心理，时刻注意不要把自己限制在狭小天地。注意接受来自各方的信息，不做井底之蛙；也要注意学习别人的新鲜经验，防止夜郎自大。开放心理是克服固步自封、自我陶醉、自我满足的必要前提。

> 经验证明，领导者消沉情绪的产生，往往是固执地拒绝别人的新鲜经验，囿于狭窄的信息渠道，最终发现自己对变化的世界感到深深的无奈心理的反映。

（4）成就感心理

成就感心理就是人们期待成功并且以成功为满足的一种心理状态。成就感心理是人们立志、树立人生目标的心理动机之一，成就心理的强烈程

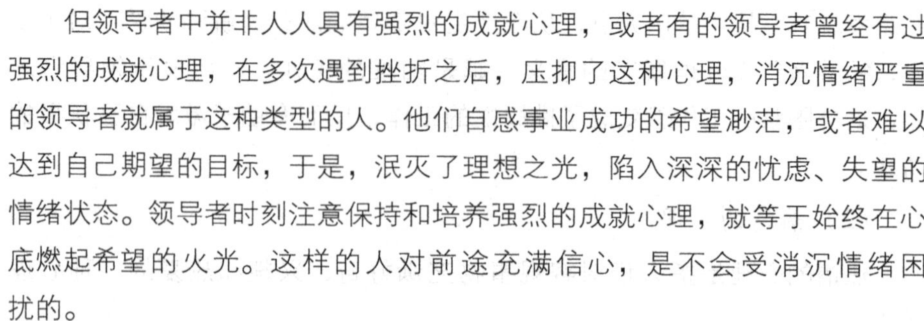

度，往往决定人们志向的大小。领导者是属于成就心理较强的群体。

但领导者中并非人人具有强烈的成就心理，或者有的领导者曾经有过强烈的成就心理，在多次遇到挫折之后，压抑了这种心理，消沉情绪严重的领导者就属于这种类型的人。他们自感事业成功的希望渺茫，或者难以达到自己期望的目标，于是，泯灭了理想之光，陷入深深的忧虑、失望的情绪状态。领导者时刻注意保持和培养强烈的成就心理，就等于始终在心底燃起希望的火光。这样的人对前途充满信心，是不会受消沉情绪困扰的。

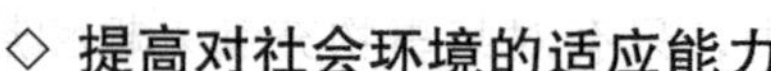

◇ 提高对社会环境的适应能力

(1) 深化对社会环境的理性认识

适应社会环境的前提是深化对它的认识。首先，领导者所处社会环境是极其复杂的。社会环境表现出来的现象有的正确地反映本质，有的歪曲地反映本质。其次，领导者所处社会环境是多样的和动态的。既有促进领导者成功的因素，也有导致领导者失败的因素，它们交替出现，呈现动态的特征。客观环境的复杂性、多样性和动态性，决定了领导者走向成功的道路必然是充满曲折和艰辛的，不可能一帆风顺。

其实被消沉情绪困扰也是理性不强的一种表现。由于对社会环境缺乏理性认识，他们就会对纷繁的社会现象感到无所适从，自己的主观努力常常在客观现实面前碰钉子，又不能找到有效的办法克服危机，从而陷入彷徨、苦闷、忧虑、消沉的精神状态。现在我们正在由计划经济体制向市场经济体制转化，社会环境的不确定性和风险性超过了大多数领导者所熟悉的计划经济环境。这必然要求领导者提高认识水平，以理性的态度来对待面临的新事物。令人遗憾的是，现在不少领导者恰恰变得越来越浮躁，以市场经济要求“务实”为名而贬低理性，对研究、探索新事物不感兴趣。在市场经济冲击之下，理性不强的领导者最容易晕头转向，遇到难以理解的事物也容易陷入消沉。针对这种情况，领导层要大力倡导理性，深化领导者对社会环境的认识，从而正确对待面临的困难、压力和挫折，在逆境面前做好积极充分的精神准备。这是领导者遇逆境而不惊，从容地迎接挑战，并始终以饱满的情绪对待工作和生活的奥妙所在。

（2）调整期望值

期望值太高，在现实中缺乏实现的可能性，会挫败领导者的锐气。遇到期望值与客观现实相矛盾时，正确的做法应是适当对期望值加以调整，而不能一意孤行。领导者面对千头万绪的工作，心理承受能力也不是无限的。如果期望频频落空，必将陷入被动、苦恼和失望。所以，成熟的领导者会在深化对社会环境理性认识的基础上，把期望值调整到在现实中有充分实现可能性的范围，并且会留有余地，只有那些情绪化的领导者才会好大喜功，把期望定得严重脱离现实。不量力而行的结果是期望越高失望越大，从狂热到消沉也是十分自然的。

为了保证领导者心理健康，减小其心理压力，一定要注意适时调整期望值，让成功的概率大于失败的可能，这样就会为领导者注入无穷的心理活力，为其保持积极乐观的情绪创造条件。

（3）讲究领导方法和艺术

在复杂的社会环境中，从事领导工作是极其困难的，但是讲究领导方法和艺术，会使困难的工作变得轻松和愉快。当有的领导者面对错综复杂的客观现象一筹莫展、顾此失彼的时候，明智的领导者会抓住主要矛盾，用较少的精力带动大量问题的解决；当有的领导者在繁重的工作中弄得身心疲惫时，聪明的领导者善于一张一弛地投入工作；当有的领导者将人际关系弄得很僵时，善于协调的领导者会刚柔相济地处理关系，既团结同志又不失原则；当有的领导者事必躬亲，陷入事务堆中难以超脱时，善于总揽全局的领导者会积极授权，既调动部属的积极性，又将自己从琐碎事务中摆脱出来。显然，前者更容易心理疲劳，弄得不好会陷入消沉情绪，后者游刃有余，会始终保持积极乐观的情绪。所以，领导者面对复杂的社会环境，要学会和讲究领导方法和艺术，把枯燥乏味的领导工作上升到一种艺术境界。这样既提高了工作水平，又保持了心理轻松愉快，从而在复杂社会环境中赢得主动权。从这个意义上说，**讲究领导方法和艺术，对防止和摆脱消沉情绪具有不可替代的作用。**

第六章

领导艺术

技巧高超的音乐家、画家比比皆是，但能够运用这些技巧去创造真、善、美艺术的人，才能成为伟大的艺术家。同样的，拥有企管专业知识的人比比皆是，但能够善用这些知识的人，才能成为杰出的管理者。

——〔美〕彼得·德鲁克

领导者在领导工作中所表现出来的高超的工作技巧就是领导艺术。确切地说，所谓领导艺术，是指领导者在长期的领导实践中总结概括出来的、对一切领导者都普遍适用的高超的领导工作技巧。领导艺术体现着领导者的领导作风、品格和才华。

一、领导艺术：运用之妙，存乎一心

作为领导艺术的领导工作技巧是领导者把对客观事物规律的认识运用到组织行为的实践中去，对领导实践中所产生的丰富经验进行咀嚼、消化、揣摩而形成领导行为的良好习惯与有效手段。

1. 领导艺术是高超的领导工作技巧

“技巧”二字，指的是一种熟练的技能，是人们为了实现某种目的，而把有关的道理运用到实践活动中去，在取得丰富经验的基础上形成的一种熟练的习惯和手段。例如写作技巧，就是作家把写作的知识经过自己长期的、反复的、刻苦的实践对以及实践经验的自我咀嚼、消化、揣摩之后形成的熟练的写作习惯和手段。

领导工作技巧不是千篇一律的，其表现是多种多样的，这是由领导者不同的工作岗位、不同的知识水平、不同的实践经验以及不同的性格所决定的。不同部门不同级别的领导者，其领导工作技巧往往是迥然不同的。在现实的领导工作中，领导者的领导工作技巧多种多样、丰富多彩。然而，这些因人而异的领导工作技巧并不是各个领导者纯粹的自我意会和自我运用，也绝不是不可把握、无规律可循的，它们之间存在着内在的同一性，遵循着一些共同的客观规律。

将不同领导者的具体、丰富的领导工作技巧加以归纳、总结，寻找出其内在的共同点，就形成了一般的领导工作技巧。这种领导工作技巧是对不同的个别领导者的工作技巧的升华。这样的领导工作技巧，就是领导艺术。

另外，由于人们通常对于领导艺术与领导科学的关系在认识上含糊不清，从而影响其对领导艺术的科学认识。为了准确地把握领导艺术，有必要来分析一下领导艺术与领导科学的关系。

现代领导艺术分为两类，一类是领导科学的基础，而另一类则是领导

科学的升华。

第一类领导艺术，即在领导经验的基础上形成的经验型的领导艺术是领导科学的基础，领导科学是对它的升华。

这类领导艺术尽管高超，但却出自于感观认识，出自于经验，并且只限于掌握这种技巧的个别人或少数人能够运用，因此，需要将其概括总结到领导科学之中，经过规范化、条理化、系统化上升为理性，即领导科学，并为更多的领导者所掌握。**这类领导艺术与领导科学的关系是：领导经验→领导艺术→领导科学。**

第二类领导艺术，即在领导科学方法基础上形成的方法型的领导艺术，又是领导科学的升华，是在领导科学基础上的进一步的升华。

领导科学中的原理、原则和规律具有规范性、条理性和系统性，它是理性的，抽象的。然而，现实生活又是很复杂的。当把领导科学中的原理、原则和规律等运用于具体的领导实践时，还会遇到很多特殊的和意外的情况，从而使领导科学中的原理、原则和规律等不能直接运用。这样，就要有一个方法把一般的、抽象的领导科学中的原理、原则和规律运用到具体的、复杂的领导实践中去。方法是原理、原则和规律的升华，它对一切复杂、具体和个别的领导实践活动都具有普遍的指导意义。然而，方法仍然是抽象的、一般的，它还需要进一步地具体化，转化为具体的应用方法，这种具体的应用方法就是领导艺术。**可以说，领导艺术就是对领导方法的出神入化的运用。在这里，领导艺术与领导科学的关系又成为领导科学→领导方法→领导艺术。**

领导艺术分为两大类：一类是由领导经验转化而来的领导艺术，另一类是由领导方法具体化而形成的领导艺术。这两类不同的领导艺术与领导科学的关系是不同的，前者是领导科学的基础，而后者则是领导科学的升华。

2. 鲜明的个性：领导艺术的基本特征

“艺术”，本是社会意识形态的一种表现形式，以此借用说明领导者的

高超的领导技巧，是因为艺术在一定程度上反映了领导技巧的基本特征。**“艺术”一词的妙用，鲜明、形象地表达了领导工作技巧的个性。**

作为社会意识形态的表现形式，艺术与哲学、政治思想等其他表现形式有所不同，它具有形象性，而且这种形象还不是现实中的形象的简单复制，而是通过创造的艺术形象来表现现实中的典型。艺术家们创造的艺术形象，不仅包含着深刻的哲理和思想，而且还充满着感情和激情，因此艺术具有很强的感染力。艺术和科学技术不同，科学技术是严谨的，而艺术则离不开想象，艺术的这种想象又是科学技术发展所必需的，因为想象力对科学技术的发展同样起着重要的作用。人们之所以把领导实践活动中的高超技巧称之为领导艺术，就是因为这种技巧与艺术有着许多相似的特点。

◇ 创造性是领导艺术的首要特征

领导艺术的创造性特征，表现为它是领导实践中的一种创造性的活动。

领导艺术的创造性特征，是领导者在尊重客观规律的基础上发挥主观能动性的表现。领导艺术之所以能够对领导活动产生积极的有效的影响，最根本的原因是它遵循了事物发展的规律，依据了不同事物在不同条件下发展的特有规律。但是，领导艺术所内含的对事物规律的认识和运用，是领导者正确地发挥主观能动性的结果。领导者不是被动适应规律，而是创造性地运用规律。前面已阐明，**领导艺术是对领导科学原理、原则、规律的升华，是对领导方法的出神入化的运用**。这里所说的升华、出神入化的运用，就是创造性。创造性地运用领导科学的原理、原则、规律，是领导实践活动的要求。有了领导科学的指导，还需要领导艺术的创造，这是由领导实践的现实情况所决定的。领导科学本身也来自于实践，是对领导实践中带普遍性问题的概括和总结。如果将领导科学再运用于领导实践时，便可以发现实践中的现实和领导科学中的规定的情况是难以一致的，完全一致是极其罕见的。所以，运用领导科学指导领导者实践时，不是简单地照搬所能奏效的，而是存在着一个如何运用的问题。不能照搬，还要考虑如何运用，这也说明了运用中包含着创造性，这种对领导科学的创造性的运用，正是领导艺术的表现。例如，领导者在作决策时，领导科学中对决策程序是有条有理地加以规定了的，但现实情况不断地变化，头绪繁多、因素复杂，完全地按照程序的规定一步一步地来做是不可能的。当现实生活中出现偶然事件时，决策程序可能一下子就被打乱了，这时，问题能否得到完善的处理，就取决于领导者是否具有领导艺术水平。

掌握了领导艺术，就可以根据随机事件而改变决策程序，抓住时机大胆地进行决策。这样的决策就是领导艺术的创造性的表现。

◇ **领导艺术的非规范性**

非规范性就是指没有固定的模式，没有统一的、不变的规定。这个特征是由领导艺术的创造性的总特征派生出来的。

既然领导者的领导艺术表现为领导者率领被领导者在改造客观对象的过程中，善于随机应变，不拘泥于成规，因人制宜、因地制宜、因势利导，根据客观情况机动灵活地进行领导活动的能力，体现了领导者在千差万别的事物面前，在复杂多变的情况面前，在艰难曲折的环境中发挥出主动性和创造性，那么，**这种主动性和创造性的领导艺术，也就必然表现为非规范性**。非规范性的领导艺术是领导实践的要求。领导科学中的原理、原则、规律和领导方法都表现为规范性，都有一定的典型模式，然而现实中的情况和科学模式相比较，内容要丰富得多，变化要复杂得多。所以，仅靠规范性的规定，并不能解决现实中的各种非规范性的问题，这就需要领导艺术来解决。领导艺术解决现实中的非规范性的问题多了，又会发现，在解决非规范性问题的过程中，同样存在着一定规范性的办法，将这些规范性的办法归纳概括出来，又可丰富领导科学的内容。领导科学中规范性的内容越丰富，其对现实的指导意义也就越大。同时，对领导工作的要求也就越高，对领导工作提出更高要求时，又会出现更高层次上的非规范性的情况，领导艺术也将在更高层次上发挥作用。这样，通过领导实践中的非规范性和规范性的办法不断转化，领导科学和领导艺术也就不断提高。

领导艺术所具有的非规范性的特点表明：在处理非常规性的问题时，更需要领导者运用领导艺术去处理。领导者所处理的事件，大体上可分为

常规性事件和非常规性事件两大类。常规性事件是大量重复出现的，而非常规性事件则是偶然出现的。处理常规性事件，基本上可以按照领导科学中规定的程序去处理，不按一般程序去处理是错误的；处理非常规性事件，则不能照搬现成的条文，如果用一般程序去处理，反而会导致失败。在处理非常规性的事件时，有些措施就是偏离原来所规定的原则的。在这里，哪些该按原则办事，哪些则不然，就是领导艺术的具体表现。在社会发展的激烈变动时期，领导艺术往往发挥着突出的作用。这是因为，在这样的时期，常规被打破了，一切按常规办事就会阻碍社会变革的实现，从而需要领导艺术来处理社会变革中出现的大量的非常规性的问题。我国当前正处在一场深刻的社会变革之中，经济、政治体制的改革被称为第二次社会革命。这场革命，将打破旧的社会秩序，一切原有的秩序、一切原有的规矩都将被打破。在这种情况下，就需要每一个领导者，在领导工作岗位上，运用高超的领导艺术。

◇ 领导艺术要求领导者要灵活应变

领导艺术的第三个特征是灵活性。这个特征也是创造性的总特征所派生的。在某种意义上说，领导艺术是领导者善于随机应变，不拘泥于成规，因势利导，根据客观情况机动地、灵活地而不是死板地进行领导活动的能力。它体现了领导者在千差万别的事物面前，在复杂多变的情况面前，在艰难曲折的环境中，发挥积极性、创造性，巧妙完成各项任务的灵活性。

然而，这里所说的灵活性绝不是任意所为，而是在高度的原则性指导下的灵活性，是高度的原则性与灵活性的统一。

在这里，高度的原则性是指领导工作的总的方向，高度的灵活性则是就总框架下达到目标的具体措施而言的。如果抛弃了高度的原则性，只讲灵活性，就如同领导者不顾国家、社会的根本利益，采取只顾小集团、小团体的利益的做法，这种做法就决不能被认为具有领导艺术的灵活性，而只是具有错误领导的破坏性。在坚持民族、国家、社会的根本利益或总体利益的前提下，根据变化了的形势，采取灵活多变的措施，在为国家、民族做出新贡献的同时，本部门的工作面貌也迅速发生变化，具有这样的灵活性，才可被称为高超的领导艺术。

领导艺术的高度灵活性的特征表明：从思维方式来说，掌握领导艺术常常表现为逻辑思维的中断，而表现出理性与经验在更高阶段上的综合统一。

这种统一的表现，则是形成创造性的决策。思维中理性与经验统一所表现出来的创造性，从领导艺术的作用来看，都是带有很强的针对性的。就是说，领导艺术的一次表现和一次运用，所解决的是某一特定的问题。当需要处理新的问题时，其领导艺术又将有新的表现和新的运用。因此，领导者在运用领导艺术时，总是表现出一系列新的创造的过程。他们的工作从其表现上看，好像是不拘一格的，在一个时期处理一个问题时运用一种方法，在另一个时期处理相似的问题却反对使用过去所用过的方法，甚至给人造成“反复无常，不可捉摸”的印象。然而，正是在这种不拘一格的深层，隐藏着根据变化着的情况坚定不移地坚持创造的原则。

领导艺术具有创造性、非规范性、非常规性、灵活性、运用时的针对性等一系列特征，这些特征进一步说明了领导艺术与领导科学的关系：领导艺术在领导科学的基础上形成和发挥作用，领导艺术的作用可能不断地丰富和发展领导科学的内容，因而领导艺术又成为领导科学的基础。

领导艺术与领导科学互为发展的基础，又共同以领导实践为基础并作用于领导实践。领导实践、领导科学、领导艺术相互作用，从而推动着领导科学和领导艺术的发展。

领导艺术的创造性、非规范性和灵活性的特征，也进一步表明了领导艺术与领导方法的区别，它表明了领导艺术不同于一般性的原则性以及领导方法的鲜明个性。

二、掌权诀窍：事备而动，组织治众

对权力的运用情况是检验领导艺术水平高低、效果优劣的试金石。如何娴熟灵活、恰到好处、融会贯通地运用权力，是领导

者要探寻的“幽境”和“天国”。拿破仑曾说：“我爱权力，正如小提琴家爱小提琴而演奏出优美的旋律一般，我以艺术家的心情爱权力。”各级领导者要珍惜权力，在实践中逐步掌握用权的真谛和奥妙，努力成为运用权力的艺术家。

1. 用权：确保领导权力运行畅通

领导者的权力可以从不同的角度加以划分。从权力的来源上，可分为法定权和统御权；从权力实施过程上，可分为强制权和影响权；从权力的具体内容上，可分为决策权、用人权、奖惩权等。领导者运用权力的一般原则有下面几条。

◇ 杜绝用权之大忌

用权之大忌是：一忌为私。领导者必须牢固树立“为官一场，造福一方”的权力观。二忌谋私。领导者不能搞“权、钱”交易。三忌徇私。领导者运用权力时要公正，不能无原则地为自己或亲朋好友谋利益。

领导者一旦为私、谋私、徇私就必然损害、牺牲多数人的利益，必然违背实现组织目标的根本要求，必然为人民群众所深恶痛绝，最终其权力必然被剥夺。因此，各级领导者在运用权力时，要经常提醒自己，不能为私、谋私、徇私，**只有廉洁清正，才能“公生明，廉生威”而有所作为。**

◇ 把握好权力运用的“预期效应”

领导者在运用权力之前，应该冷静地分析、评估和预测运用该权力后可能产生的效果，并以尽可能地加强效果为目的，做好各种相应的准备工作。这就要求在运用权力之前“三思而行”，使决策得到充分酝酿，甚至可以先征求下属意见，使决策民主化、科学化，进而达到预期的效益。为了使权力运用能畅通无阻，还要尽量增加广大所属人员的认同感，把所属人员发动起来、团结起来，把工作方向统一起来，使大家共同努力。同时，也要相应地做好人员安排、物资准备、纵横关系协调等工作，为权力的运用铺平道路。

◇ **“言必信，行必果”**

现代心理学研究表明：领导者讲话越守信用，办事越有成果，就越能增强群众的决心和信心。而群众的决心越大、信心越足，其行动也就越有力。

因此，领导者运用权力一定要讲究“言必信，行必果”。经过再三思虑、认真讨论、慎重决策后，领导者提出的主张、下达的指令都必须不折不扣地兑现，全力以赴地确保完成，不允许说了不做，定了不办。

办不到的事，勉强办的事，干脆不办。不办则已，办则成功。只有这样，才能令行禁止，才能在群众中树立起坚强、有力、果断、务实的领导形象，大大增加领导者的影响力。

◇ **奖惩并用，张弛结合**

奖惩，既包括精神方面的表扬与批评，也包括物质方面的嘉奖与惩罚。表扬与奖励，重在发扬积极因素，以鼓励人们奋发向上，积极进取，主动创造；批评与惩罚，重在克服消极因素，使人警惕谨慎，遵章守纪。二者的着眼点和发生作用的机制相反相成，共同地保证权力的运行。**领导者要善于把奖惩有机地结合起来，只奖不惩或只惩不奖，都失之偏颇。**

美国大器晚成的女企业家玫琳·凯说：“决不可只批评不表扬，这是我严格遵循的一个原则。你无论批评什么事情，也必须找点儿值得表扬的事情留在批评前和批评后说。这叫作‘先表扬，后批评，再表扬’。”

多奖少惩，有利于调动积极性，但也不能只奖不惩。对于重要的违章、违纪和错误，对于造成较大损失和不良后果的责任者，不惩罚也不批评，泰然无事，就不足以教育当事人，也不足以令他人信服。

张弛结合，是客观事物运行过程的韵律，是管理工作中的一种和谐现象，领导者在运用权力时需要做到，一方面通过刚性作风和严格要求，形成一定的“紧张度”；另一方面又运用柔性风格和宽容管理，造成满足下属的安全感和尊重感的良好气氛。这就是人们常说的既有纪律又有自由，既有统一意志又使个人心情舒畅。

紧张之中又有松弛的组织气氛，能够使人们的积极性、创造性得到充分发挥。领导者对工作进程的安排应有张有弛，善于根据工作中心来组织高潮，在高潮阶段掀起快节奏，让下属人员具有紧迫感和急促感；当高潮告一段落之后，又要有意识地让下属人员放松，通过缓和节奏来调剂人们的精神和精力；松弛一段后，又下达新的指令，组织新一轮的工作高潮。如此一高一低、一急一缓、一快一慢地推进工作，以达到预期的工作目标。

◇ **调节情感距离**

衡量实际权力大小，取决于下属人员对领导者权力的接受程度。领导者高高在上、脱离群众、官腔官调、傲气十足、热衷于发号施令甚至以权压人、强迫命令，就会引起群众的反感，于是权力运行就将受阻。作为领导者，必须调节好与下属的情感距离，只有感情相通，下属才愿意接受你的领导。要关心下属，帮助群众解决具体困难，关心下属在政治上的进步和业务上的提高。

与下属平等相待，不歧视后进者，用诚挚的关怀去感化他们，用精神的甘露来洗涤他们心灵上的灰尘。上下级关系融洽，领导权力就会运行畅通。

2. 授权：实现高效领导的客观需要

授权，是领导者将一定的职权委授给下级去行使，使之有一定的权力担任一定的领导职责。授权者对被授权者有指挥权、监督权，被授权者对授权者负有报告情况及完成任务之责。

领导者为什么要授权？首先，这是因为授权是实现有效领导的客观需要。现代领导者所管的事情多，终日忙不过来几乎是一种“通病”。领导者为了从过多的事务困扰中解脱出来，以主要精力抓大事，处理全局性问题，因此就要相宜授权，把一部分权责委托给下属人员，使自己管事少些，但管得好些。其次，授权是培养、锻炼下属人员的好办法。领导者把部分权力、责任授予部属，让部属有机会施展自己的才能，在实践中增长才干。同时也充分体现了领导者对下属的信任，从而会激发下属更大的工作热情。最后，授权还可以弥补领导者自身才能的某些不足。在某些方面，下属的才能、特长可能有强于领导者的地方，**领导者向这样的部属授权，实际上是弥补了自己的不足，巧妙地延伸了自己的才能和才干。**

可见，领导者的授权是十分必要的。然而，也必须讲究授权的艺术，否则，授权会削减自己的权力，甚至造成权力混乱。这样，对于做好领导工作反而不利。因此，授权必须遵循以下5个准则：

（1）因事择人，视德、才授权

这是授权的一条最根本的准则。授权不是利益分配，不是荣誉照顾，而是为了把事情办好，因此要选择思想品质端正、有事业心和责任心、有相应才能又精力较充沛的人，授之以权。

（2）权责同授，交代明确

授权时，领导者必须向被授权者明确交代所授事项的责任范围、完成标准和权力范围，让他们清楚地知道自己有什么样的权力，有多大的权力，同时要承担什么样的责任。

（3）不越级授权，不授权力之外之权

现代领导体制都是逐级领导负责制，具有明显的层次性。授权不能随便跨越层次，而只能逐级进行，否则就会引起紊乱。如厂长可向科长、车间主任授权，但不能向科员和车间工人授权。同时，授权只能授自己职权范围内的权力，而不能把别人的权力授给自己的下属，否则就会引起更大范围的混乱。

（4）关心、支持被授权者，及时给予指导

领导者要做被授权者的坚强后盾，经常给予其必要的支持和指导，以防止被授权者在执行过程中可能出现的偏差和延误，帮助其解决可能产生的困难。

（5）不轻易授予重大权力

事关组织的发展方向、人员的任免等重大权力，一般不轻易授给下属。

在遵循授权准则的基础上，还需讲究授权的技巧。

(1) 把握授权的时间信号，紧握核心职权不撒手

领导者把大小权力紧紧地把握在自己手中，事无巨细都亲自过问拍板，必然变成一个忙忙碌碌、疲于奔命的事务主义者；相反，领导者图省事省心，将事务全部转让给下属，把自己的责权“瓜分”完毕，自己就会成为“空头司令”。这就提出一个授多少权、授什么权以及何时授权的问题。

请记住授权的时间信号：

- 当你的部下一个劲地向你请示工作，例如每天请示者达 10 人次以上的时候；
- 当你的部下觉得百无聊赖、整天无所事事的时候；
- 当你的部下要求调动工作，觉得在你手里发挥不出才干，感到前途黯淡的时候；
- 当你感到坐不下来讨论和研究大事的时候；
- 当群众都想找你解决问题，而不想找他人的时候；
- 当你感到时间不够用、忙不过来、杂事太多的时候；
- 当三天两头有人通知你，叫你同时去开两个会议的时候；
- 当你一天工作下来十分疲倦，头脑乱哄哄、心情烦躁的时候；
- 当你有事外出，准备离开工作岗位一段时间的时候；
- 当你的心思都用到紧急情况、突击任务上去，手头日常工作无力承担的时候。

存在上述情况之一者，就说明你或许揽事揽权太多、力不从心，这时，就应该授权了。

至于授什么权，授多少权，这也没有一个绝对的标准。一般来说，除了领导者工作职责的核心或关键部分外，其他工作都可以授权。**凡是下属能够做好甚至能够做得更快更好的工作，都可以授权。**

(2) 授权之前，要做好深入细致的人员考查

领导者要学会科学地搞好人员配备，做好授权准备，以便取得最好效果。首先，要了解授权人选的长处以及发展前途，优化出最佳人选。其

次，要按照结构优化的要求，搞好人员合理配备。需要强调的是，被授权者是一个集体，必须明确一个牵头人，也可为牵头人明确一个副手，千万不能同时规定两个牵头人，以免互相推诿扯皮。最后，如果觉得被授权者还不十分成熟，能否完成任务还有待观察或者还需要进一步考验，授权时可以加上“代理”“助理”字样，并明确宣布“代理”“助理”的限定时间，到时决定取舍。

(3) 组织必要的授权形式

依据所授权力的大小、重要程度采取相应的授权形式，甚至举行相应的授权仪式，这样，一则当众向被授权者传递一部分领导的影响力，壮大被授权者的声威；二则，以庄严的气氛强化被授权者的使命感和责任感，使他们暗下决心履行职责而顽强奋斗；三则，让广大下属都知道授权的内容，以方便被授权者行使权力，开展工作。

(4) 掌握有效的控制方法

领导者对被授权者要实施有效的控制，以保证各下属接受权责之后协调发展。授权是自上而下逐级开展的工作，一级抓一级，一级管一级，下一级对上一级负责。上级参与人员少，下级参与人员多，构成一个“金字塔”式的管理系统。

按照系统论的观点，授权不是弱化组织整体的功能，恰恰相反，是要进一步强化整体功能。为了保证授权后的综合功能不断加强，领导者就要实施必要的监督与控制。

对进度缓慢以至影响整体工作进度者，施之以促进措施；对工作方向偏离了既定目标者，施以纠偏措施；对实践中暴露出来的授权多寡不均、难易不均等问题，可随时调整，以保证下属有用武之地，使授权的分量同每个被授权者的个人能力相适应。应该指出的是，这里讲监督与控制、协调与平衡，绝不是让领导者在授权之后又横加指责、过分干涉，使被授权者无可适从，而是指适当地纠偏、调控，以促进各授权者工作协调发展。

3. 借权：借用他力实施有效领导

在领导者实施领导的工作中，经常遇到因其他领导者设置的排斥力或阻力而使领导的影响力减弱、无效乃至负效的情况，这时，领导者感到自身力量单薄，力不从心，从而不得不借用其他力量来实施领导，这种做法叫作“借权”。

◇ **常用的借权类型**

领导者常用的借权类型有以下四种。

(1) 借信息权

领导者所掌握的信息容量的大小、获取信息的速度，对做好领导工作有着重要意义。**有力量的领导者，应该成为本单位的信息中心。**有的领导者大权旁落、为人左右，与失去信息控制权不无关系。特别要注意掌握来自上级的信息，对上级方针、政策和意图的改变，能够及时得知并做出反应，这样有助于趋利避害，增加自己的影响力。

(2) 借人际关系权

一个领导者不可能事必躬亲，其直接接触的范围总是有限的，这种有限性与领导工作的大范围性、多样性和复杂性是不相适应的。弥补的方法之一，就是借用跟自己“有联系”的人的力量来共同推进工作。人际关系犹如一张网，每一个人都是网上的一个“结”，而这个“结”又能牵动周围几个“结”。如果领导者能良好地联系一批“结”，再由一批“结”带动一片“结”，这样，领导者受拥护的范围就将扩大。

(3) 借统御权

领导者个人的统御权不足，可以借用他人的统御权来弥补。由于上级的权威性较大，人们对上级怀有一种无形中的遵从感，因此要注意利用上级的指示来为自己的主张开路，也可以借用本组织中有影响人物的统御权。例如，借助资历老、威望高的员工的影响力，经常接近、关心他们以获得他们的赞许和表扬，进而增加自己的影响力。还可以借用手下干部的统御权，把领导工作的部分任务压在他们身上，使他们的统御权得到充分发挥，于是在客观上也增加了领导者自身的统御权。

（4）借集体领导权

集体领导的威力特别大，做出的决定具有难以改变的性质。**以集体决定的名义推动工作，让领导者的能量放大数倍，可以使个体在心理上很难违抗领导者的意志。**

◇ 借权的技巧

借权的技巧是建立在一定的道德、见识、知识、制度和经验基础上的非规范化的一种创造性的领导艺术。它多半只能意会，难以言传。只有细心琢磨，才能体会出其中的“味道”。

（1）向上级借权的技巧

这里面技巧很多，比如请上级领导到本单位做指示或进行现场指导；请上级机关传发本单位的工作总结和工作经验，对此最好以“红头文件”的形式下发；请求上级以文字纪要或口头宣布等形式向本单位授权；同上级合作开展某些调研活动；经常、及时地向上级请示汇报工作，使下级和群众知道自己的工作是得到上级支持的；积极主动地配合上级开展工作，取得上级信赖。**这些做法都能达到向上级借权的目的，能在客观上强化下属对自己的尊重和服从。**

（2）借用中层干部力量的技巧

可以在下列几个方面努力：开会统一认识、统一思想、统一行动；通过同个别中层干部谈心取得谅解、理解和支持，至少可以化对立为中立，减轻阻力；开座谈会，把自己的工作打算提出来，让他们逐渐有所认识，有精神准备，以提高群众对领导意图的心理承受能力；领导和中层干部共同开展某试点工作，给以一定的表扬、激励，让他们创造成功的经验，然后转变成自己的工作思路，继而推广。

（3）借用群众力量的技巧

其做法有：开鼓励性、动员性、表彰性大会；进行民主协商座谈，让群众明白你的想法的来龙去脉和利弊；对于个别有消极情绪的员工，应大胆吸收他参与领导工作决策，让他知道领导者的难处和苦衷，以此来封他的嘴；利用群众愿与领导攀谈相处的意愿，找时间同群众聊天，以增进相互理解，增加群众对自己的向心力。

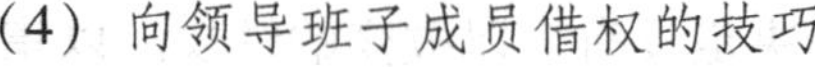
(4) 向领导班子成员借权的技巧

由于班子成员同自己是同级，至多只是正副关系。这就意味着成员互相之间既是天然的合作者，又是潜在的竞争者，这种复杂而微妙的同级关系，弄不好会形成内耗式的“窝里斗”。因此，**向领导班子借权更要有较强的艺术性**。可根据班子成员的竞争心理，同时安排他们各抓一项工作，看谁抓的效果好，以此激发他们的积极性；根据班子成员的竞争心理，今天安排一人去抓一项有难度的工作，明天又安排另一人去抓另一项有难度的工作，谁做得好就表扬谁，哪点做得好就表扬哪点，形成互相之间互不示弱、你追我赶的局面。领导者有时也应“委曲求全”，迁就成员的一些小要求，这会产生“面子效应”和“报偿效应”。对于嫉妒心很强的同级，用佯装不知、以德报怨、自信自重的方法积极化解，全力感化，防止这些人成为领导班子的内耗源。

三、日常管理：博采众长，出神入化

领导者除了以做好决策为自己的第一要务外，主要精力都投入日常工作管理。这种日常工作管理就是某一具体的措施做法。日常管理虽然不像决策那样直接关系到组织的生死存亡，但累积起来，却正是组织的生命过程，关系到整个组织的生存质量，也关系到企业的荣辱兴衰。并且，这种日常管理也是千头万绪、错综复杂的，其中也有其艺术奥妙，亟须领导者把握。

1. 举纲张目，抓住中心

领导者掌握和运用抓住领导过程中其中心环节的工作艺术，首先需要在繁杂的工作中找出哪项工作是整个工作的中心环节。

中心环节的特点，一是客观唯一性。在一定范围和一定时间内，中心环节只能有一个。二是辩证发展性。它随着时间的改变、工作部门以及条件的改变而改变。旧的主要矛盾解决了，新的主要矛盾又来了，因而新的中心环节又提到议事日程。

明确中心环节的特征，对于领导者寻找和确定中心环节具有重要意义。在一般情况下，寻找、确定和抓住中心环节，需要注意把握好以下几点。

①微观的中心环节一般依据宏观的中心环节。微观的中心环节必须受制于宏观的中心环节，以宏观的中心环节作为依据。

②在一定的时间内只能确定一项工作为工作的中心环节。由于中心环节的客观唯一性，不能同时确定多项工作为中心环节。

③要全力以赴，集中力量去完成中心环节的工作。

> 中心工作确定之后，应该集中一定的人力、物力和财力去突击完成，要制定切实可行的计划和措施，排除干扰，抓紧抓好中心工作，“抓而不紧，等于不抓”。

2. 十指弹琴，默契配合

提高领导艺术就要学会弹钢琴，十个指头都要动，不能瞎按乱弹胡指挥。那样，只能产生刺耳的噪音。十个指头如何动作，确是奥妙无穷。只有掌握了诀窍，按照一定的规律，有先有后，有轻有重，有急有缓，配合默契，才能奏出抑扬顿挫、美妙无比、沁人心脾的乐章。领导工作的管理过程也是如此。繁忙杂乱的日常工作管理就好比是一架钢琴，领导者好比是钢琴手。如果能够把繁杂的工作安排得井然有序，既把握好中心环节，又照顾到一般，主次配合、难易相间、脑体互补，那么，就能够像高明的钢琴家奏出的美妙音乐一样，得心应手，浑然一体。领导者应该学会“十指弹琴”的管理艺术。

“十指弹琴”的管理艺术，首先要求领导者既把握工作重点，又兼顾其他。这就是说领导者要善于从众多的工作中抓住重点和中心，把注意力

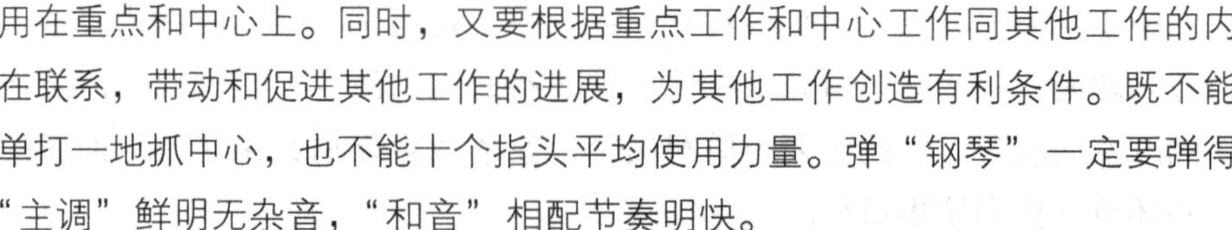

用在重点和中心上。同时，又要根据重点工作和中心工作同其他工作的内在联系，带动和促进其他工作的进展，为其他工作创造有利条件。既不能单打一地抓中心，也不能十个指头平均使用力量。弹“钢琴”一定要弹得“主调”鲜明无杂音，“和音”相配节奏明快。

“十指弹琴”的艺术还要注重组织管理中各个因素之间的有机配合和平衡协调，使之成为一架浑然一体的管理机器而有机地运转。

一方面要非常注意管理的“硬性”因素，即要建立和健全一整套科学合理的组织结构和规章制度，使本单位、本组织成为一个有秩序、高效率的组织机构；另一方面又要十分重视管理工作中的“软性”因素，在企业中，就是要把部门之间、各成员之间的关系融为一体，使整个组织成为上下左右关系协调，团结合作的充满活力和战斗力的团队集体。

善于“弹钢琴”的领导艺术，实际上是一种高超卓绝的协调技能，把工作中的重点和非重点、中心和非中心进行有机的组合安排，并由上一阶段的中心环节稳妥地转到下一阶段的中心环节，把组织管理中的“硬性”因素与“软性”因素妥善搭配或巧妙糅合起来，在规范化、科学化的组织结构中，注入其有能动性、创造性、灵活性的人员、作风和技巧因素，使严格的管理过程富有弹力和活力。这种领导艺术能产生很高的效能，不仅使组织充满生机和活力，而且在社会上也有强大的竞争力。

3. 加强薄弱，动中求衡

薄弱环节，是指对全局工作有重要作用甚至是决定性作用，而本身的条件即人力、财力、物力又不足以实现这个作用的环节。**为了推动全局工作发展，向薄弱环节投入较多的综合力量，并做有效的工作，这就称之为抓薄弱环节。**

薄弱环节和中心环节既有共同之处，又有不同之点。其相同之处是：二者都能影响全局，抓得好与不好对全局工作有举足轻重的影响，甚至起支配作用，因而需要人力、物力、财力、技术等向它“倾斜”。其不同之点是：中心环节好比是“牛鼻子”，套住了“牛鼻子”就能牵动全局的发展，因而允许它经常处于综合力量上的优势状态；而薄弱环节好比是“卡脖子”，它是阻碍发展的障碍，它的薄弱使全局处于失衡状态，需要加强力量直到使全局达到平衡为止。

对于现代领导者来说，整体工作中出现了薄弱环节，导致整个工作发展不平衡是经常存在的问题，薄弱环节出现的原因有的是数量上的，有的是质量上的，也有的是二者皆有。加强薄弱环节应从人力、物力、财力等方面实行向薄弱环节的“倾斜”政策，集中力量打通“瓶颈”，铲除“卡脖子”的障碍，强化薄弱环节，使各个因素达到平衡。

在工作中，通过努力把薄弱环节转化为优势环节，又会出现新的薄弱环节。这样，一次又一次地抓薄弱环节，一次又一次地由不平衡到平衡，每一次抓薄弱环节都使整个工作进到了比较高一级的程度。

4. 以目促纲，反弹琵琶

“反弹琵琶”来源于敦煌壁画上的一幅仕女图。壁画中的这位仕女在弹奏琵琶时，不是“犹抱琵琶半遮面”地正面去弹奏，而是将琵琶放在身后，反手去弹。这幅壁画的寓意告诉我们：弹琵琶不能只是“泥于古法”地一味“正弹”，也可另辟蹊径，“反弹”同样能奏出妙音，并且在技巧、姿势等方面比“正弹”的难度更大，从而给人印象更深刻。

借“反弹琵琶”来比喻一种领导者的管理艺术，是要形象地说明领导者在决策和处理问题时，要善于多方考虑，以反求正，以目促纲。“反弹琵琶”的领导艺术，对于改变一些领导者多年习惯的“一贯制”“一刷子”的领导方式有着重要意义。

“反弹”需要“反思”，但不重在“思”而重在“弹”上，“反弹”体现着“反”，但不等同于“对着干”，而是在目标一致基础上的一种“另辟蹊径”的技艺。领导工作中一些问题的突破或解决，就需要这种技艺。

“反弹琵琶”的领导艺术的主要内容，可以简单地概括为以下四个方面。

◇ **多角位性**

即**领导者在认识和处理问题时，不搞单一的“正弹”，**如同俗话所说的“不在一棵树上吊死”，**要多视角、多方位地去考虑和解决问题。**常言说，“狡兔三窟”，面对复杂的形势和许多新出现的问题，领导者如不多想几种可能，多做几种准备，多用几种方法，从不同的角度、不同的方位去深思、权衡、协调或克服问题，就不会有主动权。“上面咋说就咋干”“以不变应万变”这种对待问题、处理问题的态度是一种笨拙的僵化的办法，它会使领导者处处被动。有些领导者，爱以简单的“直来直去”自喻，分析和处理问题往往显得天真，改变这种状况的有效办法之一，就是学习和运用“反弹”艺术的多角位性。要把琵琶弹得好，当然可以按常规去正弹，但许多新情况、新问题，却更多地要求去反弹，要眼、耳、手、身的多方的有机配合。

◇ **逆向反成性**

在某些情况下，领导者决策和处理问题要以“反”去求“正”，才是最好的办法。也就是有意向解决问题的反方向（逆向）发展，却最终能达到实现正方向解决问题的目的。正向和逆向针锋相对，而在“反弹”艺术中却将两者有机地统一起来。**人们常说的“相反相成”，正是对“反弹”艺术这一属性的简明概括。**

◇ **以目促纲性**

所谓以“目”促“纲”，就是领导者在决策和处理问题时，要用“目”的发展去促进“纲”的提高。许多年来，无论是行政领导者还是企业领导者，在指导思想和领导艺术上都比较习惯于只有“纲举”才能使“目张”。但实践证明，只单纯地去抓“纲”，为“纲”而“纲”，不仅“目”带不上去，而且往往连“纲”也上不去。我们不否认，在好些情况下，“纲举”的确能使“目张”。从领导艺术的角度来说，这正是许多领导者所熟悉的“正弹”。但是在一定条件下，“目张”也能使“纲举”。**注意抓“目”，就是对单纯抓“纲”的“反弹”。**

如何处理“纲”与“目”的关系，在领导工作中经常表现为如何处理典型与一般的关系。抓典型带动一般，这是一种领导艺术；抓一般促典型，这也是一种领导艺术。这种艺术不仅看到典型的引路、榜样作用，而且还看到一般、非典型对典型的补充、促进作用以及非典型成为新典型的可能性。若只顾树立典型，而不用非典型去“反弹”一下典型，典型就不可能在群众中真正扎根。用非典型去促进典型，会使典型本身更具有说服力和感染力。

◇ **修正与突破性**

主要是指对于那些不符合时代、脱离实际的东西，善于明确、及时地给予修正或否定。这正是一般人理解的本义上的“反弹”。它是要“反”掉僵化模式，“弹”掉不合时宜的结论、方式。“反弹”艺术的修正与突破性，包含了某种程度的革命性变革，但绝不是简单的“推翻”，而是有机地自我完善和发展。

> “反弹琵琶”本身就是对传统“正弹琵琶”的突破，借用它比喻的领导艺术，是一种具有突破性的艺术。而用这种艺术去解决问题，必然有着修正与突破性的特点。

四、时间运筹：把握光阴，讲求时效

时间运筹，其本意是指在实施某项工作时，对所必须进行的工作要进行严格的时间定量计算，在兼顾各个环节的基础上，提出最佳的时间结构、最省时的方案以及具体数量依据。而这里所说的时间运筹则是泛指探索时间运用的科学规律。恩格斯曾说过，利用时间是一个非常高级的规律。

时间运筹，首先是讲究时间运用的策略问题，其次是节约时间的技巧问题。前者是从宏观上和整体上来把握时间利用的“大政方针”，后者是从具体和微观上来把握时间利用的“雕虫小技”。下面首先探讨时间运筹的简化策略和委权策略。

1. 化繁为简：提高时间使用效率

有人说，时间是一条奔腾不息的急湍；又有人说，时间是一匹难以驾驭的烈马。怎样驾驭时间这匹烈马？出路在于提高时间的使用效率，而提高时间使用效率的出路又在于对时间的科学运筹。

领导工作的特点是头绪众多、范围广、事情杂。在这种情况下，**要节约时间，提高效能，就必须善于把复杂的事物简单化，这是一条提高时间使用效率的捷径，是一条很重要的领导艺术。**

在现实生活中，有这样两种类型的领导者，一种是善于把复杂的事物简单化，办事又快又好；另一种是把简单的事物复杂化，使事情越办越糟。应当提倡第一种类型的领导者，倡导掌握化繁为简的领导艺术。

化繁为简的领导艺术，主要包括以下几个方面的内容。

◇ 抓住关键环节，着力打通“瓶颈”

在领导工作中，必须善于在纷繁复杂的事物中抓住主要环节不放，“快刀斩乱麻”，使纷繁复杂的状况变得有脉络可寻，从而使问题易于得到解决。

抓住主要矛盾，即抓住工作中的关键环节，从它的反面讲，就是要善于排除工作中的主要障碍。主要障碍就像瓶颈堵塞一样，必须打通，否则工作就会“卡壳”，耗费许多不必要的时间和精力。

◇ 简化程序，“优化事序”

对一个领导者来说，往往在他的案头，许许多多、大大小小的问题或任务排成队，静待着处理。如果要按单向排队顺序，来了什么工作就做什么工作，天长日久，就会形成“事无巨细、一律平等、一律照办”的工作习惯，这样的习惯在客观上就会导致数量众多的“小事”淹没了非常重要的“大事”，导致领导者产生因小失大的错误。有的领导者还有这样的工作习惯——总是优先处理最紧迫的事情，而最紧迫的事情却不是最重要的事情。这样的工作习惯也使领导者产生错误，只重视现在，而忽视将来；

只重视克服困难，而忽略创新和寻找机会。

提高领导者的时间效率，要求领导将每天面临的杂乱无章的工作系统化，按工作的轻重缓急、在系统中起作用的程度、贡献大小分为不同类别，并排定事物的优先次序。

美国企业管理顾问艾伦·莱金所提出的A、B、C分类法，对我们颇有启发，他在《如何控制你的时间和生命》一书中，提出了两种利用时间的办法。

一是编制每天工作的时间表。他认为由于每天需要管理的事情很多，又不可能都做完，因而可将事情分成A、B、C三类。A类事情最重要，B类次之，C类可以放一放。一位优秀的管理者，应想方设法去完成A类和B类工作，若完成了，也就完成了本天工作的80%，从而可以心安理得。这种方法有利于人们把有限的时间安排在效率高的、最重要的事情上，同时机智地拒绝或拖延不必要的事或次要的事。一件事来了，首先要自问“这件事值不值得做”。

二是任何值得做的事，都要拼命去做，即使离午饭还有十分钟，也应该把它用来做这件事。尤其重要的是开始，即使自己不擅长干那些事，也要开始去做，不要有恐惧心理。干起来以后，情况就会有所改善。

◇“立体统筹”

进行时间上的立体统筹，也就是巧排事序的最优方案，是领导者时间运筹艺术中的一大高招。进行时间统筹，必须具有立体化安排时间的意识。

立体公路的车流量大，高层建筑的空间利用率高，同样道理，立体结构的时间安排也能提高时间利用效率。

为了使时间统筹做得好些，领导者可以给自己画一张工作统筹图。画图之前，先排一排每天有哪些事情要做，摸清这些事情的相互关系，哪些事情该先做，哪些事情可后做，一件事情做完了会给其他事带来什么影响，并计算完成每件事需要多少时间，调查完毕，就可以组合画图（见图6-1），仍以前面所举的例子为例。

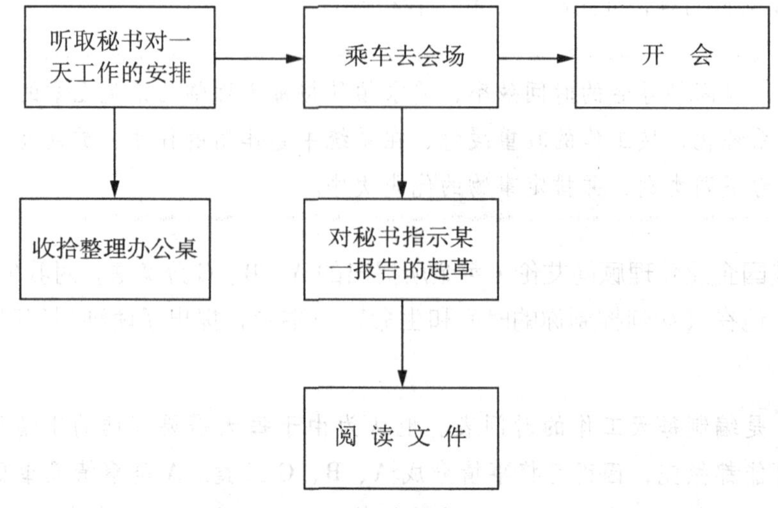

图 6－1　工作统筹图

为了方便，还可以把工作按序列用符号标记出来，用箭头表示衔接关系，并把时间记在箭杆上，就形成了下图（见图 6－2）：

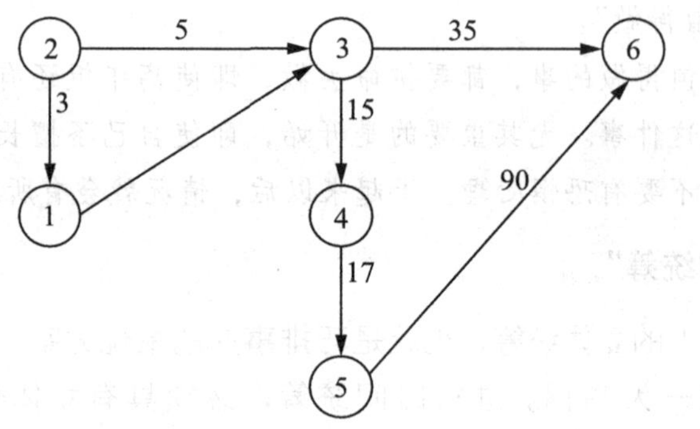

图 6－2　以符号标记出工作统筹图

其中需要时间最长的线叫作主要矛盾线，即②→③→⑥。

从这种统筹图中我们可以看到可以同时做的两件事情。中国有一句古话，叫作一心不能二用。如果从专心致志做某件事这一要求看，这是对的。但是，有些事情完全可以一心二用。事实证明，一心二用，同时做两件事，是节约时间的重要技巧。

运用化繁为简的策略，领导者可以大大提高时间的使用效率。

纵观人类发展史，效率往往就是从简化开始的。中国战国时期赵武灵王提倡“胡服骑射”，用骑兵结束了“战车时代”，靠简化在军事上做出了卓越贡献。秦始皇统一文字、统一货币、统一度量衡，靠简化推进了社会的进步。在当今科学技术、社会发展日新月异的时代，用简化的方法提高效率，具有重要的意义。

2. 委托权限，分身有术

委托权限，简称委权，是指委托某些下属工作人员以一定的权限，完成某项领导者分配的工作。

委权与授权有着类似之处。所不同的只是在于授权是给予下属较为长期的、稳定的权限，而委权只是给予下属临时性的权限。委权的目的主要是分散领导者的工作，节约领导者的工作时间，委权是领导者的分身术。

任何领导者，无论他如何能干，也都必须学会委权这种领导艺术。任何一位领导者，不管他怎样巧妙地使用时间，以其全部精力努力工作，但他的精力毕竟是很有限的。如果想提高效率两倍、三倍的话，就必须借用他人的时间。换言之，必须把工作委托给他人来做。

3. 有效地利用零碎时间

所谓零碎时间，是指不构成连续的时间或一个事务与另一个事物衔接时的空余时间。这样的时间往往被人们毫不在乎地忽略过去。零碎时间虽短，但倘若一日、一月、一年地不断积累起来，其总和将是相当可观的。**凡是在事业上有所成就的人，几乎都是能有效地利用零碎时间的人。**

把时间积零为整，精心使用，这正是古今中外很多科学家取得辉煌成就的奥妙之一。

面临时间危机的领导者，如果学会抓住半小时，那么是否就可以在一定程度上缓和时间危机呢？答案是肯定的，因此，每个领导者都需要学会有效利用零碎时间的技巧。

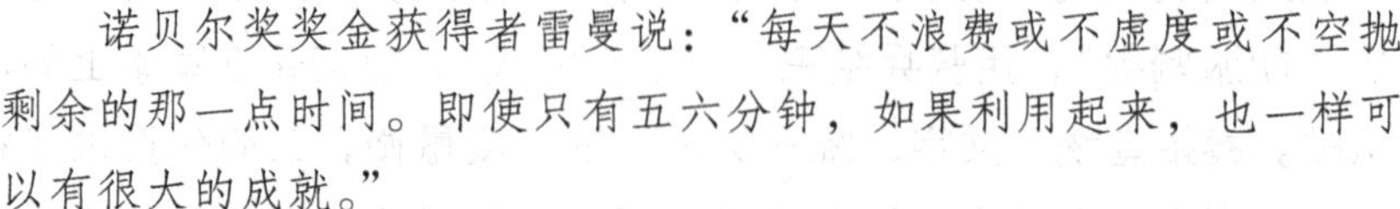

诺贝尔奖奖金获得者雷曼说："每天不浪费或不虚度或不空抛剩余的那一点时间。即使只有五六分钟，如果利用起来，也一样可以有很大的成就。"

利用零碎时间的技巧主要有以下四种。

◇ 嵌入式技巧

即在空余的零碎时间里加进充实的内容。人们由一种活动转为另一种活动时，中间会留下一小段空白地带，如出差时乘车、等车时间，会议前的片刻，找人谈话的等候时间等。对这些时间可以加以充分利用，根据时间的长短做一些有意义的工作。1849 年恩格斯从意大利的热那亚坐船去英国，一路上，船上的旅客大多数在无聊地饮酒作乐、消磨时光。恩格斯却一直待在甲板上，不时地往本子上记录太阳的位置、风向及海潮涨落的情况，利用乘船的时机研究航海学。

◇ 并列式技巧

即在某项松散活动进行期间，同时开展另一项活动。例如做饭、散步、逛商店，都可以适当地一心两用。艾米莉·勃朗特是英国一位勤奋的女作家。年轻的时候，她的家务劳动很繁重，洗衣服、烤面包、做饭都要她自己动手。她在厨房里干活时，每次都随身带着铅笔和纸，一边干活一边构思，只要一有空，就立即把脑子里涌现的构思记下来。

◇ 压缩式技巧

把零星时间压缩到最低限度，使一项活动尽快转为另一项活动，免去很长的过渡时间。俄国大音乐家柴可夫斯基每天一定要工作到吃饭时间才搁笔，决不增加等候的零星时间。

◇ 化零为整式技巧

即把零碎时间集中为一个整体。美国管理学家杜拉克在他的《有效的管理》一书中提出：善于将零碎时间集中为一个整数是领导者赢得时间的一个诀窍。

4. 尽量避免干扰

领导者应该专心致志地工作，只有这样，才能赢得时间。然而，在现实生活中，总是缺少这样的环境，外界的干扰常常打断领导者的工作，甚至使人心烦意乱。

干扰主要来自以下几个方面：

- 上司来检查工作（主要是指摆摆样子、走走形式的无实质内容的检查）；
- 电话干扰；
- 同事来串门、闲聊的干扰。

来自上司的干扰很难避免。往往有这样的情况，上司领导来检查工作，众多的领导前往作陪，宴会作陪，检查工作作陪，游山玩水也作陪。解决这个问题特别困难，需要下级领导具有“抗上”的胆识。

来自生活的干扰则比较容易解决，如果正忙得不可开交，即使电话铃声、门铃声响个不停，也可以不理睬它。若有必要，还可以把电话源切断。

这里着重谈谈摆脱同事或客人前来闲聊的技巧。在日常工作中，领导者偶尔与同事或下属或来访客人亲切地聊一聊，也不是不可以。但是，当这种交谈平淡乏味或庸俗冗长、不合时宜时，就应该尽量避免。要结束或避免此类情况，有时倒颇困难，处理不当，还会伤害对方，因此，需要讲究技巧。

这些技巧主要如下几个方面：

①避免惹人注意，尽量让别人忽略你的存在，或给别人留下你的时间非常非常紧张的印象。

②办公室不要布置得像接待厅。除非必要，尽量少在办公室里放椅子以及精巧的吸引人的海报、画报或零食等极易招引同事来访的东西。

③起身招呼访客，这不但是礼貌，而且如果你保持站立姿势，对方就不会逗留不走。

④回答尽量简明，以及很快将没有必要的事要谈的来访者送走。

⑤尽快作结论。当交谈持续较久时，你可以说一句："嘿！我想我该说的都说了吧！"

⑥当有人对你东拉西扯时，你可打断他的话头并委婉地说："很抱歉，我实在听不懂，不晓得你到底要谈什么。"

⑦几个人同时在你办公室闲聊时，你可以干脆言称有事而溜走，干别的事去。

⑧说实话，直接告诉对方你没有时间陪他聊天。这种做法有时会比暗示起到更好的效果。

5. 抓住一天中的"高效时间"

作为一个领导者，应该明白千百年来为人们所忽略的一个道理，即**时间不仅具有数量，而且具有质量**。对于不同的使用者，每时每刻并不是完全等效的。在人的一生中，时间存在着质量差异。比如，一生中青春是最为闪光的岁月，"青春者，人生之王，人生之春也"。一年中，一天中的时间也存在着质量差异，古人云："一年之计在于春，一日之计在于晨。"**不同的时间具有不同的效能。在有的时间里，人们精力充沛，动作敏捷，办事效率高；而在有的时间里，却变得头脑迟钝，动作呆滞，两分钟只顶一分钟**。因此，有些效率问题研究专家认为："控制时效的秘诀之一，就在于要用高效时间去处理最重要、最复杂、最需要创造力的问题；而在低效时间里，去从事周期性、重复性的日常工作，或进行调节生理、心理的闲适活动。"

> 时间质量上的差异，要求领导者不能按事用时，即工作事务不能按时排队去做，而要按质用时，即把最重要、最困难的工作放在高效时间去做，这是赢得时间，提高领导者工作时效的重要技巧之一。

所谓高效时间，是指一天中思维能力、活动能力最旺盛的时间。一般人的情况是这样：早晨，刚走上工作岗位开始一天的工作，这时是记忆力最佳的时刻。随着时间流逝，工作逐步开展，人的精力也在逐渐增加。中午12点以前，思维力、精力、体力等活动指标均达到了高潮，能够胜任各种艰巨复杂的任务。可是不久，各项指标又迅速下降了。下午一两点钟是脑力和体力较低的时候。而下午3～6点，人的脑力又活跃起来，处理各种事务又非常灵敏了。到晚上9点，人的精力形成了一天里的第二个高峰。当然，这只是一般人的情况，具体到每个人，细微差异仍然很大，往往因人因事而异。巴金喜欢挑灯夜战，只有深夜才能“精骛八极，心游万仞”；诗人艾青则倡行“黎明即起，闻鸡飞舞”。现在的领导者工作习惯也各不相同，高效的时间也不相同，每人都可以从自己的具体情况出发，尽量将高质量的时能供给重要的需求，最大限度地开发和利用时间能源。

第七章

人性化领导

我学会决不因任何理由歧视任何人。如果你待人公平，他们就会信任你、支持你，而且你可以从他们的眼神里看出来。

——〔日〕泷川精一

“人性化领导”是相对于“物化领导”而言。作为一个企业组织，各种厂房、设备乃至技术都是物或物化的，企业最终也是以生产物化商品为目的的。所以在企业里很容易以追求物质产品为最终目的，从而见物不见人，这样，就将人物化了。组织成员失去了主动性，生产效益自然也就不能达到最大化。而人性化管理是将员工首先作为人来对待，以人为本，不把他们看成只是为企业组织生产利润的工具，而是也将他们本身看成企业的最终目的，即认为企业也是为了他们的幸福而存在的。简言之，人是企业组织一切活动之本，因而实行人性化领导也就成了一种必然。

一、人性化：现代领导的发展趋势

如果说在社会发展的早期乃至中期，人还被视为生产过程中的工具，在管理中往往被当作物来对待的话，那么在现代社会，随着人的意识的张扬，人的地位与价值的提高，企业领导者普遍认为，必须把下属员工作为与自己一样的人来看待，走近他们、理解他们，在此基础之上实行人性化的领导。如今，这已成为现代企业组织的不可逆转的发展趋势。

1. 柔性管理凸现独特魅力

在知识经济时代，柔性管理迅速成为一种新型的领导管理模式。关于柔性管理，目前尚没有统一的定义，我们可以试着给它下个定义。柔性管理是现代领导的一种灵活管理模式，它要求被领导的组织结构是扁平的和灵活的。如在企业组织的领导中，要求产品开发、生产、销售和服务是市场导向的和快速变化的，信息沟通是畅通的和便捷的，人的积极性得到最大限度的发挥，企业能够根据市场变化迅速做出反应和调整管理。

柔性管理是增强现代领导机制灵活性、适应性、创新性和快速反应能力的管理，它通过人性化的组织系统、优良的信息管理、快速的反应机制、灵活的生产体系、市场导向的开发和服务来实现这些目的。

柔性管理是现代领导管理的一种新模式。传统管理的等级制度具有刚性，灵活性小，难以适应快速变化的市场；现代领导管理的柔性结构，具有弹性，非常敏捷，能够快速响应形势和市场的变化。

柔性管理是领导管理发展的新阶段。现代管理的基础是效率管理、成本管理和质量管理，柔性管理是现代管理的新发展。一方面，如果一个单位效率低、成本高、质量差，那么它就不具有开展柔性管理的条件，不能开展有效的柔性管理；即使勉强开展柔性管理，其效果也不会好，除非它采取切实措施，同时提高效率、改进质量。另一方面，柔性管理能够提高企业的生产效率，降低成本和提高质量。

2. 人性化领导的内涵

领导与下属之间无疑是一种“管理”与“被管理”的关系。身为领导者，无不希望下属对自己尽心、尽力、尽职、尽责地努力工作。因为只有做到这一点，才能证明自己的管理是成功的，自己是一个成功的领导者。

可是，并不是每一位领导都能一帆风顺地实现这一目标，恰恰相反，成功的领导者往往只是少数人，古往今来，失败的领导者都是居于多数。

在这里，决定成功与失败的关键因素，就是领导者采取什么样的管理方式，运用什么样的领导方法，这向来是领导学和管理学所讨论的一个重点问题。

如果从管理的角度来看领导的话，自从管理学出现以来，许多管理学派相继登台亮相。从广义的范围看，人们研究管理学的目的是为了社会和文明的进步，为了人类的生存和发展；从狭义的范围看，则是追求最大的和谐与效益，为了提高本机构、本单位的工作效率。

正是在这种目的的驱使下，当今人类对管理的研究投入了极大的精力，提出了多种多样的管理理论。当这些理论投入实际运用以后，人们发现，无论是哪一种管理理论，都存在着许多缺陷，没有一种可以全部或大部分实现管理目的。

然而，随着时间的推移，管理学理论正不断推陈出新，以发展“精神生产力”为目的的“人本管理”，越来越被提到重要的议事日程上来，以至于美国人把“开发人力心理资源”列为21世纪的前沿课题加以研究，日本和其他许多发达国家也在这方面倾注了大量的人力、物力、财力，展开潜心研究。

这种以发展“精神生产力”为目的的“人本管理”，实际上就是当今管理者称为“人性化管理”的管理理论。

“人性化”的基本原则包括：内在自主管理重于外在约束管理，肯定重于否定，感情交流重于纪律改革，以情感人重于以权压人……

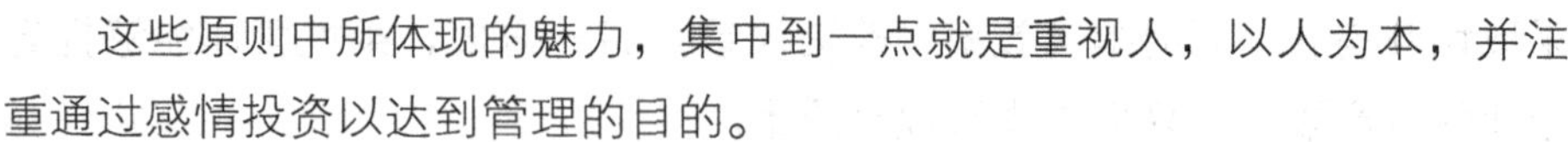

这些原则中所体现的魅力，集中到一点就是重视人，以人为本，并注重通过感情投资以达到管理的目的。

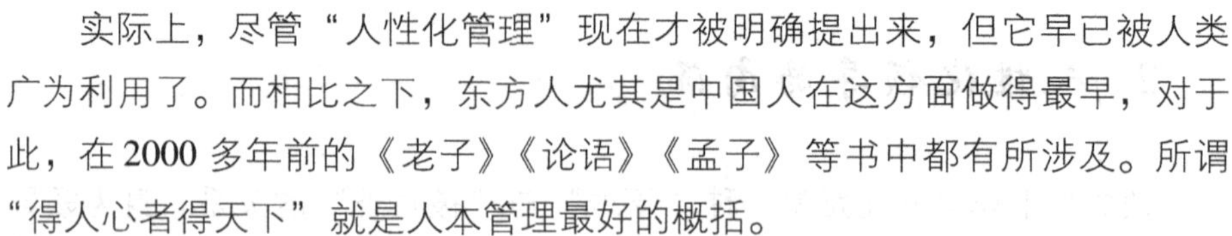

实际上，尽管“人性化管理”现在才被明确提出来，但它早已被人类广为利用了。而相比之下，东方人尤其是中国人在这方面做得最早，对于此，在2000多年前的《老子》《论语》《孟子》等书中都有所涉及。所谓“得人心者得天下”就是人本管理最好的概括。

人类历史的发展，无时无刻不在证明着这一种领导认识的正确性。人性化管理的出现并不是偶然的，它是顺应人类发展要求的一种必然。

二、以人为本是实现领导目的的根本途径

日本著名企业家松下幸之助认为，“企业最好的资产是人”。此处并非说是把人作为资产的“物”的一部分，而是以言简意赅的语言阐明企业的根本所在，也就是说企业必须“以人为本”。显而易见，即使一个企业的设施与技术再先进，若是没有一支优秀的员工队伍，那么它将一事无成。所以，企业领导者要想实现自己的既定目的，就必须“以人为本”，充分地尊重每一名员工，将他们的积极性都调动起来，能量都释放出来，其他问题便都会迎刃而解。

1. 视尊重下属为一条重要的领导原则

要想别人怎样对待你，你就应该怎样对待别人——这是一条尽人皆知的为人处世的黄金法则。**尊重是双向性的。只有在身为领导的你尊重下属**

的前提下，你的下属才能更好地尊重你，配合你的工作。每个公司最严重的问题都是人的问题，员工是公司最重要最富有创造力的“资产”，他们的贡献关系着公司的成败。每一名员工都希望自己的意见、想法被领导重视，都希望自己的能力得到领导的认可。一旦他们感觉到自己是被重视的、被尊重的，他们工作的热情就会高涨，潜在的创造力就会发挥出来。

马斯洛心理学认为，尊重是人类较高层次的需要。既然是较高层次的需要，自然不容易满足；而一旦满足了，则它产生的重大作用也是不可估量的。

如何尊重下属呢？如果你一时还不知该从何下手，不妨听听如下的建议。

(1) 不要对下属颐指气使

在日常生活中，有不少领导者随意使唤自己的下属，他们扩大了下属的概念，把他们与仆人等同。下属们心里会怎么想呢？他们心中肯定充满了不满的情绪，觉得自己被侮辱被轻视了，从而对领导有了抵触情绪，那他们还怎么可能会把百分之百的精力投入到工作当中呢？如果员工们对领导抱有一种否定的态度，那么他们又怎么可能努力去完成领导指定的工作呢？

(2) 礼貌用语——多多益善

当你将一项工作计划交给下属时，请不要用发号施令的口气，真诚恳切的口吻才是你的上上之选。对于出色的工作，一句“谢谢”不会付出什么代价，却能得到丰厚的回报。在他们实现甚至超过你对他们的期望时，用上一句简单的“谢谢，我真的非常感谢”就足够了，而下属们会得到很大的满足，何乐而不为呢？

(3) 面对员工的建议，要认真听取

当你倾听员工的建议时，要专心致志，确定你真的了解他们在说什么，让他们觉得自己受到尊重与重视。千万不要立即拒绝员工的建议，即使你觉得这个建议一文不值。拒绝员工建议时，一定要将理由说清楚，措辞要委婉，并且要感谢他提出意见。

(4) 对待员工要一视同仁，不要被个人感情所左右

不要在一个员工面前，把他与另一员工相比较，也不要在分配任务和利益时有远近亲疏之分。

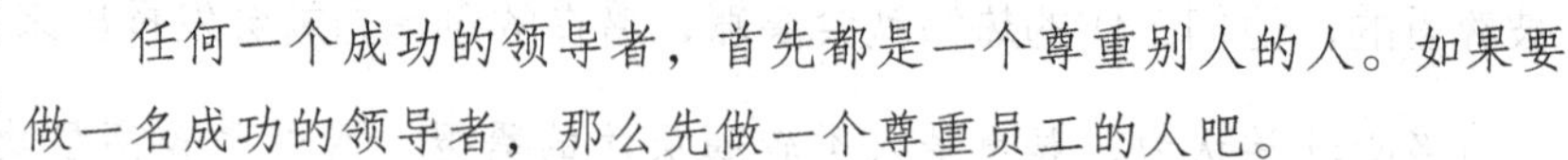

任何一个成功的领导者，首先都是一个尊重别人的人。如果要做一名成功的领导者，那么先做一个尊重员工的人吧。

2. 平等对待你的下属

有些领导者以为自己的地位高，当然就高人一等，也有些领导者以为自己念的是名气很大的大学，别人的出身都不如自己。这种莫名其妙的优越感一直在社会上和企业组织中蔓延着。

除此之外，有些经理级的人物也以为，以自己的经历和财力，足以构成特殊地位，遂目中无人而傲视一般员工，自认无人可与自己相比拟，于是在言语行为举止上，处处表现出自己有很高的地位、不可一世的样子。

其实，无论是管理者还是员工，都同样是人，同样为生活而努力着，同样属于一个企业中的成员，从这些角度来看大家都是相同的。人虽有天生与人为的不平等，但人们基本的需求则是相同的，不可任意否定别人的存在价值，这是身为领导者必备的基本观念。

下属和上司之间，只有职务的不同，没有人格的差别，这一点是所有当上司的人务必谨记的。有时，下属的见解往往比上司的更符合真理，因此，领导者应当虚心向下属学习，征求他们的意见，说不定，有些很好的建议会使你的工作事半功倍呢！

在一个组织里，下属不满上司的情况到处可见，首先得明白，你是不可能让全世界的人都喜欢你的。**每个人有自己做人做事的原则和风格，坚守这一点没有什么不妥。**

不过，一直保持客观、公私分明则是强人的共同点。下属对你不满，需要弄清原因在哪里：妒忌你？嫌你傲慢？还是你过于严肃？无论如何，你应该弄明白真相。但千万别向其他同事查询，这样只会把事情闹大，最

好私下小心观察就是了。

明白了这一点，不是叫你“改过自新”，因为你根本没有“过”。要做的就是制定对付下属的策略，改变一下工作的态度，用成绩和事实来使下属对你信服。

3. 不可伤害下属的自尊心

人人都有自尊，人如果没有了自尊那便无药可救了。没有自尊的人有两种情况：一种是自己失去的，一种是被人给毁伤的。对于前一种人，领导者可做的努力或许很少；后一种情况，领导者要千万注意，不少人的自尊心恰恰是被领导者给毁伤的。

有些人由于工作能力较差，时常做不好事情，反而给领导添麻烦，于是每个单位都想将他调走，又没有地方肯接纳他。有的领导便会说：“他要是能调走，我磕头都来不及！”这种话无疑是伤人自尊心的。

事实上，即使是在工作场合中被视为无用的人，也有他自己的长处。他或许看似低能，却在某一方面潜藏着特长；也许他很笨拙，却也因此比别人更勤奋卖力。偌大个单位，总该有适合他的工作可做，而不应对他抱嫌弃的态度。

有人本身并不低能，但因为做错了事，也会引得某些领导说出伤人自尊心的话来。比如：“你是什么东西？你以为我不知道你的老底吗？”或者说：“你这种家伙，成事不足，败事有余！”这种话一出口，不是叫人心灰意冷，就是引起大吵大闹。

> 领导者必须明白，自尊心是应该受到保护的。不伤害人的自尊心，不仅是尊重人格，而且对搞好工作也大有好处。人有了自尊心，才会求上进，有上进心才会努力工作。

研究表明：**凡是自尊心强的人，不论在什么岗位上，都会尽自己的努力而不甘落后于人**。明智的领导者要善于保护下属的自尊心，要想方设法加强下属的自尊心。比如，注重礼貌，让他们充分体会到自己与上级在人格上是平等的；或使用适当的褒奖，让他们有荣誉感等。

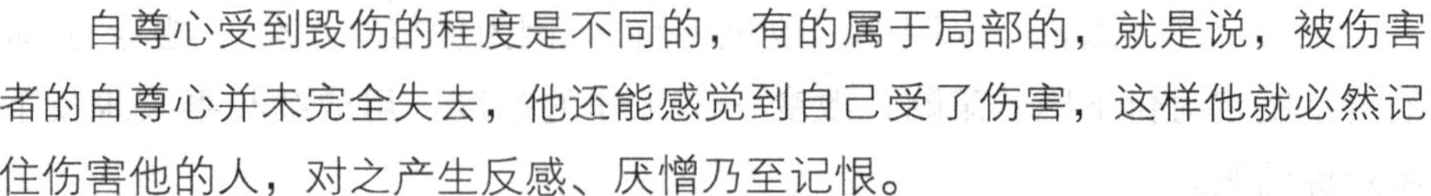

自尊心受到毁伤的程度是不同的，有的属于局部的，就是说，被伤害者的自尊心并未完全失去，他还能感觉到自己受了伤害，这样他就必然记住伤害他的人，对之产生反感、厌憎乃至记恨。

如果这个人是他的领导的话，要么他会积极地谋划调离本单位，要么便采取“不合作主义”。只要是你说的话、你下的指示，他都不会尽心尽力、甘心情愿地完成。这样，怎么可能把工作搞好呢？

另一类是全部的，就是说，被伤害者已经全然失去了自尊。他甚至感觉不到什么叫自尊心受到伤害。他自暴自弃，自甘下流，什么乌七八糟的事都干。到头来，他本人毁了，工作必然也大受影响。

伤人自尊心是领导的大忌，领导者在心情不好的时候，尤其要加强注意。

4. 与你的下属打成一片

与下属打成一片是指领导者要经常与下属沟通交流，要放下架子与员工们同欢共乐，在生活上帮助下属，在工作上支持下属，使上下之间处在一片融融的氛围之中。因此，管理者平日的态度不必非得执着于“我是上司、你是员工”的界限。其实大家对自己的身份非常清楚，只要各尽其责就可以了，没有必要过分标榜自己。上司可以一如朋友般，有限度地透露一些私人事情，拉近与员工之间的距离。

各种活动宜鼓励员工携眷参加，一则会增强企业的凝聚力，二则使家眷互相认识，可增加员工之间的联系和认识，使相互间的合作更为默契。

人是有感情的，不能强要员工公私分明，要求其一切私人感情均不带进办公室；更不要期望每一位员工都是硬汉或铁娘子，他们也需要别人的关怀。

一位经理发觉他的秘书愁眉苦脸，要她倒茶，她却送来一杯咖啡，还将客户的姓名忘了。问她是否不舒服，建议她回家休息，秘书道歉并称没事。

情况持续了一星期，经理忍无可忍，轻责了她几句。不久，经理从她平日最要好的同事口中得知，原来秘书失恋了，与相恋多年的男友分手了。

经理很同情她，但是他认为因为私人感情影响工作是不能纵容的。他放了秘书一段时间假，并从职业介绍所雇来一位临时工。那位秘书竟在休假期间跳楼自杀了，遗书除了申诉感情失落外，还有一项是工作不如意。

事实上，一个感情受打击的人很容易误解别人的意思，往往会出现“祸不单行”的情况，遇到一连串不如意的事。

员工满怀心事，未必是因为工作不如意或身体不适，有可能是被外在因素影响的。例如亲友的病故、家庭纠纷、经济陷入困境、爱情问题等，都会使一个人的情绪产生波动。作为管理者，应予以体谅，并就员工某方面的良好表现加以赞赏，使他觉得自己的遭遇并非那么糟。

有些员工非常情绪化，很琐碎的事情都会使他（她）的心神不安。如果三天两日就要安慰他，未免多此一举。最好的做法是以长辈或过来人的身份，教他凡事别太执着，让员工心情平静下来，重新投入到工作中去。

三、员工自主精神的发挥

一个组织要想取得成功，必须是尽最大可能发挥员工的自主精神。而要做到这一点，就必须给他们提供一个最适宜的工作环境，使得员工具有最理想的工作态度，使他们将自己的工作视为自我价值实现之所在。要鼓励他们积极参与组织的各项管理，将自己的理想与组织目标统一，同时提供最为广泛的交流途径，使他们的观点与见解有充分发表的机会，使他们感到每时每刻都在实现自我。

1. 参与式管理是发挥员工积极性的重要途径

参与式管理就是指在不同程度上让员工和下属参加组织的决策过程及

各级管理工作。

让下级和员工与高层管理者处于平等的地位研究和讨论组织中的重大问题，他们可以感到上级主管的信任，从而认识到自己的利益与组织发展密切相关而产生强烈的责任感；同时，参与式管理为员工提供了一个获得别人重视的机会，从而给人一种成就感。员工因为能够参与商讨与自己有关的问题而受到激励。参与式管理既对个人产生激励，又为组织目标的实现提供了保证。

参与式管理的方式试图通过增加组织成员对决策过程的投入而影响组织的绩效和员工的工作满意度。在员工参与管理的过程中有四个关键性的因素。

一是权力，即提供给人们足够的用以作出决策的权力。这样的权力是多种多样的，例如工作方法、任务分派、客户服务、员工选拔等。授予员工的权力大小可以有很大的变化，从简单的让他们为管理者要作出的决策输入一定的信息，到员工们集体联合起来作决策，到员工自己做决策。

二是信息。信息对作出有效的决策是至关重要的。组织应该保证必要的信息能顺利地流向参与管理的员工处。这些信息包括运作过程和结果中的数据、业务计划、竞争状况、工作方法、组织发展的观念等。

三是知识和技能。员工参与管理，他们必须具有作出好的决策所要求的知识和技能。组织应提供训练和发展计划培养和提高员工的知识和技能。

四是报酬。报酬能有力地吸引员工参与管理工作。有意义的参与管理的机会一方面提供给员工内在的报酬，如自我价值与自我实现的情感，另一方面也提供给员工外在的报酬，如工资、晋升等。

在参与管理的过程中，这四个方面的因素必须同时发生作用。如果仅仅授予员工决策的权力和自主权，但他们却得不到必要的信息和知识技能，那么也无法作出好的决策。如果给予了员工权力，同时也保证他们获取足够的信息，对他们的知识和技能也进行训练和提高，但并不将绩效结果的改善与报酬联系在一起，员工就会失去参与管理的动机与热情。

员工参与管理的意义在于，它能有效地提高生产力。

首先，员工参与管理可以增强组织内的沟通与协调。这样就通过将不同的工作或部门整合起来为一个整体的任务目标服务从而提高生产力。

其次，员工参与管理可以提高员工的工作动机，特别是当他们的一些重要的个人需要得到满足的时候。

最后，员工在参与管理的实践中提高了能力，使得他们在工作中取得更好的成绩。组织在增强员工参与管理的过程中通常包含了对他们的集体解决问题和沟通能力的训练。

员工参与管理有多种形式，最主要的几种形式是分享决策权、代表参与、质量圈和员工持股。

(1) 分享决策权

分享决策权是指下级在很大程度上分享其直接监管者的决策权。管理者与下级分享决策权的原因是，当工作变得越来越复杂时，他们常常无法了解员工所做的一切，所以选择了最了解工作的人来参与决策，其结果可能是得到更完善的决策。各个部门的员工在工作过程中相互间依赖性的增强，也促使员工需要与其他部门的人共同商议。这就需要通过团队、委员会和集体会议来解决共同影响他们的问题。

共同参与决策可以增加对决策的承诺，如果员工参与了决策的过程，那么在决策的实施过程中他们就更不容易反对这项决策。

(2) 代表参与

代表参与是指员工不是直接参与决策，而是一部分工人作为代表参与。西方大多数国家都通过立法的形式要求公司实行代表参与。代表参与的目的是在组织内重新分配权力，把劳工放在同资方、股东的利益更为平等的地位上。代表参与常用的两种形式是工作委员会和董事会代表。工作委员会把员工和管理层联系起来，任命或选举出一些员工，当管理部门作出重大决策时必须与之商讨。董事会代表是指进入董事会并代表员工利益的员工代表。

(3) 质量圈

质量圈是由一组员工和监管者组成的共同承担责任的一个工作群体。他们定期会面，通常一周一次，讨论技术问题，探讨问题的原因，提出解

决建议并实施解决措施。他们承担着解决质量问题的责任，对工作进行反馈并对反馈进行评价，但管理层一般保留建议方案实施与否的最终决定权。员工并不一定具有分析和解决质量问题的能力，因此，质量圈还包含了为参与的员工进行质量测定与分析的策略和技巧、群体沟通的技巧等方面的培训。

（4）员工持股

员工持股是指员工拥有所在公司的一定数额的股份，使员工一方面将自己的利益与公司的利益联系在一起，另一方面在心理上体验做主人翁的感受。员工股份所有制方案能够提高员工工作的满意度，提高工作激励水平。员工除了具有公司的股份，还需要定期被告知公司的经营状况并拥有对公司的经营施加影响的机会。当具备了这些条件后，员工会对工作更加满意。

员工参与管理的方式，在一定程度上提高了员工的工作满意度，提高了生产力水平。因此，参与式管理在西方国家得到了广泛的应用，并且其具体形式也不断推陈出新。近年来，我国的企业也注重使用参与式管理的方式，例如许多企业组织开始采用员工持股的形式。但是，参与式管理并非适用于任何一种情况。在要求迅速作出决策的情况下，管理者还是应该有适当的权力集中；而且，参与式管理要求员工具有实际的解决管理问题的技能，这对于员工来说并不是都能做到的。

2. 帮助员工实现自己的梦想

“人人都需要有梦，来梦想将来的美景，否则，人不可能有斗志”，这是领导者在管理工作中应记住的重要一点。

“梦→欲望→目标”，本来是应该由员工自己去寻找、决定与追求的，但是近年来，由于社会变化太迅速，使一些员工，或缺乏理想，或理想不明确，因而员工对自己的未来一无所知或举棋不定，不知道具体应该如何去做。对这些员工，**管理者要提出适当的忠告和鼓励，使员工建立正确且积极的理想**。下面几点可作为参考。

- 有关业务的进行，将目标定在一个略高过自己能力之处（当然不可过于离谱），借此强化自己的能力。

- 自己身处工薪阶层的地位，一年或三年后，将突破现状，获得更高的待遇。
- 在充实自己方面，为自己订立一个计划，学习较高程度的知识与技能，为取得某种资格或学历而努力进取。
- 在个人生活方面，有计划地培养子女、购置房产、安排家人的生活。

应让员工在适合他们自己的环境中，产生上述种种欲望及计划，只要管理者去大力提倡，每个员工有了理想，定能意气风发、认真做事。

管理者促使员工有理想、有梦想，当然也要使员工为实现梦想与理想而付出全力。

所谓梦想的实现，就是一个目标的达成，并且成为树立更大目标的基础。既然有了梦想，就要让梦想实现，否则梦想就会成空想而变得毫无意义。

实现梦想的方法有很多，然而在这里所提出的方法，是有其相当的成功率的。

首先，应该有“无论如何非得实现”的坚定信念。

其次，是向同事宣称“我定了一个目标”，断绝自己的退路，这样做，无论目标如何艰难，也要拼着命去实现不可，否则自己就食言而肥，岂不让人耻笑？

最后，不断地刺激自己，以免忘记了自己的理想。例如将自己的目标记在笔记本上或背下来，或将其写下来贴在墙上，时刻提醒自己。

这些方法对任何一个人都很适用，对于员工实现梦想，当然也有很大的帮助。管理也是教育员工中的一部分，这些方法应该大力提倡。

即使员工的社会欲望很低，也不可断定他们是懦弱的人，应该设法引起他们与生俱来的梦想和成长的欲望。

> 不同的人有不同的欲望，领导者应该分别掌握。梦想是斗志的原动力，就是再有困难，也要设法使员工存有梦想。

就算是员工的欲望只在于基本的需求，也不可认为他们与动物相差无几而心生厌恶，只要员工的表现不过分，应该把它们看作个别的差异，切忌过分轻视，应一步步地引导他们迈向更高的境界。

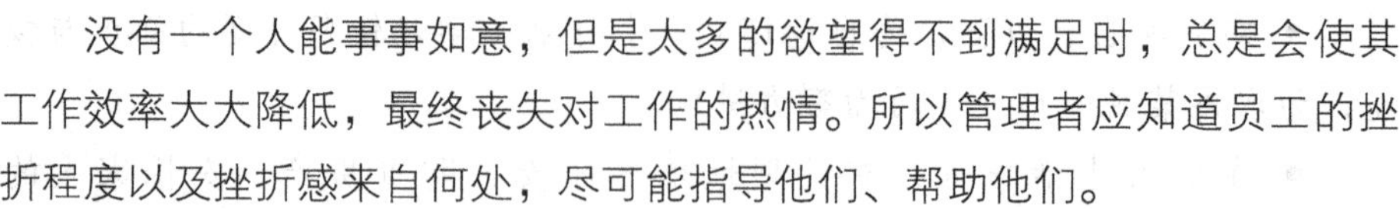

没有一个人能事事如意，但是太多的欲望得不到满足时，总是会使其工作效率大大降低，最终丧失对工作的热情。所以管理者应知道员工的挫折程度以及挫折感来自何处，尽可能指导他们、帮助他们。

3. 鼓励全方位的公开交流

为了有效地贯彻以人为本的管理思想，必须在组织内鼓励全方位的公开交流。

在一个崇尚信息公开的部门，信息通过各种渠道自由流通。不管是董事、经理还是工作人员，所有人都对部门内的事情了如指掌。关于公司的运作情况，包括财务状况，所有人都能随时了解到。这样做的结果是，所有人都会做出真诚的反应，得到真诚的回报，并敢于对公司的事务说出自己真实的看法。

敞开大门的做法并非偶然之举。管理者必须是一位真诚、平易近人者，其信念和举止能给人一种信任感、一种承诺，而这种信任感与承诺是建立公开氛围的基础。

沃尔玛公司在这方面的做法就颇值得借鉴。

在沃尔玛公司，公开交流、自由沟通是一大特点。任何员工都可以随时与管理者交换有关工作中的意见，就公司管理方面提出建议。而他们的每位管理者又都非常乐意与员工进行交流，并虚心听取他们的意见和建议。此风始于瑟德奎斯特，他深信："人是成功的决定因素，所有的职工都起着重要作用，平凡的人可以创造出不平凡的成就。"

有人说："给良好的经营策略再注入公开交流的内容就如同给一辆赛车加上喷气发动机燃料，恰似锦上添花好上加好。"

萨姆·沃尔顿最初创办的小商店现已发展成为一个年销售额为820亿美元、赢利26亿美元的跨国集团公司。沃尔玛公司现有1 900个连锁商店，150 家超级市场，425 个萨姆俱乐部，在国外还有 225 个零售商店。它很早就成为全美最大的零售商店。此外，受益的不仅是公司，股东们也同样获得了利润。如果你在 1970 年公司公开上市时买了 100 股沃尔玛的股票，你当时只需花 1 650 美元。到 20 世纪 90 年代中期，你的这笔投资已增值到 270 万美元以上。这一事实会使你充分认识到：一种好的经营观念一旦与一个健康发展的、鼓励全方位公开交流的公司相结合，其作用会是多么巨大。

在许多公司中，实行公开交流的一大障碍是，管理者把自己的知识水平看得过高。管理者觉得他们知道员工怎样做才对。对此，瑟德奎斯特曾花大力气避免这种风气在沃尔玛公司的各级管理者中蔓延。

第八章

理性决策

没有什么比作决策更困难的了,因而它也就是更宝贵的能力。

——〔法〕拿破仑·波拿巴

领导决策是沟通现实与未来之间的桥梁。领导水平,其核心表现就是决策水平,对于一个现代领导者而言,其决策技巧是评价其领导力水平高低的重要砝码。领导者决策的正确与理性,能带领团队实现从"必然王国"向"自由王国"的过渡,也正因如此,人们才说"领导就是决策"。所以每个现代领导者都必须精心把握决策的本质,提高决策的艺术水平,理性科学地决策。

一、理性决策是领导工作的核心

决策不仅是一个管理过程，在更大程度上它还是一门领导艺术。在当今纷繁复杂的世事中，掌握并运用理性决策的艺术是对一个领导者的基本要求，决策艺术在领导过程中发挥着举足轻重的作用。

1. 理性决策是领导者的首要职能

理性决策，是指对若干准备行动的方案进行选择，以期优化地达到目标。理性决策以科学决策为主，同时包括艺术决策。

科学决策，就是按照一定的科学程序，运用现代科学方法和先进技术进行决策。这里所讲的理性决策，就是指充分发挥主观能动性的和创造性的决策。决策有广义、中义与狭义之分。广义地说，决策是一个过程，包括作出最后抉择前后必须进行的一切活动。其中包括搜集信息进行预测，在正确预测的基础上的确定目标、拟订方案，对多种方案进行选择、拍板，最后根据拍板确定的方案进行规划以及对方案进行追踪反馈等。它既是一种社会实践活动，又是对客观规律及相应条件有所认识，并在掌握的前提下与主观意志的参与下进行的一种认识活动。中义的决策是指确定目标、拟订方案和对多种方案进行抉择。狭义的决策是在几种方案中作出抉择，即“拍板定案”。

◇ 科学决策的特征

科学决策具有如下鲜明特征：

①决策围绕着一定的目标或任务展开，是为实现一定的远大目标或任务而进行的。

②决策方案必须是能够付诸实施的，不能实施的决策方案是无用的，不准备实施的决策方案也是多余的。

③决策必须是在确定的条件下，寻求优化的目标和达到目标的最优途径。不追求优化，决策就失去了意义。

④决策必须是若干个有价值的方案的选择。如果只有一个方案就无从选择，也就无所谓决策。

◇ 理性决策是领导工作中的核心内容

现代社会把决策的地位提到了前所未有的高度。**从领导科学的角度看，理性决策是领导工作的核心。在现代社会中，领导者的首要职能就是决策**。理性决策之所以在领导工作中占据着如此重要的地位，主要有以下原因：

一是在现代社会化大生产条件下，社会活动越来越复杂。社会的经济、政治、文化各种要素相互作用，社会各个部门的活动相互制约、相互影响，社会活动越来越多变。科学技术的进步、市场的变化、新问题层出不穷地出现，这一切都需要领导者审时度势、统观全局，于千头万绪中抓住主要矛盾，权衡利弊，及时作出有效可行的决策。因此，现代的社会化大生产把决策的地位推到了前所未有的高度。

二是在领导工作中，理性决策与领导者的其他职能相比处于首要的、核心的地位。领导者的其他职能主要是建立组织机构、选用人才、激励群众的积极性、日常指挥与管理、对外交往等。与这些职能相比，决策是最重要的、第一位的。因为决策是确定领导者的奋斗目标的工作，它规定着领导者的努力方向。如果没有目标和努力方向，那么，其他一切工作就无从谈起。

> 如果决策失误，在目标的错误与方向错误的情况下，其他工作做得越好，问题就越大，损失就越严重。理性决策是领导工作的核心，这一点越来越成为各级领导者的共识。

◇ 理性决策应遵循的程序

（1）确定决策目标

确定目标是决策的第一步，也是决策中关键的一步。有了目标，决策也就有了明确的目的，制定达到目标的各种方案才会成为可能；否则，科学决策就无从谈起。

领导者要在广泛吸收群众和专家意见的基础上，根据主客观条件确定目标，这个目标通常称为决策目标。

(2) 拟订方案

即拟定达到目标方案。如果说确定目标是决定“做什么”的话，那么，拟订方案就是规定“怎么做”的。拟订方案是一个调查研究的过程。要实现一个目标，一般说来可能有多种方法和途径。这其中，必然有一个总体比较最优的方案，决策者就要把这个最优方案找出来。

(3) 审定方案

审定方案是对方案的综合评价和优选。在提供选择的几种方案中，决策者在咨询参谋人员参与下，根据计算、模拟、试点等获得的数据，凭借自己的经验和才能，从总体上权衡利弊，进行综合评价。至此，制定过程就算基本完成。

从动态的观点来看，决策过程应当包括把所作出的决策回到实践中去检验，并在实践中进行必要的修正和发展。在实施决策的过程中，需要不断地根据具体情况作必要的调整和修改，使其更加完善，这就叫作决策修正。如果发现客观条件发生了重大变化，或者发现原来的决策有大的错误，还要对决策目标和决策方案进行及时的修改，进行追踪选择。

以上所述的是一般决策的程序，但是在实际中，有些问题往往具有大量的不确定因素，有着极大的随机性，一旦缺乏可靠的统计数据和完备的情报资料，就无法进行定量研究和论证。因而，不能按照严格的决策程序展开决策工作。

非程序的决策，主要靠领导者的丰富的经验、渊博的知识、敏锐的洞察力和科学的逻辑思维来决断问题，所以在决策过程中，领导者的决策艺术起着重要的作用。

2. 理性决策中的“三性”

◇ **理性决策中的务实性**

领导工作既然是讲求实际的，那么在实事求是地得来现实信息之后，领导主体就必须抓住现实问题、着手领导工作。这即是说，领导工作就是围绕现实问题、现实需要而展开的，就必须务实，必须运用一切理论武器、知识力量和各种手段去解决这些问题，满足这些需要。但是，这时如果脱离了所处环境、所在基础和现实条件而去确立超越现实可能的目标，搞一些超越现实运作能力和承受能力的项目，那么结果就会脱离实际、下场可悲。即使当初坚持了真理，获得了真实信息，这时也无法用来确保决策的科学性，使领导工作做真做实。这里要求**领导工作要理论联系实际，一切从实际出发。**

◇ **理性决策中的灵活性**

领导决策事关重大，没有原则性作保障必定会出现严重问题。然而，所作的决策、所处理的问题以及所依托的领导环境总是错综复杂、千变万化，每种情况都有不同。因而，领导主体在决策时不能死扣一点而不计其余，不能僵硬、绝对地看待事物、进行决策，这样才能在变化着的形势中找到有利的位置和角度，从容地采取措施，逐步地解决问题。这就要求**领导者在决策中要解放思想，讲究灵活，防止刻板、保守和简单化**。也就是说，领导决策不仅要有原则，而且要有灵活性。

◇ **理性决策中的创造性**

由于领导性质本身就决定了必须以创造性为主要行为特征，所以整个领导工作都必须是、也必然是充满创造性的。作为领导工作的第一步，决策当然就要以创造性为最起码的准则。事实上，领导工作的创造性还主要地取决于决策的创造性含量和高度。领导工作的质量根本上就取决于决策中的创造性。

创造性对于决策、对于整个领导工作来说，都是实质性的。这要求领导者在决策中必须摆脱各种落后观念和习惯势力以及偏见的束缚，勇于探索、开拓和创新。

3. 理性决策的艺术

理性决策，必须讲究科学，即进行科学决策。所谓理性决策就是指按照一定的科学程序，运用现代科学技术和方法进行决策。现代科学决策已成为一门科学，它是研究如何运用现代科学技术和方法来进行决策。运用于决策的现代科学技术和方法主要有：系统论、控制论、信息论、运筹学、概率论、规划论、电子技术、计算机技术等。

然而，在讲求科学技术的同时，理性决策还要讲究艺术，因为现代社会生活是极其复杂的。社会被划分为经济、政治、文化等众多的系统，而这些系统之间又是相互制约、相互作用的，每一个系统内部，又有无数的子系统，每一个子系统又包含着许许多多的社会因素。这些子系统之间、社会因素之间又是相互作用、相互制约和相互影响的，从而使社会生活呈现出错综复杂的局面。

社会生活的极其复杂性，就决定了领导者的决策不能仅仅依靠技术的、程序模型的方法，还需要讲求决策艺术，即需要依靠在科学素质的基础上灵活运用个人经验和综合能力，特别是创造力来进行决策活动。

所谓决策艺术，就是指决策者个人在决策过程中所运用的高超的工作技巧，即科学地、高度灵活地、创造性地作出最优决策的技巧。

在领导艺术体系中，决策艺术处于核心地位。这是由决策在领导工作中的核心地位所决定的。既然决策工作规定着其他领导工作的方向，那么，决策艺术与其他领导艺术相比也就显得十分突出和重要。这一点无须再作过多的说明。

决策艺术需要洞察力和创造力，理性决策的本质就是创造。理性决策是面向未来，即根据现在决策未来和在预测未来的基础上决策现在。为了决策的成功，为了把握未来，就要求领导者必须具有洞察力和进行创造性思维的能力。没有洞察力和创造力，就很难完成对重大问题的风险决策和非程序的决策。

决策艺术需要灵活性。复杂的社会生活中，存在着许多不确定的因素。因此，决策者就必须要具有敏锐的目光、聪慧的大脑，机动灵活，随机决策。如果决策仅仅是遵循规范化的程序，也就没有什么艺术性可言。

决策艺术还需要借助个人经验乃至直觉。个人经验和直觉虽然具有很大的片面性，但是，经验都来自于亲身实践，直觉有很大的真实性和实际操作性。借助于经验，决策时能够更好地发挥出主观能动性，从而更具有艺术成分。

二、转知为用：理性决策的科学方法

决策是一种创造性活动。随着现代文明的迅速发展，给管理者提出了各种复杂的决策课题，能否理性的正确的决策，则依赖于决策者掌握与应用现代决策方法和决策技巧。决策者在决策过程中能否运用科学的决策方法和技巧，在很大程度上决定了理性决策的质量和水平。

1. 深谋远虑，决胜千里

深谋远虑、决胜千里是领导者在对战略问题作理性决策时，必须讲求的方法艺术。战略决策是对某一组织全局的发展方向和长远的奋斗目标而进行的决策，是整个决策体系中的核心，它的成功与失败直接决定组织的前途与命运。

成功的战略决策都具有以下特征：

- 总体性。它决定着某一组织的总体发展方向。
- 长期性。它要在一个较长时期内发挥作用。
- 稳定性。已经确定的战略决策，不会频繁变动，当然，它也不是僵

死的，随着环境、条件的改变，也必须相应进行适当的调整和补充。

战略决策的核心地位和上述特征，决定了领导者在进行战略决策时，就必须得讲究深谋远虑、决胜千里的决策艺术。讲究这一艺术，主要注意以下几个方面。

（1）纵观全局，协调一致

依据社会的发展方向和国家的战略计划，使本组织的战略决策目标与社会的发展要求相一致，与国家的战略目标相联系。

（2）深谋远虑，着眼于未来

领导者在作战略决策时要深谋远虑，不拘泥于过去和现在的状况，着眼于未来的发展。战略决策通常可能有两种选择：一种是利用现有的条件，在现有的水平上逐步发展；另一种是从长计议，以不断创造新的条件来开辟新的道路。一个精明的领导者在作战略决策时必须优先考虑后一种选择。

（3）深思熟虑，预防不测

领导者在作战略决策时，还要充分地预计到未来在战略实施过程中情势的变化，多考虑几种方案，做好应变准备。一般来说，战略决策的时间跨度比较大，影响战略决策实施的一系列因素会随时间的推移发生各种变化，“时过境迁”之类的情况是不可避免的。这不仅要求某项战略决策本身具有整体弹性，提高其对各种可变因素的适应能力，还要求按照优化顺序，预备几种应变方案。

2. 立足现实，量力而行

立足现实、量力而行的决策方法，强调的是领导者在作决策时，要实事求是，一切从实际出发，根据自身的情况量力而行，不制定过高的决策目标、不选择不切实际的决策方案。

实事求是是一条唯物主义的基本原则，将实事求是的原则贯彻到决策中来，就是立足于现实、量力而行。无论是战略决策还是战术决策，无论是长期决策还是短期决策，领导者都要讲究立足现实、量力而行的决策方法。

这一决策方法，要求领导者在进行决策时，要从本单位的实际情况出发，全面考虑、通盘运筹，不能只强调需要不考虑可能，或只强调有利因素和成功机会，不考虑不利因素和失败风险，更不能脑子发热，以理想代替现实，不顾客观环境和条件，制定高标准、高指标的决策方案。为此，需要对决策方案做可行性论证。

> 立足现实、量力而行的决策方法，无论是对政府部门还是对企业组织都是适用的。在理性的决策中须面对现实，立足于实际，不好大喜功，不以理想代替现实。

就企业组织来说，企业在作战略、战术决策时，也要立足于企业内部条件的现实可能，把握企业各种条件在较短时期内的可能变化，并机动灵活地利用各种有利因素。当然，这种立足于现实可能性，也包括注意挖掘现实的潜力。有的财力、物力、人力经过挖潜，数量可以大大增加，这样的潜力当然也可以在作决策时被考虑进去，加以利用。

3. 刻意创新，敢于冒险

领导者的理性决策应当既倡导要讲究立足现实、量力而行的决策方法，又倡导刻意创新、敢于冒险的决策方法。这两种方法，从表面上看是相矛盾的，然而，实质是对立的统一、相辅相成的。

决策者着眼于未来，而未来总有不确定因素，这种不确定因素就给人们的决策活动带来了一定的困难和风险。但是，人们在这种情况面前并非无能为力、束手无策，应该而且完全能够在对事物已有的认识的基础上，充分发挥主观能动作用，特别是发挥科学的预见性和创造性，以争取对客观事物的掌握。

领导者在决策中如果没有创新精神，不敢冒一点风险，总是因循守旧、安于现状，那么在事业上就很难有大的成就。因为，守旧的认识不了解新生事物，从而会丧失胜利的机会。害怕风险就必定逃避矛盾，也就不可能有进步和成功。

刻意创新和敢冒风险，就要求决策者在决策过程中，决不要求“完善”和“尽美”的决策条件。

若要一味追求“完善”和“尽美”，就会坐失良机。在风险面前，应当敢于决策，应该有信心去行动、去取胜。从一定意义上讲，风险大小和利益的大小往往是成正比的。风险大，成功所得到的利益也就越大。不敢冒一点风险的决策，决不能算为高明的、卓有成效的决策。

实践证明，**决策的时候保持创新精神，敢于冒险，就能出奇制胜，洞开天地，就能在更大范围内获得利益**。因为，“无限风光在险峰”！

当然，创新要根据需要，根据条件，不能哗众取宠，故意标新立异。敢冒风险也不是蛮干。领导者要能够很好地掌握和运用刻意创新、敢于冒险的决策艺术，这是一个成功的领导者的制胜的法宝。

4. 机动灵活，随机决断

所谓机动灵活、随机决断，就是指要不断地适应变化的情况，随时随地根据情况变化的势态，主动、灵活地进行决策。

运用这一决策方法的必要性在于社会的政治、经济生活，即组织的外部环境处在不断地变化之中。社会总是在不断地变化，任何组织都处在一定的社会环境中。组织与社会环境又总是处于互动之中，社会环境的变化，必然要作用于组织，对组织产生一定的影响。因此，组织的决策就要考虑这种变化，因时而动、因地而变、机动灵活、随机决策。

很显然，**机动灵活、随机决策的决策方法艺术，主要适用于战术性的决策或短时期的决策**。因为战略决策或长期决策的弹性比较大，目标也不十分具体，并且已经考虑了未来情况的变化。只有战术性的短期性的决策，目标比较具体，一旦情况发生变化，原来的决策目标就难以实现，从而需要重新决策。因此，这一决策艺术主要适用于经济组织尤其是企业的决策。

企业的理性决策，要认真地考虑市场的变化。现代企业经营依赖于市场，只有在市场具有竞争力，企业的生产才能够继续和发展。因此，企业的战术决策要充分地适应市场的变化，不被动地依附于市场，而是主动地根据市场的变化，不断地对企业的生产、经营作适当的调整，甚至转产经营。因此，决策就需要机动灵活，就需要看得更远一点，看到市场的未来变化。

市场的变化主要还表现在价格的变动上。企业的战术决策要随时机动灵活，根据价格变动趋势做出决策变动。在这里，关键是领导者要准确地掌握市场价格变动的信息，作出正确的分析和判断，把握价格变动的未来趋势，从而在此基础上作出决策。

由此可见，企业的战术决策要随时根据市场的变化作出调整。

> 领导者要善于考虑社会环境的变化，不断地根据这些变化快速反应。机动灵活、随机决断，这样就能够在不断变化的环境中，立于不败之地。机动灵活、随机决断的决策艺术的核心就在于“变”。

5. 审时度势，当机立断

审时度势、当机立断的决策方法，是指决策者在外部环境不断变化的情况下，要了解时势的特点，估计情况的变化，对变化了的时间、地点、势态作敏锐、深入的具体分析，抓住新出现的有利于本地区、本组织发展的时机，作出果断决策。这一决策艺术，强调的是三点：

- 审时度势，对变化了的情况，作具体分析；
- 抓住新出现的有利时机；
- 果断、及时地作出决策。

审时度势、当机立断的决策方法，主要适用于战术性的决策或短期的决策，尤其适用于企业组织的经营决策。

事实上，审时度势、当机立断的决策方法是机动灵活、随机决策的决策方法的派生。后者强调决策中要以变应变、随机决策，而前者强调的是要变得快、变得及时、当机立断。因此，这两种方法，实际上是紧密地结合在一起，不可分割的。运用好审时度势，当机立断的决策艺术，往往能使决策者出奇制胜，只要对变化了的形势审视得准确，及时抓住时机，决断真正做到“当机”“及时”，那么，就一定能够取得成功。

总之，讲究审时度势、当机立断的决策方法，需要领导者要有敏锐的分析形势的能力和勇敢、果断的魄力。然而，敏锐不等于头脑发热，果断不等于莽撞，把握适度，才可以科学理性地决策。

三、决策创新：领导者的制胜之本

任何一个组织，只有创新才能在不断变化的形势中站稳脚跟。只有创新，才能“芝麻开花节节高”，甚至奇迹般地高速腾飞。否则，就会停滞不前。而创新最根本的一点是决策创新，决策要具有新颖性。

1. 明确创新的类型

组织内部的决策创新可以从不同的角度去考察，从而形成不同的创新类型。

第一类：从创新的规模以及创新对组织的影响程度来考察，可分为局部创新和整体创新。局部创新是指在组织性质和目标不变的前提下，组织活动的某些内容、某些要素的性质或其相互组合的方式、组织的社会贡献的形式或方式等发生变动。整体创新则往往改变组织的目标和使命，涉及组织的目标和运行方式，影响组织的社会贡献的性质。

第二类：从创新与环境的关系来分析，可分为消极防御型创新与积极攻击型创新。防御型创新是指组织在内部展开的局部或全局性调整。攻击型创新是组织敏锐地预测到未来环境可能提供的某种有利机会，从而主动地调整战略和技术，以积极地开发和利用这种机会，谋求组织的发展。

第三类：从创新发生的时期来看，可分为组织初建期的创新和运行中的创新。一个组织的组建本身就是社会的一项创新活动。组织的创建者在一张白纸上绘制组织的目标、结构、运行规划等蓝图，这本身就要求有创新的思想和意识：创造一个全然不同于现有社会（组织）的新组织，寻找最满意的方案，取得最优秀的成果，并以最合理方式组合，使组织进行活动。但是“创业难，守业更难”，在动荡的环境中“守业”，必然要求积极地以攻为守，要求不断地创新。创新活动更大量地存在于一个组织组建完毕开始运转以后。组织的管理者要不断地在组织运行的过程中寻找、发现和利用新的创业机会，更新组织的活动内容，调整组织的结构，扩展组织的规模。

2. 时时处处融创新

组织决策创新涉及许多方面，融会渗透到每一项工作。创新内容概括起来，主要有以下几个方面。

◇ 目标创新决策

组织是在一定的经济环境中从事经营活动的，特定的环境要求组织按照特定的方式提供特定的产品。一旦环境发生变化，就要求对组织的运行方向、运行目标以及同其他社会经济组织的关系进行相应的调整。

◇ 技术创新决策

现代组织的一个主要特点是在运行过程中广泛运用科学技术。技术水平是反映组织实力的一个重要标志。组织要在激烈的竞争中处于主动地位，就必须顺应甚至引导社会技术进步，不断进行技术创新决策。技术创新决策主要表现在以下三方面。

（1）要素创新决策

要素创新决策主要包括材料创新、设备创新和人事创新三方面的决策。

材料创新决策主要包括开辟新的材料来源决策，以保证组织扩大再生产的需要；开发和利用大量廉价普通材料的决策，以代替稀少昂贵的紧缺材料，降低产品的生产成本；改造材料的质量和性能的决策，以保证和促进产品质量的提高。

设备创新决策主要包括利用新设备的决策，以减少手工劳动的比重，提高企业组织生产过程的机械化和自动化程度；将先进的科技成果用于改造和革新原有设备的决策，延长技术寿命，提高效能。设备更新决策，以更先进、更经济的设备来取代陈旧的、过时的老设备，使企业生产建立在先进的物质技术基础上。

人事创新决策包括招收新员工和新技术人员、干部的招聘与录用决策以及针对现有成员的培训教育决策。

(2) 要素组合方法的创新决策

要素的组合包括生产工艺和生产过程的时空组织两个方面。工艺创新决策，既要根据新设备的要求，改变原材料、半成品的加工方法，也要在不改变现有设备的前提下，不断研究和改进操作技术和生产方法，以求使现有设备得到更充分的利用，使现有材料得到更合理的加工。

生产过程的组织创新决策，包括设备、工艺装备、在制品以及劳动者在空间上的布置和时间上的组织。

组织应不断研究和采用更合理的空间布置和时间组合方式，以提高劳动生产率，缩短生产周期，从而在不增加要素投入的前提下，提高要素的利用效率。

(3) 物质产品创新决策

物质产品创新决策主要包括品种和产品结构的创新。品种创新决策要求企业根据市场需要的变化，根据消费者偏好的转移，及时地调整组织的生产方向和生产结构，不断开发出用户欢迎的适销对路的产品。产品结构的创新决策，在于不改变原有品种的基本性能，对现在生产的各种产品进行改进和改造，找出更加合理的产品结构，使其生产成本更低、性能更完善、使用更安全，从而更具市场竞争力。

◇ 制度创新决策

制度创新决策是指引起组织系统中各成员间正式关系的调整和变革的决策。它主要包括产权制度创新、经营制度创新和管理制度创新等三个方面的内容。

(1) 产权制度创新

产权制度是决定组织其他制度的根本性制度，它规定着组织最重要的生产要素的所有者的权利、利益和责任。不同的时期，组织的各种生产要素的相对重要性是不一样的。在主流经济学的分析中，生产资料是组织的首要因素，因此，产权制度主要指企业生产资料的所有制。目前存在的相互对立的两大生产资料所有制——私有制和公有制（或更准确地说是社会成员共同所有的“公有制”）——在实践中都不是纯粹的。私有制正越来越多地渗入“公有”的成分，被“效率问题”所困扰的公有制则正或多或少地添进“个人所有”的因素。组织的产权制度的创新决策应朝向寻求生产资料的社会成员“个人所有”与“共同所有”的最适度组合的方向发展。

(2) 经营制度创新

经营制度是有关经营权的归属及其行使条件、范围、限制等方面的原则规定。它表明组织的经营方式，确定谁是经营者，谁来组织生产资料的占有权、使用权和处置权的行使，谁来确定组织的生产方向、生产内容、生产形式，谁来保证组织生产资料的完整性及其增值，谁来向组织的所有者负责以及负何种责任。经营制度的创新决策方向应是不断寻求生产资料最有效利用的方式。

(3) 管理制度创新

管理制度是行使经营权、组织日常经营的各种具体规则的总称，包括对材料、设备、人员及资金等各种要素的取得和使用的规定。在管理制度的众多内容中，分配制度是最重要的内容之一。分配制度涉及如何正确地衡量成员对组织的贡献，以及如何提供足以维持这种贡献的报酬。由于劳动者是组织诸要素的利用效率的决定性因素，因此，提供合理的报酬以激发劳动者的工作热情对企业的经营有着非常重要的意义。**分配制度的创新决策在于不断地追求和实现报酬与贡献在更高层次上的平衡。**

产权制度、经营制度、管理制度这三者之间的关系是错综复杂的（实践中相邻的两种制度之间的划分甚至很难界定）。一般来说，一定的产权制度决定了相应的经营制度。但是，在产权制度不变的情况下，企业具体

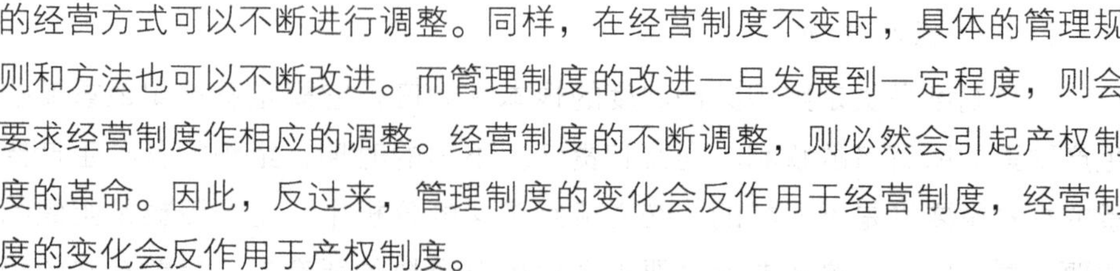

的经营方式可以不断进行调整。同样，在经营制度不变时，具体的管理规则和方法也可以不断改进。而管理制度的改进一旦发展到一定程度，则会要求经营制度作相应的调整。经营制度的不断调整，则必然会引起产权制度的革命。因此，反过来，管理制度的变化会反作用于经营制度，经营制度的变化会反作用于产权制度。

> 组织制度创新决策的方向是不断调整和优化企业所有者、经营者、劳动者三者之间的关系，从而使各方面的权力和利益得到充分的体现，使组织中各成员的作用得到充分的发挥。

◇ 组织机构和结构的创新决策

组织系统是由不同的成员担任的不同职务和岗位的结合体。这个结合体可以从结构和机构这两个不同层次去考察。所谓机构是指组织在构建时，根据一定的标准，将那些类似的或为实现同一目标有密切关系的职务或岗位归并到一起，形成不同的管理部门。它主要涉及管理劳动的横向分工的问题，即把对组织业务的管理活动分成不同部门的任务。结构则与各管理部门之间，特别与不同层次的管理部门之间的关系有关，它主要涉及管理劳动的纵向分工问题，即所谓的集权和分权（管理权力的集中或分散）问题。不同的机构设置，要求不同的结构形式；组织机构完全相同，但机构之间的关系不一样，也会形成不同的结构形式。由于机构设置和结构的形成受到企业活动的内容、特点、规模、环境等因素的影响，因此，不同的组织有不同的组织形式，同一组织在不同的时期随着经营活动的变化，也要求组织机构和结构不断调整。组织创新决策的目的在于更合理地调动组织管理人员的积极性，提高管理劳动的效率。

3. 创新成功在于迅速实施

决策创新成功的秘密主要在于迅速行动。已提出的构想可能还不完善，甚至可能很不完善，但这种并非十全十美的构想也必须立即付诸行动才有意义。“没有行动的思想会自生自灭”，这句话对于创新思想的实践尤为重要。一味地追求完美，以减少受讥讽、被攻击的机会，就可能坐失良机，把创新的机会白白地送给自己的竞争对手。美国管理学家 T. 彼得斯和 W. 奥斯汀在《志在成功》中介绍了这样一个例子：

20 世纪 90 年代，施乐公司为了把公司搞得十全十美，在罗切斯特建造了一座全由工商管理硕士使用的 29 层高楼。这些硕士们在大楼中对每一件可能开发的产品都设计了拥有数百个变量的模型，编写了一份又一份的市场调查报告……然而，当这些人仍在不着边际地分析时，当产品研制工作被搞得越来越复杂时，竞争者已把施乐公司的市场抢走了 50% 以上。

可见，创新的构想只有在不断地尝试中才能逐步完善，组织只有迅速地行动才能有效地利用“不协调”所提供的机会。闲置，会造成固定资本的极大浪费，得不偿失。

任何组织的经营，都会拥有不少的创新意识和创新行为，但不能仅为了创新而创新，好的创新构思与意念所产生的好产品，并不等于市场会欢迎。**创新是为了市场，而不单单是为了满足创造欲。**鼓励人们勇敢探索、无穷设想，不能等同于可以随意地把一个创意付诸企业的经营中。

市场的时机可以孕育出一个伟大的产品，但并不孕育所有的企业。一个不识时务的企业，拥有再好的产品却忽视时机，也难获得效益。

四、思维锤炼：领导决策的智能打造

领导决策首先是一个理性思考的思维过程。正确地完成这个过程对其后的执行过程有着直接的影响。这完全取决于领导者的智能水平，而智能的核心就是思维力。因此，领导者的思维能力直接决定了决策的水平。所以，作为一个领导者应注意研究思维问题，掌握其规律，努力提高自己的思维水平，以适应现代科学决策对领导者思维力提高的需求。

1. 灵活多样的决策思维类型

人脑思维的形成和发展过程，逐渐分化出不同类型的思维。不同思维类型和形式赋予决策者以不同的思维能力，使其具有不同的思维形式和思维操作程序。

◇ 抽象思维

抽象思维又称逻辑思维，它是以概念、范畴、规律、假说等元素进行判断、类化、归纳和演绎的逻辑化的操作程序。抽象思维的程序步骤分明，可以还原、可以检验。随着人类实践活动的发展，逻辑思维日益成为人们思维活动中占主导地位的思维类型，也是领导决策中的主导思维类型。抽象思维具有自觉性、抽象性、两重性和预见性的特点。

抽象思维是领导者在决策中运用最多的一种思维。抽象思维能力的高低常常决定着领导决策质量的好坏。领导者应培养自己的抽象思维能力，以提高决策水平。

首先，领导者应养成勤于思考的习惯，注意思维的条理性，培养透过现象把握本质的能力，使自己在思考问题时能一针见血、切中要害。

其次，领导者应对所要解决的问题进行深入广泛的调查研究，使自己的思维建立在坚实的客观基础上，这样才能避免“闭门造车”，使思维成为“有源之水”“有本之木”。

再次，领导者在决策中不能犯教条主义错误，对别国、别地区、别部门的经验应持实事求是的态度，不能盲目照搬，具体问题应具体分析。

最后，对决策对象应作动态把握，领导者应始终关注决策对象的变化与发展，抽象出决策对象的运动变化规律，准确预见决策对象的发展趋势，从而提高决策的科学性。

◇ 形象思维

形象思维是以具体的感性形象为思维元素，用观察、体验、类比、想象、模拟等方法去把握世界的一种思维方式。它具有形象性、个体性和情感性的特征。一般人认为，抽象思维是领导决策中的重要思维类型，这是无异议的，但如就此认为领导决策只与抽象思维有关，则是错误的。形象思维在领导决策中也有着十分重要的地位和作用。

作为一种重要的思维形式，形象思维在领导决策中具有不可替代的作用。有人认为领导决策过程应注重抽象思维，这是有道理的，但不能因此否认形象思维的作用，领导决策需要形象思维。首先，现代领导决策是一种认识和改造世界的创造性活动，它总是以改变过去为前提的。《大学》云，“苟日新，日日新，又日新”，领导决策的目的就是改变现实，使理想成为现实。领导决策不能因循守旧、步人后尘，必须不断地推陈出新。形象思维则正可以培养个体的独特感受性和创新能力，它不易受规则和成见的束缚，使人从定势思维中解放出来。其次，决策的主体是人，而人不只是以抽象的概念把握世界，也以具体的形象把握世界。世界是抽象与形象的统一体。

> 任何领导决策都必须建立在对决策对象有长期细致的观察的基础之上，形象思维是抽象思维的前提和基础，理性认识也是以感性认识为基础的。

具体来说，形象思维在现代领导决策中的作用如下：

其一，形象思维可以帮助领导者冲破传统思维方式的束缚，使决策具有创造性。传统理性思维方式会使领导决策趋于僵化和保守，而正确运用形象思维，将形象思维与抽象思维结合起来，则会相得益彰，使决策具有科学性和创造性。

其二，形象思维可以帮助领导者进行有效的目标预测以便确定目标。敏锐的决策者可以在知识和经验的基础上，运用形象思维，对事物的发展趋势作出感性描绘。当决策者面对大量感性材料而需要决策时，其脑海中则会浮现与此材料相关的形象，并推断出某种结果，此时，预测活动便已经开始了。

其三，在决策中领导者常常依靠形象思维选择和优化决策目标。决策活动与一般认识活动一样，都是从发现问题开始的。发现问题，然后分析问题，最后解决问题。领导者尽管可以用抽象思维抉择决策目标，但许多

情况下仍需用形象思维进行抉择。尤其对于非常规决策，更需用形象思维进行选择和优化目标。因为非常规决策时间紧迫，来不及进行复杂的计算与推理，并且关于其目标难以进行抽象预测。因此，必须借助形象思维才能实现领导决策目标的优化。

其四，运用形象思维可以使领导决策目标形象化，便于动员群众参加决策的实施，迅速地实现目标。例如，关于我国在2050年达到中等发达国家水平的提法，就是准确的数字与生动的形象相结合，使人们易于理解，乐于接受。

其五，形象思维可以帮助领导者及时进行决策修正和追踪决策。决策是一种动态的过程，领导者应对决策对象的各种变化及时了解，才能正确地修正决策并及时追踪决策，领导者应运用形象思维，及时、动态、恰当地掌握决策过程中的每一环节的每一个重要变化，对原有决策的实际效果和当前的主客观情况作出准确无误的判断。

◇ 直觉思维

“直觉”是西方哲学与心理学提出与使用的概念，其本意是表述人的思维心理机制中有一种直觉力或洞察力。现代心理学认为直觉是指思维对感性经验和已有知识进行思考时，不受某种固定的逻辑思维规则的约束则直接领悟事物本质的思维形式。**直觉思维即指人们在面临新问题、新事物时，能迅速理解并作出判断的思维活动。**直觉在人们的日常生活中经常出现，我们对某个事物的好与坏、美与丑、是与非等感受，在没有完全了解和把握其全部细节时，就能凭直觉作出判断，决定取舍。这种直觉可以来自人的感知，也可以在记忆表象和内部语言的基础上产生。

直觉思维的表现形式有两类：一类是直接判断式直觉思维，指人们开始接触新事物时，不经大脑思维长时间的分析逻辑程序而直接把握事物的实质或问题的要害，达到近乎真实但却是尝试性的认知。**另一类是灵感式直觉思维，**指人们在探索新事物本质和规律过程中百思不得其解后，偶遇触发启示突然产生的顿悟。直觉思维实际上是人们在社会实践中通过经验知识的不断积累，从而形成完善的智能结构，形成敏锐的洞察力，因而能够达到对对象的整体和实质的直接把握。直觉思维的特征有四：对事物把握的整体性；认识上的模糊性；思维速度的敏捷性；思维方式上的非逻辑性。

近年来，研究者普遍开始注意直觉与领导决策的关系问题。如果说抽象思维与形象思维在决策前的认识过程中运用得更多的话，那么直觉则更多地直接运用于作出决策。直觉与“直观”不同。人们在运用“直觉”这个概念时，较多的还不是对事物本身“是什么”作出判断，而是对“人应当怎样做”直接作出判断。也就是说，直觉较多地是决策性认识的一种方式，即直觉决策。

在领导者的现实决策活动中，直觉决策所占的比重应该是比较大的。如果从纯科学的角度来看，似乎不应当作直觉决策，但从现实的角度看，许多决策只能靠直觉去决定。纯科学的决策态度要求领导者尽可能地搜集各方面的信息并运用严格的逻辑与数学的推论去得出结论，领导者、决策者当然应努力去做到这一点，但在现实中，这种理想的纯科学决策却很难做到。对于范围较广、关系复杂、动态性强而又有规定时限的决策而言，领导者无法把全部信息及数据收集完整，难以按严密的程序来预测，这样，只能更多地依靠直觉来作出决策。而这种情况往往是决策者在现实中经常遇到的。如果从严谨的科学态度出发来否定直觉决策，现实中领导者也就很难作出决策了。

> 直觉决策并不是领导者迫不得已所采用的决策方式，因为直觉思维并不比抽象思维、形象思维低级，尤其是直觉思维中的灵感思维，是思维的最具创造性的一种形式。

由于直觉思维具有与抽象思维和形象思维不同的特点，这些特征也决定了直觉决策的特点。

①整体性。直觉决策并不对决策对象的组成部分加以分析，而是直接从整体上把握它并作出判断。

②直接性。直觉决策并不对决策对象进行分析和综合，因而省去了很多中间环节和步骤。

③跳跃性。逻辑思维总是按一定的程序进行，经过严密的论证得出合乎逻辑的结论，而直觉决策则往往是结论出来了，论证却尚未进行，甚至

不知如何进行论证。

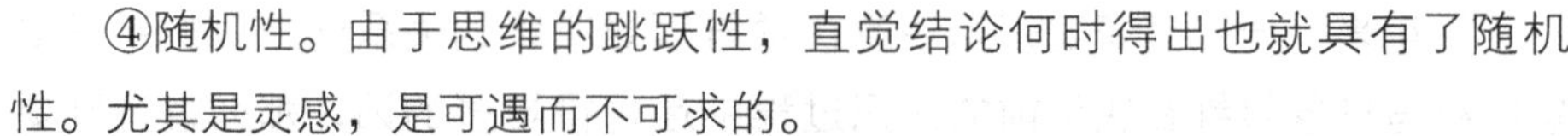

④随机性。由于思维的跳跃性，直觉结论何时得出也就具有了随机性。尤其是灵感，是可遇而不可求的。

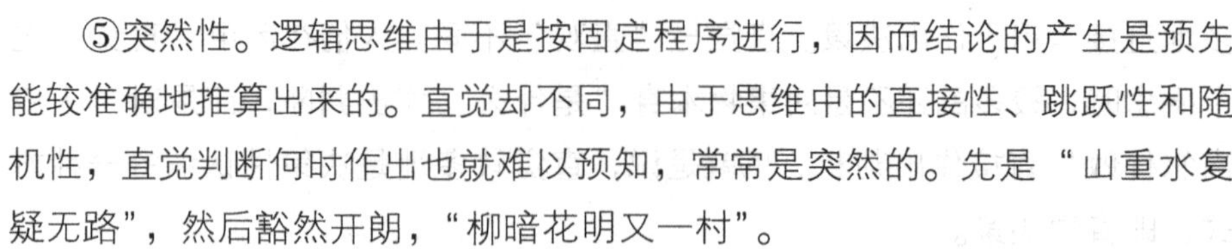

⑤突然性。逻辑思维由于是按固定程序进行，因而结论的产生是预先能较准确地推算出来的。直觉却不同，由于思维中的直接性、跳跃性和随机性，直觉判断何时作出也就难以预知，常常是突然的。先是“山重水复疑无路”，然后豁然开朗，“柳暗花明又一村”。

直觉思维的以上特点，造成人们对此类型领导决策的评价难以统一。否定直觉决策的理由充分，因为此类决策没有充分的根据。但直觉决策之所以成为直觉决策，就在于它没有充分根据。直觉决策的成立通常不在于依靠直接的根据，对决策者来说，肯定自己的直觉决策靠的是自信，对他人来说，执行领导的直觉决策靠的是决策者的权威，也就是说，**只有具有权威性的领导者所作出的直觉决策，才易于被接受和执行。**

2. 领导决策思维的创新方式

科学在不断地发展，人类通过实践而对客观世界的认识也在不断加深，人的思维方式也在不断产生变化，通过不断提高科学化程度，还出现了许多新的思维方式，这对于决策创新很有帮助。领导者一旦熟练掌握了新的思维方式，进行创新决策就会左右逢源，游刃有余。

◇ 联想思维

所谓联想思维，是一种从表露出来的行动和现象中由此及彼的思维方式。

美国巨富亚默尔从报上一则有关墨西哥可能发生了瘟疫的消息中，联想到与墨西哥接壤的加利福尼亚州或得克萨斯州正是美国重要的肉食供应中心，据此预见了这场瘟疫对美国肉食供应可能产生的影响。他立即派他的医生到墨西哥旅行，证实了那则消息。接着，他便集中全部资金购买上述两州的猪、牛，将它们赶运到美国东部。不久瘟疫传入美国西部，美国政府严令禁止了一切牲畜出州，于是肉价猛涨，亚默尔坐获暴利。

◇ **逆向思维**

在决策者的决策活动中，按照顺向思维，往往很难取得良好的决策效果，倘若大胆突破旧的逻辑顺序，从事实的相反方向寻找解决问题的有效途径，反而会收到事半功倍、马到成功的奇效。为此，古今中外许多杰出领导者，都喜欢运用出奇创新的逆向思维，以反常的思维方式寻求解决良策。

在现实生活中，人们由于思维定式的羁绊，习惯于顺向思维，结果往往压抑了自己的聪明才智。如果从问题的另一面来寻找答案，说不定能使人茅塞顿开，获得意外的成功。**这种大胆挣脱传统的思维习惯的束缚，从事物的相反方向寻找解决问题的有效途径的出奇创新的逆向求解的思维方式，就叫作逆向思维。**有不少创新就是这种逆向思维的结果。

◇ **超前思维**

超前思维是相对于后馈思维而言的。后馈思维是用过去、传统或习惯作为“尺子”来限制现在，力图使现在成为过去的再现，似乎过去或历史上有过的东西才是正确的、天经地义的。在人类历史发展相对缓慢的过去，这种思维方式似乎还可以应付。但这种思维带有浓厚的保守滞后色彩，它容易造成工作上的被动。**所谓超前思维则是用未来为“尺子”来引导现在，使现在不断向未来目标前进，不断地用未来模式来调整现在。**在超前思维引导下，人们老是想到“将来会怎样，我们现在该怎么办”？这就可以争取主动。

由于现代社会的发展越来越迅速，超前思维就越来越重要，预测学乃至未来学就是超前思维的产物。由于决策是面向未来的，因此超前思维在决策中十分重要。

◇ **发散思维**

发散思维是指在一个问题面前，能提出多种方案和多种设想，扩大选择余地的一种思维方式，它能够超出常规地进行思维活动。平常我们说的决策者的“点子多”“道道多”，就是因为其具有较强的发散性思维能力。

显然，一个领导者要想寻找到最佳决策方案，他的“思维束”仅仅从某一角度、某一层次进行“平面扫描”是远远不够的，还必须进行多角度、多层次的全方位“立体扫描”，方能取得理想效果。这种决策思维，就是人们所说的多路思维、立体思维。如在企业经营活动中，发散思维有时竟能从优胜劣汰的激烈竞争中挽救一个部门、一个单位甚至一个企业。

第九章

御人之技

人之相识，贵在相知；人之相知，贵在知心。

——孟子

国家的职能有对外与对内之分，领导者的职能亦如是。作为企业或事业组织的领导者来说，他要统领自己的单位参加激烈的竞争，以求在社会上获得并永葆生存的权利，这是对外。对内就是统领他全部下属员工，使他们行为有序，各司其职、相互配合地参与和推进机器的运转。这对内做得如何，其实决定着对外的成败。所以领导者如何领导被领导者的方法、技术甚或艺术，或曰“御人之技”就显得极端重要。

一、德法并重：御人的基本原则

领导者讲求“御人术”，其根本目的是为了组织的发展，但这种“御人”，却绝不意味着将人视为可用可弃的工具。御人要有基本原则。而最主要者就是首先必须把你的下属当作一个人，遵从人性中的自然法则，要懂得他本是你的同类，因此必须善待，必须礼敬，必须“以德御人”——领导者本人必须具备良好的道德品质。在中国文化传统中有所谓“以德治国”，而它要求的首先是国君必须是一个品德高尚的人；否则“以德治国”就是一句瞎话，“以德御人”亦如是。

1. 御人之法：遵从人性中的自然法则

在这个瞬息万变、纷繁复杂的现代社会里，人们总是被各式各样的问题包围着，而那些领导们则更是经常处在问题的漩涡之中。为了应付局面，每一位领导者都在寻求快捷、简便、自由的解决问题的方法，都盼望自己工作得心应手、运转自如、成就显著。

美国著名领导学专家柯维在他的领导学新著中，论述了解决领导者问题的方案和成功领导的方法，为被难题所困扰的领导者指出了一条光明大道。

柯维的领导学与传统的领导学相比有重大的突破，它是20世纪最有价值的领导学和成功学，其威力远远超过卡耐基和其他许多成功学大师的理论。

在阐述领导能力时，柯维提出了崭新而大胆的观点。柯维认为，最行之有效的领导方法是以自然法则为重心的领导——原则领导。

“原则”是柯维最为珍爱的概念，他的学说的一切均从这里开始。

柯维认为，人性中的自然法则，如同物理学中的重力法则，是真实不变的。这些原则构成文明社会不可缺少的部分，是家庭和机构延绵不绝的根源。我们的社会并未发明原则，它们是植根于人类关系和人类组织的宇宙法则，是人性、知觉和意识的一部分。若人类信守公平、公正、诚心、诚实、信任等基本原则，将确保生存与安定。

原则并不是方法，但在御人活动中，它可以理解为方法中的方法。一般的方法是回应特定环境的特殊活动或措施的，并非放之四海而皆准。若以方法来管理，以政策来领导，员工就不需要具备专业知识，因为管理规则与作业手册，已给他们提供所了需要的判断和智慧，他们根本不必动脑筋。

如果重心放在原则上，就等于是授权给懂得这些原则的人，他们会采取行动而不需要受定期的监督、评估、调整与控制。原则是放诸四海而皆准的，当融入习惯中，就给人以力量，想出应付不同状况的方法。

> 以原则来领导，需要不同的训练，或说更多的训练，但会使组织各阶层具备更纯熟的技能、创造力和共同的责任感。

2. 御人为善：增加信赖

把影响力放在我们所能控制的事物上，可以扩大我们的影响圈。改变行为和思考的习惯，解决可直接控制的问题。面对间接控制的问题，则需要改变影响力的方式。例如，我们常抱怨：“如果领导能了解我的计划和问题……”但只有少数人会花时间准备让领导愿意聆听、尊重、触及领导心思的业务报告。

人的内心是很脆弱的，尤其是那些外表看似坚强与自信的人。我们若能倾心聆听，他们就会言无不尽。若能表现关怀，特别是无条件的爱心，会给他人一种内在价值和安全感，并更能加强对别人的影响力。许多人借助外表、地位、成就和人际关系获得安全感与力量，但借来的力量终究不足。缺乏爱心、只懂得虚与委蛇的人，即使能呼风唤雨，也无法让人信任。

SMZ公司的总经理玛丽女士是一位非常有个性的女能人，她工作热情高，能力强，年轻漂亮，充满一种健康向上的力量，在事业上也是一位非常成功的企业家。她的最大长处是她总是那么谦虚、关心人，尤其对下属更是如此，从不刻意地去表现自我。

有一位采访过她的记者曾这样生动地写道："不论你来自何方，只要有机会与她相处，她总是把你当作是她屋里唯一重要的客人。当你与她说话时，她的眼神、语言总会让你忘了自己面对的是一名赫赫有名的总经理，而以为她是与你亲密相伴的朋友。她会认真地倾听你的意见，让你大胆地发表自己的意见和观点。如果有别人在场，她并不会因为你仅是一名年轻的业务员或打字的秘书而怠慢你，仍然把你当作她的朋友一样热情对待。"

这种与人为善的优点，是一些领导者成功地驾驭别人并取得事业成功的诀窍所在。

人们总这样认为，公司的领导如果谦虚和随和，反而不易统御下级。其实这种想法是不客观的。事实上，不少成功的经理待人接物总是那样谦虚和随和，并非常人所想的那样傲慢。IMG公司的总经理在召开董事会时，总是想方设法把公司的成功归于副总经理，从不独享，虽然这些取得业绩的决定绝大多数都是他作出的。这正是他的高明之处。

这种优点和管理的妙方，对于任何人来说，都是可以学到的，并不那么深奥。

> 改变态度，就能改变环境。对人的管理也是如此，与人为善就能化解矛盾，减少冲突。谦虚待人对于任何级别的领导者来说，都是应该充分掌握的一种有效的管理、统御下属的手段。

3. 御人以礼：宽容别人

信任别人会产生极佳的统御效果。假设每个人都极力想要有所表现，你就可以发挥更大的影响力，激发出他们最好的一面。我们在处理复杂易变的事务时，往往会产生不安全感与沮丧的情绪。于是尝试对别人贴上标签，以利判断或评估。每个人都有各种面貌与潜能，有的清晰，有的模糊。面对不同的对待方式，他们就有不同的反应。有人会让我们失望或占我们便宜，认为我们天真好欺骗，但只要我们相信他们，多数人都会真心对待。别因为一粒老鼠屎而坏了一锅粥。只要动机纯正，对人信任，别人也会报之以礼、待之以诚。下面让我们来看一个例子。

帕特·佛伦经营着一家广告社，在开业的三年里，《广告时代》提名佛伦的广告社为那年最佳的广告社。对一个开业不久的广告社而言，这是个前所未闻的荣誉，并且广告社并不是设在纽约或者洛杉矶，而是在“人们只从飞机上经过的”中西部。

佛伦的领导风格完全适合于他手下的那些精神脆弱但有创造能力的人，不过，这些人在穿着方面却不讲究。如果他强行规定职员穿白衬衫的话，那整个公司会在一刻钟里一走而空。但他有这一行业中每个人都面临的共同问题，即为客户制造优质产品，他的解决办法是把个人自由但也是个人责任扩大到前所未闻的最大限度。

佛伦明白，在他的企业组织中——在你的企业组织中也同样，尽管你还不完全明白——人们所追求的不只是金钱，还有认同、信任、赏识和创造自由。佛伦满足雇员们的需要，雇员回报他的是他所需要的——广告业中最优秀的产品。

佛伦从不发号施令，他通过努力工作和平易近人来促进创作过程。在广告业中，你的财产就是各种想法，它们来源于任何人任何地方，美术指导有能力写出好的广告文字，正如广告文字撰稿人能用图解表示概念。保持想法源源不竭的关键在于创造每一个人都感到自由、愿意奉献意见的气氛，这种气氛要求一个没有隔阂的环境。这就是当你拿起电话找佛伦时，马上就会给你接通，中间没人问你是谁或你有什么事。在很少几个年收入在一亿美元的企业组织中，你可以不用通过接线员和三个秘书就能直接与领导通电话，虽然佛伦可能并不想与保险代理人和证券经纪人有这么多通话，但这只是为了在美国创建一个最优秀的广告社所付出的一点小小的代价。

不管从事什么行业，领导者想要成功，就需要创造一种使下属最有效

地工作的宽容的环境，如果领导者在管理中损害他们的自由和自发感，而只让他们关心细节，那是不够的。**领导者必须要彻底理解他们，礼敬他们，给予他们自己所需要的东西，不是以权力强硬地驾驭下级，而是从心灵上认同，这样才能使他们做出更大贡献。**

> 观察一下那些离开你的公司却在他自己的企业组织里获得成功的人们，很可能他们离开并不只是为了金钱，他们需要发挥他们自己风格的机会，给他们机会……认同信任和赞赏吧，十有八九他们不会离开了。

4. 宽严结合：平易近人

也许你是一个品格优秀、水平很高的领导者，对下属也怀着深厚的感情。但是，具备了这些因素还不能说你自然而然就有了威信，就能统御好下级。职务不会对威信的形成有太大帮助，过去的成绩说明不了现在，其能力和水平能否胜任现在的工作还有待于检验，对下属的感情也只能在与下属交往的过程中才能表现出来。

艾森豪威尔的成功得益于他前半生的磨炼，而通过对那些具体的使他成功的因素的探讨我们可以看到，严格的治军风格和平易近人的作风是他事业成功的不可分割的两个方面。

战争期间，美军以英国为基地，大批部队涌入英伦三岛。这给英国的供应带来很大困难，而训练用地甚至还可能引起民事纠纷。为了减少不必要的麻烦，艾森豪威尔同英国当局商定了一整套防范措施，强调对双方的广泛教育。他首先让刚到英国的美军军官参观遭到轰炸的地区，又通过英国相应机构安排美军士兵自带口粮到英国家庭去度周末。通过这些办法，使美军官兵改变过去优越生活的习惯，熟悉英国环境，与英国民众建立相互信赖的感情。

他对破坏盟国之间团结的人，从来都严惩不贷。有一次，英美两名军官发生口角，并打起架来。艾森豪威尔立即把两名军官叫来，严厉训斥他们一通，然后把那个美国军官遣送回国。

作为统帅，艾森豪威尔特别注重对士气的鼓舞。为了达到这一目的，他经常视察部队。视察中，他总是以自己和蔼的面容、亲切的交谈、鼓动性的演说来鼓舞部队的士气。一次，他得知前线急需O型血，便也去部队诊疗所献了血。当他要离开的时候，一个士兵突然大叫了起来："艾克!"接着，其他许多人也高喊起来。当他向人们挥手告别时，有个士兵在他身后悄悄说："如果我输进他的血，也许我就可以成为将军了。"他立刻回过头笑着对这个士兵说："如果真是那样，我希望你不要继承我的坏脾气。"

二、双管齐下：立威与信任

领导者并非至圣至善的圣母，他要统领一架结构严密的组织机器不断正常地运转，因此他必须要树立自己的权威，因为没有权威便没有秩序，而没有秩序，也就没有机器的正常运转。领导者要树立权威，表现权威，使用权威，但又要恩威并重。所谓"恩"，并非多施小惠，言不及义，而是精神层面的，即要使下属对你有信任感。倘若缺乏这种信任感，所谓"权威"也极易落空或变形。

1. 须给下属以权威感

作为一名领导者，关心下属是一个方面，但也不可因此而失掉权威。要知道一个领导者是不能单靠甜言蜜语办事的，有时必须坚定不移，所谓恩威并用是也。譬如发现一个人实在不可救药，就要坚定地开除。这个时候如果同情、顾虑过多，那只能说是一种软弱。下属都不是傻瓜，他们自会对你的这种做法予以理解，对这种人如果过分迁就，那么你的整个企业组织风气就要被带坏，也可能因此失掉一些领导者的权威。

领导者就是要及时拿出领导者的权威，对于下属的缺点和不良倾向不能视而不见、举措不力、姑息迁就，而且这从根本上讲也是害了你的下属，不利于他本人的成长进步。同时，如果任其自行自便发展下去形成了气候，企业内部的不良风气就会滋生蔓延，感染影响其他下属。长此以往势必损害你的威信，不利于推动其他下属展开工作。

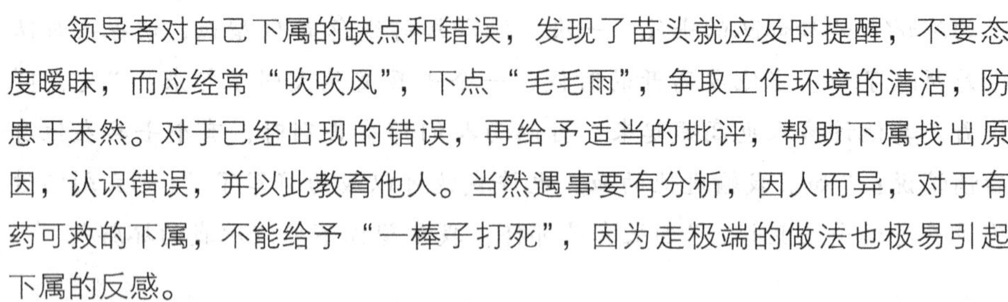

领导者对自己下属的缺点和错误，发现了苗头就应及时提醒，不要态度暧昧，而应经常“吹吹风”，下点“毛毛雨”，争取工作环境的清洁，防患于未然。对于已经出现的错误，再给予适当的批评，帮助下属找出原因，认识错误，并以此教育他人。当然遇事要有分析，因人而异，对于有药可救的下属，不能给予“一棒子打死”，因为走极端的做法也极易引起下属的反感。

领导者的权威还体现在下达命令和分派任务上。作为领导者要勇于说“不”，发现问题，须当机立断，即使在不接受任务的下属面前，你也不可失掉你的权威。在缺乏悟性不愿接受任务的下属面前，不可表现出任何怯弱、犹豫和退让，不管下属在思想上是通还是不通，在行动上必须坚决领受任务。如果一个领导者没有这种权威，那就难以推动全局工作。

当然，企业领导者的权威应建立在自己的领导能力之上，在指派任务前，还要注意进行情况预测，对于任务的艰巨程度、领受任务下属的承受能力、分配任务时可能遇到的问题等，都要做到心中有数、胸有成竹。必要时要事先与领受任务的下属通通气，事先做好工作，征询意见，尽量避免分配任务时出现抗拒现象。

领导者权威的树立，关键还是要靠其领导能力和用人艺术。在决策前多听取意见，意见基本一致时，再下决策。

2. 表现权威的十大准则

领导者必须要有权威，这是毋庸置疑的。但怎样表现权威，则智者见智、仁者见仁，各人有各人的不同见解。但是，下列一些准则则是一般领导者都应予以遵循的。

①发布简短、明了的命令，并且表现得好像别人得毫无疑问地服从它们。

②对那些你无法接受的要求，立即且坚定地拒绝。

③把自己私人的生活和问题留待自己解决。

④不要询问你部属的私人生活，除非这样对工作有直接的影响。

⑤以平和的态度接受成功，但是表现出你所期待的成功是在你要求的工作能被放在第一位进行时。把成功归于你的命令被服从的事实。

⑥以比正常略为缓慢的速度，清晰地提问题，等候回答。

⑦当你和别人说话时，不要注意他们的眼睛，而看着他们前额的中央、眉毛上方半寸高的地方。这样他们就很难让你改变脸上的表情，这个表情通常就是你要让步的第一个迹象。事先准备好一个结束谈话的结尾，这样示意谈话结束，使你免于显出笨拙的样子。

⑧不要尝试强迫别人立即行动。大部分人会觉得受到压迫，需要一点时间整理一下思绪。如果你显露权威，他们还是会行动，但是最好让人有缓冲期。

⑨不要期待在那些你采取如此手段对待的人当中交到任何朋友，也不要试图开除任何一个人。

⑩当你出错时，不要承认这是个人的错误，比如不要说“我错了”，而是说“问题可以处理得更好”。

以上十条准则为管理者提供表现权威的技巧。在你必须为一个棘手的事情负责时，你可能想要把它们全部用上，或者仅使用其中一个技巧——当你不想屈服于一个人的压力之下时，就瞪着他的前额看。你应该利用多少程度的权威全随情况和你的性格而定。如果你对于使用这种方式感到不舒服，你应该试着一次练习一个规则，直到你觉得熟悉了为止。若你对使用这些方法感到不安，就不要用；否则，你不仅欠缺说服力，还会陷于比一开始还要糟的境况。

一般而言，尽可能使用最少的权威来完成工作。假使你用得太过，人们会很容易把你当作蛮横的人，而且会反叛，想要诋毁你。记住：利用权威的目的就是管理别人以达到自己的目标。如果人们已经达到你想要的程度，就不需要表现出你还在负责的样子，虽然你是领导者，你有权力，但是这样他们只会痛恨你。因为，强迫别人一味地服从你，只会让你显得荒谬。

人们不会把你看得很重要，即使他们怕你。最糟的是，当你真的需要他们时，他们有可能一点反应也没有。你就像那个经常叫“狼来了”的男孩，最后没有人理会你。

3. 如何使用强制手段

◇ 强制的必要与风险

强制的先决条件是掌权者必须有能力制裁下属的不服从行为。“必须这样做”“照我说的做，不然我就……”都是这种能力的表现，强制的优点在于能非常迅速地实施计划，因为不需要与权力对象有过多的纠缠。因此战争期间，政府常运用紧急强制手段保障必需品的供应。

许多经理却在动用强制力的问题上再三迟疑，因为他们发现这经常引起别人的厌恶感。强制当然令人不愉快，却简单易行，而且可以避免拖拖拉拉的情况。例如，一项不受欢迎的工作没有人愿意去做，下令说“某某可以开始做”，要比向他解释为什么要他做好，否则他很可能告诉你别人更合适，最后你只有自己做了。

让员工更换工作时，用强制的手段特别有效，但要注意两个关键问题：

- 强调别无选择；
- 同时让对方体面地接受安排。

如果透露一点有商量余地的意思，你就输了。当然，让员工保住面子也同样重要，像强迫调动可以称作暂时借用，强迫停职可以对外宣称是因健康原因退休等。只要可能，尽量将反面因素与正面因素结合起来，如“你18年来在机场表现优异，那里很需要你，但我更需要你去一个新岗位，因此没有选择的余地”。千万不要漏了最后一句，你一旦作出决定，就需要立即执行，不给对方请人帮忙或再三推脱的机会。

强制力的风险在于，剥夺权力对象选择权的同时，掌权者也没有选择的余地。

这种情况下的强制，是因为害怕拒绝服从会带来更大的损失，从这个方面来说，权力对象有最后决定权，如果他宁死不屈，掌权者就达不到目的。

强制会激起反抗，一旦采取强制措施，劝说就毫无作用了。如果强制失败，唯一的选择是冒险施加更强的压力。如果掌权者做不到这一点，他便名誉扫地了。

过分的压制也会适得其反，超过一定限度，仇视就转变为无动于衷的冷漠，甚至于会转向其他同伴，尤其是那些经济地位低下和受孤立者。

◇ 怎样运用强制力

借由强制维持控制，需要保持警惕。驾驶员一看见警车就放慢速度，当警车走远后又加速。从管理角度来讲，威胁和严厉的警告能够保证工作水准，但问题是，在日常工作中这样是行不通的，经理刚转过脸去，大家又我行我素了。

由于这些原因，在可能的情况下，最好避免强制，使别人服从的一个最有效的方法是让对方觉得受到了尊重。例如：

- “我知道你是不会被强迫的。”
- “如果你认为是我们强求你非做不可，那你就大错特错了。”
- “任何人都强迫不了你的。”
- “由你决定。”

当然这方法看起来有些冒险，但经常是非常有效的，因为：

- 消除了反抗的理由。
- 迫使对方接受责任。

试图说服病人做手术的医生可能越劝病人，病人越是反对。病人乐于受到医生的关注，像孩童一样，玩玩反抗的游戏。但当医生说“好了，你自己决定”，游戏便结束了，现在病人必须对自己的将来承担责任。

有时，在运用强制力之前，需要截断对方的退路，最好是慢慢进行。

等他们发现你在做什么时已经晚了。这需要拉开你与别人之间的距离，如此才能看清你努力的目标。

一旦运用了强制力，就必须毫无怜悯心地继续下去，对方开始变弱时也不能放松。否则就会功亏一篑，对方会察觉你的不安并加以利用。

当对方显出变弱的迹象时不要立即放手，而要继续施压，同时留给对方一条出路。

4. 敞开心扉：交心之御人

识人贵在知心，知心需要交心。同事和上下级之间有什么隔阂需要疏通，有什么误会需要消除，有什么问题需要解决，往往可采取谈心交心的方法。饭后工余，找上要谈话的同志，或摩肩漫步娓娓而谈，或花前柳下促膝畅叙，或同坐斗室边饮茶边聊天，在和谐融洽的气氛中，通过真诚交谈，使彼此间的一切隔阂、误会、疙瘩、意见烟消云散，使同事和上下级之间的友谊更加牢固，这实在是一桩大好事。

知人知心要交心。首先，谈心要诚心。诚心，就是诚恳之心，诚实之心。其次，谈心要交心。俗话说："抛砖可引玉，谈心先交心。"要谈心，自己就要向人家交心，有一是一，有二是二，不加掩饰、不打折扣、不避重就轻、争功诿过。其三，谈心要虚心。只有虚怀若谷，抱着认真听取意见的态度去谈心，人家才会和你谈。其四，要将心比心，以心换心，心心相印。

细品起来这么一句话是很不容易做到的。因为心扉一敞开，黑的红的、五花八门，全都赤裸裸地暴露出来，倘若不是"一个纯粹的人"，倘若不是一个彻底的唯物主义者，是没有这番勇气的。

"敞开心扉给人看"，作为一个领导者，就要主动地与下属交流思想。如果下属有不痛快的事，有想不通的地方，有什么困难，有什么问题，有什么意见和要求，都应一一记在心里，并尽量帮助解决这些问题。

> 作为领导者，自己真心对待下属，下属也才能以真诚之心对待自己。这样，你才能达到御人之目的。

5. 心诚则灵：诚心之御人

通往人心的路是世界上最难走的路，真可谓“蜀道难，难于上青天”这是许多人暗自的叹息。

于是，发出了深沉的疑问：茫茫人海，哪是抵达心灵的舟楫？哪是开启封闭心灵之门的钥匙？

人的心灵之门紧闭，是因为人际关系的复杂所致。

心灵之门的启动，需要捧出友爱的丹心，需要献出心中的真诚。

心诚则灵，心诚则通。真诚是打开心灵之门的钥匙。只有进入了心灵之门，才能更好地御人。

千万莫把真诚这把钥匙遗忘在家里，须时时刻刻让它伴随在你的身旁。

人人心里都有秘密，但他们都不会永远埋藏在心里。这些秘密早晚都是要暴露出来的，只是暴露的场合和对象不同而已。

人们讲心里话，为什么还要分场合和对象呢？这是因为有的场合不需要讲，讲了会生麻烦；有的人不需要知道，知道了会生事端。在该讲的场合，面对该讲的对象，讲多少，怎样讲，语气是轻是重，这些都应该有个分寸。这也叫到什么山上唱什么歌。

同样是心里话，由于场合和对象的不同而表现出内容和语气的差异性，一些人就会发生疑问：他怎么在甲地和乙地讲的不一样呢？莫非是两面派吗？其实，这同两面派行为大相径庭，二者存在着本质的区别。因为两面派有着独特的个性特征，他们之所以甲地和乙地说的不一样，一是为自己捞好处，二是离间他人，最终还是为了自己。而前者说话区分场合和对象，则是为了将事情办好，表现出一个人的良好素质。

到什么山上唱什么歌和两面派行为，有时搅在一起难以区分。所以，人们相处，尤其是身居领导岗位的人，一定要学会区分二者的本领。掌握了这个本领，特别是当事情涉及本人时，就会有较多的宽容之心，从而也会减轻自己的心理负担，不至于盲目地去怨天尤人，例如，“他是怎么搞的”“这不是拆台是什么”“没发现他品质这么坏”“他是袖手旁观，落井

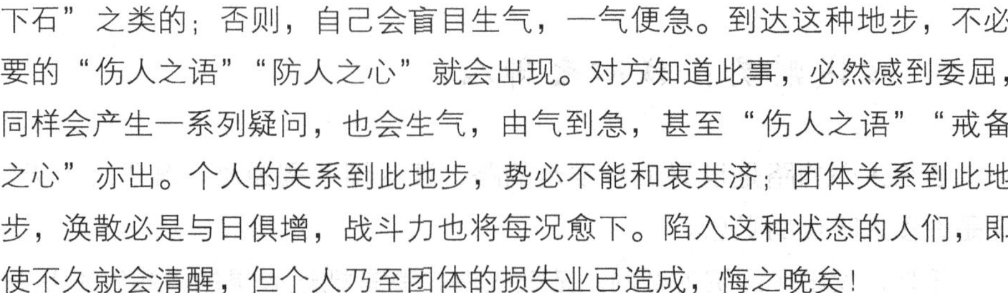

下石”之类的；否则，自己会盲目生气，一气便急。到达这种地步，不必要的“伤人之语”“防人之心”就会出现。对方知道此事，必然感到委屈，同样会产生一系列疑问，也会生气，由气到急，甚至“伤人之语”“戒备之心”亦出。个人的关系到此地步，势必不能和衷共济；团体关系到此地步，涣散必是与日俱增，战斗力也将每况愈下。陷入这种状态的人们，即使不久就会清醒，但个人乃至团体的损失业已造成，悔之晚矣！

> 作为团体成员，尤其是领导者，一定要有区分到什么山上唱什么歌和两面派行为的本领，以便把担负的事情办得更好。

三、对症下药：管住另类

优秀的领导者一旦树立起自己的权威，绝大多数下属都会服从。但人是十分复杂的，自然也会有许多“另类”。这“另类”中也有许多“类”，如头上长角、身上长刺者，但亦有独具个性、反对平庸者。领导者必须善作区分，采取不同的对策。对前者要化消极为积极，对后者要因势利导，倚为骨干。其实，所谓“御人之技”的“技”，主要体现在对这些“另类”的“御”上。因为这“另类”最难统御，一旦他们接受了“统御”，那些“平平常常”的绝大多数，自然不在话下。

1. 怎样对待棘手的下属

所谓棘手的下属是那些不服从管理且难以对付的人。这种人到处都有，每一个单位都有，只要你是个领导，到哪里你都会遇到他们，甚至这种人专门和管他的人作对，但对同他没有利益冲突的人还是比较友好的，因此他有他的势力和人际圈子。他们足以有资本在有些问题上与你分庭抗礼。作为领导，更应当明白这一点，世界上的人并非都那么理想、那么可爱，应当心胸开阔地面对这个现实，做好思想准备，也许在无意中你就会发现个别人已经与你对立了起来。

在一个企业中，难以对付的下属稍微多一点，对领导来说是很不利的。一般来说，10 000 个下属中有那么三五个还好对付，这种人再多一些，麻烦就大了。但是，作为领导，只要努力克服与这种下属的对立意识，也能顺利地指挥他们。

要克服这种对立意识，争取难以对付的人，首先要认真分析为什么会产生对立意识。在一个企业里常会出现这样的情形，有些下属总是不能认真地执行领导的指示和命令，因此，领导平时就很少把重要的工作委派给这种下属。长此以往，便会在彼此间产生出对立意识，这种人就成了集体的包袱。

在一个集体中出现了“包袱”，上级领导自然会一目了然，他会认为这个集体的领导没有能力。反之，如果你能充分调动难以对付的人，别人自然会对你作出很高的评价。这种差距往往就决定着你的前途。

领导必须清楚，对于那种棘手的下属是谁也不会轻而易举地接收。因此，对于这种人唯一好的办法还是应当考虑如何使用他们，如何让他们积极工作。

如果领导对这种下属采取不予理睬或采取压制打击的方法，必会给自己带来无穷的后患。你不理这种下属，他会同你对立，处处贻误你的工作，拆你的台。你若想打击压制他们，可好了，他们是刺猬，一脚踢上去，恐怕要让你叫苦连天，因此领导要学会使用这种棘手的下属。

既然他们是刺猬，我们就以“刺猬的原理”来考虑彼此的心理距离问题。我们知道，刺猬是浑身长满针一样毛毛的小动物。冬天来临时，若把几只刺猬放在一块，我们就会发现它们也会彼此把身体挤在一起。你想想，如果他们靠得太紧的话，就会彼此伤害对方；如果离得太远，就又无法取暖。因此，刺猬同刺猬相处有一个既定的距离。

> 人们彼此间的心理距离和刺猬之间的距离有些相似。离得太远，不利于领导；靠得过近，又担心被其伤害。只有在一个合适的距离下，才能牵好这种下属的鼻子。

2. 善待“硬汉子”下属

这里说的“硬汉子”就是那些很有个人原则、不轻易接受失败的人。这种人才个性很强，有自己独立的见解，他们性格直爽、坦诚，说话从不拐弯抹角。

这种人一般不受领导者喜欢，因为他们爱当面提意见，并且毫不含蓄，批评领导也不避讳，常使领导感到难堪。

这种人头脑清晰、思维敏捷、遇事果断。他们从不会被困难吓倒，往往具有“明知山有虎，偏向虎山行”的精神，他们相信人能征服一切艰难险阻；他们不会因一时的挫折而情绪低落、一蹶不振的，他相信乌云之后必是晴天。

这种人优点很多，但在组织内的日子并不好过，那些懒散职员憎恨他们，那些无才无学的人妒忌他们，那些阿谀奉承上司的人疏远他们……遇到称职的领导还好，专制昏庸的领导者还会给他们穿小鞋，使他们这匹“千里马”，找不到用武之地。

然而，称职的领导者不但会用这种人才，还会栽培改造他们，给他们一些私人辅导，使他们在待人接物、应付人际关系方面掌握一定的技巧。

有许多称职的领导在选择自己的接班人时，往往把目标对准这种“硬汉子”。领导者无论年轻年老，总有要退位的那一天，如何选择、安排接班人，是判断一名领导者是成功还是失败的标志之一。

一个成功的领导者，不但会识人，而且会正确地用人，他是绝对不会浪费一个人才的。

对于那些有才有识但性格耿直的“硬汉子”，成功的领导会不计他们的直言不逊的，因为这种下属的才识才是他最器重的，“千军易得，一将难求”。

作为领导者，一定要善待那些有才但也有缺点的人，这对你的事业的发展非常有用。

3. 不与“攻击型”人正面冲突

领导者有时会碰到这样一种人，他们总是喜欢不遗余力地攻击指责别人，或散布流言蜚语，或造谣中伤，或出言不逊地辱骂等。在这种情况下，要不要针锋相对地予以回击呢？

对此，在考虑和选择自己的行为方式时，应该注意以下几个问题。

首先，应弄明白你所遇到的是不是真正的攻击。下面几种情况很容易被误认为是攻击。

①由于对某种事物持不同的看法，对方提出了比较强硬的质疑或反对意见。此时，如果你能够给予必要的解释和说明，矛盾很可能会得到解决。

②由于自己对某事处理不当，对方在利益受损的情况下表示不满，提出抗议。如果的确是自己处理不当，或虽则并非失误，但确有不完善之处，而对方又言之有理，那么，尽管对方在态度和方式上有出格的地方，也不能看成是攻击。

③由于某种误解，致使他人发脾气，或出言不逊。在这种情况下，只要耐心地、心平气和地把问题澄清，事情自然也会过去。如果领导忽视了判别与区分真假攻击的不同，往往会铸成大错。

其次，即便你完全能够确定他人在对你进行恶意攻击，也不必统统地给予回击。在与下属的交往中，对付恶意攻击最好的方式莫过于不理睬它。

如果你不理睬它，它仍不放松，那也不必对着干，因为那样恰恰是“正中下怀”。不难发现那些喜欢攻击他人的人，大多善于以缺德少才之功消耗大德大智之势。你对着干，他不仅喜欢奉陪，还颇会恋战，非把你拖垮不可。在这种时候，你应果断地甩袖而去。

攻击者并不属于真正的强者。对那些冒牌的强者采用对攻，是很不值得的。领导者与富于攻击性的人打交道，不管他是否怀有敌意，头一条是要敢于面对他的进攻。

此外，还应注意以下要点：

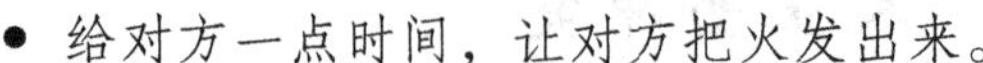

• 给对方一点时间，让对方把火发出来。

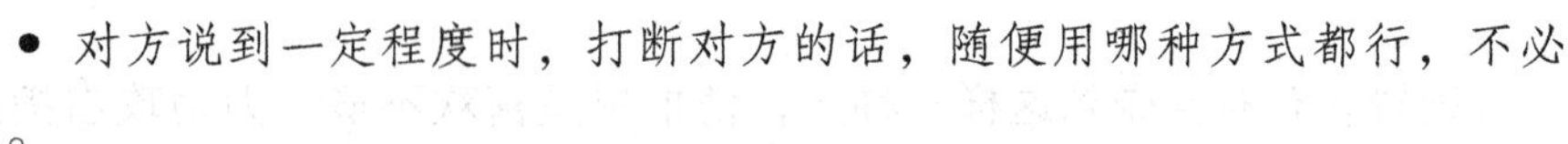

• 对方说到一定程度时，打断对方的话，随便用哪种方式都行，不必客气。

• 如果可能，设法让其坐下来，使他不那么好斗。

• 以明确的语言阐述自己的看法。

• 避免与对方抬杠或贬低对方。

• 如果需要并且可能，休息一下再和他私下解决问题。

• 在强硬后作一点友好的表示。

第十章

领导沟通

作为福特公司的董事长，我告诫自己，必须与各界确立和谐关系，不可在沟通上无能为力。

——〔美〕亨利·福特

人是一种社会性动物，人的正常存在，离不开沟通。所以离群索居的人并非一个真正的人：他没有人的正常的存在方式与生活状态。而领导者实施自己的领导行为，更离不开沟通，甚或其本身也正是一种沟通。事实上，领导者与被领导者之间若是失去了有效沟通，其领导必然处于瘫痪状态。可以说沟通是领导者必须掌握的一门科学，又是领导者必须娴熟的一门艺术。

一、沟通是提高领导绩效的需要

美国著名学者约翰·奈斯比特说过:“未来竞争将是管理的竞争,竞争的焦点在于每个社会组织内部成员之间及其与外部组织的有效沟通之上。”现代管理有七种职能:计算、组织、人事、指挥、协调、报告、预算。几乎用不着作出什么说明,以上七种职能中的任何一项都离不开沟通。世界上卓有成效的企业无不是沟通极为成功的企业,例如号称日本企业之神的松下公司即是如此,其创始人松下幸之助有句名言:“伟大的事业需要一颗真诚的心与人沟通。”可谓道出了沟通的真谛。

1. 沟通:最具人性的领导技能

人类是沟通的动物。沟通渗透到我们所做的一切事情中,它是形成人类关系的材料,它是流注人类全部历史的水流,不断延伸我们的感觉和我们的信息渠道。人类已经实现了登上另一个星球的梦想,目前正在寻求和宇宙中的其他生物进行沟通。**沟通是各种各样技能中最富人性的。**

为什么要沟通?这个问题乍听起来,好像问别人“为什么要吃饭”或“为什么要睡觉”一样愚蠢。吃饭是因为我们饥饿,睡觉是因为我们困倦。

同样,对于我们来说,沟通是一种自然而然的、必需的、无所不在的活动。**人们相互沟通是因为需要同周围的社会环境相联系。社会是由人们互相沟通所维持的关系组成的网。**沟通就像血液流经人的心血管系统一样流过社会系统,为整个有机体服务,根据需要有时集中在这一部分,有时集中在另一部分,保持接触和平衡。人们已经习惯于生活在沟通的汪洋大海中,以致很难设想要是没有沟通,我们将怎样生活。

毫无疑问,沟通的能力对于人们的生活来说至关重要。人们所受的正规教育帮助人们获得专业化的知识,这样人们就能成为一个好的会计、社会工作者或是工程师。然而令人遗憾的是,人们中的绝大多数人还没有对

"沟通"二字引起足够的重视。

各行各业，无论是会计、社会工作者、工程师，还是医生、护士、教师、推销员、管理者，有效的沟通对于他们都非常重要。正如著名学者埃利斯和威廷顿指出的那样，很少有哪项工作不需要相互沟通，特别是从事管理工作的人在与其他部门或人进行工作接触时，沟通的技能显得非常重要。管理活动的实践表明，管理者将约70%的时间用于与他人沟通，剩下30%左右的时间用于分析问题和处理相关事务。

很显然，**领导者必须掌握与他人沟通的技能，而且他的很大一部分工作时间也必须用于与他人沟通上。**

美国管理学家阿法尔指出：领导者应该用约70%的时间与他人沟通，这其中近1/3的时间用于单个会谈。领导者不仅要充分地表达他们的观点，还要善于应付各种局面以将他们的观点付诸实施。领导，如同其他一些职业一样，不仅需要专业的知识和技能，而且越来越需要与他人沟通的能力。

所有的领导者，无论身处何时何地，都要与他人沟通。可是有些管理者却往往对沟通漠不关心，有时竟置于不顾。这是管理活动中非常令人惋惜的现象。

专家们发现领导者总是低估他们用于与他人单独沟通的时间，而群体沟通的效率总是很低，沟通中的有效信息量竟只在20%～25%的水平范围内！

沟通与每个领导者息息相关，这方面的微小进步也能使他们的工作大受裨益。领导者要想成功，就必须学会有效的沟通，尽管增强沟通的能力不能一蹴而就。

领导者对于有效沟通的理解不同和沟通能力的不同可能使他们的行为产生很大的差异。早些时候管理者的角色要求他们能够写报告、作致辞并能发动职员。而到了今天，对于一个现代领导者来说，还必须具有会谈、谈判、评定等能力。富有经验和能力的管理者还能用各种语言和非语言的技巧让职员感到他们得到了尊重，并能从职员那里获取反馈回来的信息。

所有的沟通行为都发生在一个社会环境中，因此沟通常被看作是社会性的能力，当然领导者的沟通能力是各不相同的，一些人在这方面能力超群，而另一些人则只是差强人意。

不管是两人间的沟通，还是群体内部的沟通都是至关重要的。工作中不能有效地沟通不仅影响管理者的效率，也妨碍了与之沟通的其他人的效率。

作为培训企业管理高级人才的MBA，之所以一直将沟通作为管理的重要课程，就是因为离开了沟通便无法进行管理，至少是无法进行有效的管理。

沟通也就是信息交流。确切地说，所谓沟通是指将某一信息（或意思）传递给客体或对象，以期取得客体作出相应反应的过程。

由于在管理过程中各种信息的交流、沟通都是相互关联、不可分开的，所以主管人员把各种信息的交流过程看成是一个整体，称为管理信息系统。

下面主要阐述管理信息系统中人与人之间的交流与沟通，并把着重点放在组织内部的信息沟通。这是指导与领导工作的重要组成部分。

人与人之间的沟通过程有不同于其他沟通过程的特殊性：

①人与人之间的沟通主要是通过语言（或语言的文字形式）来进行的。

②人与人之间的沟通不仅是信息的交流，而且包括情感、思想、态度、观点的交流。

③在人与人之间的沟通过程中，心理因素有着重要意义。在信息的发出者与接收者之间，需彼此了解对方进行信息交流的动机和目的，而信息交流的结果是会改变人的行为的。

④在人与人之间的沟通过程中，会出现特殊的沟通障碍。这种障碍不仅是由于信息渠道（即传递）的失真或错误，而且还是人所特有的心理障碍。例如，由于人的知识、经历、职业、政治观点等不同，对同一信息可能有不同看法和不同理解。这些特性表明，在研究人与人之间的沟通过程时，需要研究其特殊规律。

2. 沟通的过程：7个部分

沟通是信息的传递与理解。完美的沟通如果存在的话，应是经过传递之后被接收者感知到的信息与发送者发出的信息完全一致。

沟通发生之前必会存在一个意图，我们称之为要被传递的信息。它在信息源（发送者）与接收者之间传送。信息首先被转化为信号形式，然后通过媒介物传送至接收者，由接收者将收到的信号转译回来。这样信息的意义就从一个人那里传达给了另一个人。

这一过程包括7个部分：（1）信息源；（2）信息，连接各个部分；（3）编码；（4）通道；（5）解码；（6）接收者；（7）反馈。

此外，整个过程易受到噪声的影响。这里的噪声指的是信息传递过程中的干扰因素。典型的噪声包括难以辨认的字迹、电话中的静电干扰、接受者的疏忽大意以及生产现场中设备的背景噪声。记住所有对理解造成干扰的因素，无论是内部的（如说话人或发送者的声音过低），还是外部的（如同事在临近的桌旁高声喧哗），都意味着噪声。噪声可能在沟通过程的任何环节上造成信息失真，外部噪声是沟通过程中造成信息失真的潜在内部原因。

信息源把头脑中的想法进行编码而生成了信息，被编码的信息受到四个条件的影响：技能、态度、知识和社会文化。

首先，如果教科书的作者缺乏必要的技能，则很难用理想的方式把信息传递给学生。其次，个体的态度影响着行为：我们对许多事情有自己预先定性的想法，这些想法影响着我们的沟通。另外，沟通活动还受到我们在某一具体问题上所掌握的知识范围的限制，我们无法传递自己不知道的东西。反过来，如果我们的知识极为广博，则接收者又可能不理解我们的信息。也就是说，我们的某一知识影响着我们要传递的信息。最后，与态度影响行为类似，我们在社会文化系统中所持的观点和见解也影响着行为，我们的信仰和价值观（均是文化的一部分）影响着作为沟通信息源的我们。

在沟通过程中，无论使用什么样的支持性装置来传递信息，信息本身

都会出现失真现象。我们的信息事实上是经过信息源编码的物理产品。"当我们说的时候，说出的话是信息；当我们写的时候，写出的内容是信息；绘画的时候，图画是信息；做手势的时候，胳膊的动作、面部表情是信息。"我们用于传递信息的编码和信号群、信息本身的内容以及信息源对编码和内容的选择与安排所作的决策，都影响着我们的信息，三者之中的任何一方面都会造成信息的失真。

通道是指传送信息的媒介物。它由发送者选择。口头交流的通道是空气；书面交流的通道是纸张；如果你想以面对面交谈的方式告诉你的朋友一天中发生的事，则使用的是口头语言主导手势语言表达你的信息；但你可以另有其他选择，一个具体的信息（比如邀请别人参加舞会）可以口头表达也可书面表达。在组织中，不同的信息通道适用于不同的信息传播。如果大厦着火，使用备忘录方式传递这一信息显然极不合适！对于一些重要事件，如员工的绩效评估，管理者可能希望运用多种信息通道，如在口头评估之后再提供一封总结信，这种方式减少了信息失真的潜在可能性。

接收者是信息指向的个体。但在信息被接收之前，必须先将其中包含的符号翻译成接收者可以理解的形式，这就是对信息的解码。与编码者相同，接收者同样受到自身的技能、态度、知识和社会文化系统的限制。信息源应该擅长于写或说，接收者则应擅长于读或听，而且二者均应具备逻辑推理能力。

> 一个人的知识水平不仅影响着他传达信息的能力，同样影响着他的接受能力。另外，接收者的态度及其文化背景也会使所传递的信息失真。

沟通过程的最后一环是反馈回路。"如果沟通信息源对他所编码的信息进行解码，如果信息最后返回到系统当中，这就是反馈。"也就是说，反馈把信息返回给发送者，并对信息是否被理解进行核实。

3. 多种途径的沟通方式

组织中最普遍使用的沟通方式有口头沟通、书面沟通、非言语沟通及电子媒介。

◇ **口头方式**

人们之间最常见的交流方式是交谈，也就是口头沟通。常见的口头沟通包括演说、正式的一对一的讨论或小组讨论、非正式的讨论以及传闻或小道消息的传播。

口头沟通的优点是快速传递和快速反馈。在这种方式下，信息可以在最短的时间里被传送，并在最短的时间里得到对方的回复。如果接收者对信息有所疑问，迅速的反馈可使发送者及时检查其中不够明确的地方并进行改正。

但是，当信息经过多人传送时，口头沟通的主要缺点便会暴露出来。在此过程中卷入的人越多，信息失真的潜在可能性就越大。每个人都以自己的方式解释信息，当信息到达终点时，其内容常常与最初大相径庭。如果组织中的重要决策通过口头方式在权力金字塔中上下传送，则信息失真的可能性相当大。

◇ **书面方式**

书面沟通包括备忘录、信件、组织内发行的期刊、布告栏及其他任何传递书面文字符号的手段。

为什么信息的发送者会选用书面沟通？因为**它持久、有形、可以核实**。一般情况下，发送者与接收者双方都拥有沟通记录，沟通的信息可以无限期地保存下去。如果对信息的内容有所疑问，过后进行查询是完全可能的。对于复杂或长期的沟通来说，这尤为重要。一个新产品的市场推行计划可能需要好几个月的大量工作，以书面的方式记录下来，可以使计划的构思者在整个计划的实施过程中有一个参考。书面沟通的最终效益来自于其过程本身，除个别情况外（如准备一个正式演说），书面语言比口头语言考虑得更为周全，把东西写出来促使人们对自己要表达的东西更认真地思考，因此**书面沟通显得更为周密，逻辑性强，条理清楚**。

当然，书面沟通也有自己的缺陷。**书面方式更为精确，但耗费了更多的时间**。同是一个小时的测验，通过口试你向教师传递的信息远比笔试多得多。事实上，花费一个小时写出的东西只需 10 分钟至 15 分钟就能说完。

书面沟通的另一个主要缺点是缺乏反馈。口头沟通能使接收者对其所听到的东西提出自己的看法，而书面沟通则不具备这种内在的反馈机制，其结果是无法确保所发出的信息能被接收到；即使被接收到，也无法保证接收者对信息的解释正好是发送者的本意。

◇ **非言语方式**

一些极有意义的沟通既非口头形式也非书面形式，而是非言语沟通。刺耳的警笛和十字路口的红灯都不是通过文字而告诉我们信息的。一个人所在的办公室和办公桌的大小，一个人的穿着打扮都向别人传递着某种信息，不过，**非言语沟通中最为人知的领域是体态语言和语调。**

(1) 体态语言

包括手势、面部表情和其他身体动作，比如，一副咆哮的面孔所表示的信息显然与微笑不同，手部动作、面部表情及其他姿态能够传达诸如攻击、恐惧、腼腆、傲慢、愉快、愤怒等情绪或性情。

(2) 语调

指的是个体对词汇或短语的强调。下面我们举例说明语调如何影响信息的意义。假设学生问教师一个问题，教师反问道：“你这是什么意思?”反问的语调不同，学生的反应也不同。轻柔、平稳的声调与刺耳尖利、重音放在最后一词所产生的意义完全不同。大多数人会觉得第一种语调表明某人在寻求更清楚的解释，而第二种语调则表明了此人的攻击性或防卫性。

> 任何口头沟通都包含有非言语信息，这一事实应引起极大的重视。为什么？因为非言语信息有可能造成极大的影响。

一名研究者发现，在口头交流中，信息的55%来自于面部表情和身体姿态，38%来自于语调，而仅有7%来自于真正的词汇。我们都知道动物是对我们怎样说作出反应的，而不是对我们所说的内容作出反应，人类与此并无太大差异。

◇ **电子媒介**

当今时代我们依赖于各种各样复杂的电子媒介传递信息。除了极为常见的媒介（电话及公共邮寄系统）之外，我们还拥有闭路电视、计算机、静电复印机、传真机等一系列电子设备，将这些设备与言语和纸张结合起来就产生了更有效的沟通方式。其中发展最快的应该算是电子邮件了，只要计算机之间以适当的软件相连接，个体便可通过计算机迅速传递书面信息。存贮在接收者终端的信息可供接收者随时阅读。电子邮件迅速而廉价，并可同时将一份信息传递给多人，它的其他优缺点与书面沟通相同。

二、善于倾听：当好“接收者”

对于沟通，领导者易于进入“发送者”的角色，亦即自己去说、去写、去让别人（下属）接受。其实，沟通乃是一个双向互动的过程，领导者既是“发送者”，同时亦为“接收者”，有时后者甚至更为重要。总之，善于“接收”，或者说善于倾听，乃是领导者必备的素质之一，是否善于倾听，可谓领导者领导水平高低的重要标志之一。

1. 把听取意见列为重要工作

许多公司花了大量的时间和精力以便更好地了解顾客的设想、评价和行为模式。一般大公司都固定地投入数以百万计的资金进行观察研究、成立专门小组、分发征询赠券甚至设立信息交流台以便深入了解顾客。一些最关心顾客的公司总是尽量了解柜台顾客的要求，其实这些做法可以用来更多地了解自己的员工。员工们直接接触顾客，能听到顾客的意见，领导者和员工也最接近，是很容易和他们交流的。所有一切对顾客现代化的调查研究所得的资料都无法和第一线员工的意见相比拟。

现在已很少有公司听取员工们的意见。除了偶尔召开一次员工会议或进行一次调查外，大多数公司忽略了向第一线员工学习和听取他们的意见的良好机会。其实正是这些一线员工做了大量实际工作。回想一下你在第一线工作的时候，你公司的经理、主管人或高级行政人员是否常来主动地征求和听取你的意见?

曾有一位懂得聆听内部意见的要人，他就是沃尔玛特连锁超市的创建人——已故的萨姆·沃尔顿先生。萨姆是一个经常深入基层和同事们直接交谈、听取和注意他们意见的狂热者。沃尔玛特超市伟大的传统之一就是他在1980年访问某分店时，听取一个同事叙述的故事后建立起来的。萨姆·沃尔顿在他的自传《美国制造》一书中说，有一次他去路易斯安那州克劳列城的沃尔玛特超市，当他走进门时一眼就看见一位长者站在门口，那人并不认识萨姆，只听他说道："嗨，你好吗?欢迎你来到这里!如果你想知道这店的一些情况，请告诉我。"萨姆立刻感到这位长者站在门口这样讲话能达到两个目的：一方面他让进店的人感到温暖，从而了解到顾客的意见；另一方面也可以知道是否有人没付过钱就拿了东西出去。他立刻就开始在所有超市门口安排一个"迎宾员"。是否马上做到呢?说实在的，在经过他一年半不懈努力后，他才让所有他旗下的超市安排了一位迎宾员，这些迎宾员的工作使他掌握了大量的来自顾客的信息。

> 聆听内部意见能使第一线员工和公司建立直接联系。当那些直接和顾客接触的员工知道他们的意见和顾客的意见同样受到重视，他们的积极性提高了。

2. 倾听的过程与类型

在沟通活动中，倾听既然如此重要，那么，我们倾听的具体过程又是怎样的呢?

◇ **感知**

对方发出信息，传到我们耳膜中并产生刺激，成为我们所获得的信息。但听觉器官往往并非接受信息的唯一生理器官。我们的言语信息来自听觉，但倾听效果却是各种因素的综合。假如听到有人叫你“滚开”，而你同时还看到这话出自一位满脸杀气的壮汉之口，与此同时举着拳头向你扑来，这足令你逃之夭夭了；反之，若你看到这句话出自一个妙龄女子之口，而她说这话时却满含微笑、一副娇嗔的模样，在这样的“滚开”声中，你无论如何也不会走开半步的。

◇ **选择**

并不是任何信息都为我们所接受，我们总是对一部分信息表示特别的关注和兴趣，同时又忽视另外一些信息。例如，在喧哗的场合，突然从背后传来叫你朋友名字的声音，也会引起你的注意，这就是我们接收信息过程中的选择性。

◇ **组织**

主要依靠大脑神经中枢进行活动，包括识别、记忆、分析等一系列过程。我们把杂乱无章的信息分门别类，集中贮藏起来，同时把那些过于简略的信息加以扩充，过于冗长的信息进行浓缩，为下一步服务。

◇ **解释或理解**

在此环节中，我们搜寻已知信息，调动大脑贮存的知识和经验，通过判断、推理获得正确的解释或理解。

这四个过程，是一次倾听活动的全部过程，说起来复杂，但都是我们本能地、以惊人的速度完成的，其具体过程也并非泾渭分明，按部就班的，它们之间常常互相重叠。**从倾听效果来看，倾听可分为两个基本类型。**

(1) 词面理解型

即对方怎么说，自己就怎么听，也不问其内在的隐含意义是什么，始终处于被动地位。

(2) 投入型

即不仅用耳朵听，去获得正确的理解，而且用全部身心进入对方的话语境界；既理解对方的话又理解对方的人。

例如，一对青年男女正处于感情培养阶段。一天去逛商城，女青年指

着服装柜中的一件大衣说："这衣服挺不错的。"如果男青年回答"是的，挺不错"，那他的倾听效果只是表面性的，而若回答"是的，挺不错的，要是喜欢的话我送一件作为礼物，肯接受吗？"这时，倾听效果才算达到投入的层次。

作为一名领导者，要争取成为一名投入型的倾听者。只有这样，才能真正从倾听中获得巨大的收益。

3. 是什么导致倾听中的障碍

倾听的特点在于它的有效性，但事实上并非每次倾听都能取得良好的效果。人们平均每分钟可讲 130 个词，而作为听者，每分钟可轻而易举地处理 500 个词。虽然我们的大脑能够神速消化词汇，但并不意味着我们每次都处理、利用所接收到的信息。我们在倾听过程中往往因为一些因素干扰，而不能有效倾听。导致倾听障碍往往有以下几个因素。

◇ 环境因素

环境干扰是影响倾听最常见的原因之一。交谈时的环境千差万别，时常使人的注意力转移。过往的人尤其是漂亮的女性、有魅力的上级都会影响专心倾听。环境布置、气候状况、双方的衣着也会使人分心。一位女性看到她的男朋友和别人跳舞时，就可能出现心不在焉的情况，对自己和他人说了什么，可能不会存在什么印象。几个人谈话，也可能相互干扰。

> 实验表明，一个人同时听到两个信息，他会选择复述一个，而放弃另一个。抵抗环境干扰是很费力气的事，需要倾听者的坚强毅力。

◇ 语言表达因素

过分精确的语言，往往使听话人难以全部接收。例如，向对方提供电话号码时，八位数字任何倾听者都很难一次全部记下来。

不适当的使用省略语，如"上吊的（上海吊车厂）""开刀的（开封刀具厂）”等，往往令听者不知所云。

不恰当的使用行话。对大多数人来讲，“氯化钠”也许陌生，但说“盐”则几乎人人皆知。

太多的信息，很难让你在短时间内接收，如，在相声《报菜名》中，恐怕很少有人能记住其中的1/3。

口头语与体态语不相符。当你与别人谈话时，你想说“3”而此时却伸出五个手指。如果听者注意到你的动作，必然会产生疑问。

◇ **倾听者的理解能力与态度**

- 对谈话人产生反感时，往往影响倾听效果。
- 对谈话人不正确的假设，往往影响倾听效果。
- 对不信任的人，往往很难静心倾听他在说什么。
- 听讲人的知识水平、文化素质和职业等，往往对倾听效果产生影响。

◇ **生理差异**

由于倾听是感知的一部分，它的效果受听觉器官、视觉器官的限制，如要生理有缺陷，必然会影响倾听效果。

◇ **选择倾向**

人人都有评估和判断所接收到信息的天生倾向。“人人都爱听奉承”，这其中也有几分道理。我们往往选择我们爱听、喜欢听的来听，这无疑影响倾听效果。由于以上因素的影响，特别是有选择性的感情、看法等因素的介入，使倾听受到很大干扰。受到障碍的倾听有以下几种：

①过滤性倾听。这种倾听的执行人受自己的倾向性、偏见的影响，从而对自己所倾听到的信息于无意中作出选择，丢弃了很多有用的信息。

②以事实为中心的倾听，这种倾听只注重接收事实、数据、资料信息，而忽视人的存在，会造成双方的相互关系紧张，影响信息的交流。

③预练回答性倾听。由于各种原因，在对方谈话过程中，只是思考如何回答对方，而停止倾听对方所说的。

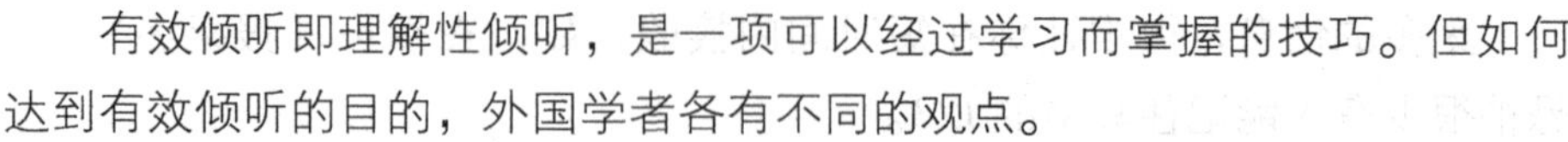

有效倾听即理解性倾听，是一项可以经过学习而掌握的技巧。但如何达到有效倾听的目的，外国学者各有不同的观点。

有的学者强调倾听人的态度，即**倾听人对讲话人应尊重，承认其潜在的价值**。此时，倾听者应采取对讲话人接受的态度：注意讲话人的话语和行动，在讲话人讲话时，应注意倾听，投入地倾听，并跟随讲话人的思路，而非自己的思路反馈，给讲话人必要的信息，给其必要的鼓励、尊重。

有效倾听者应做到：

- 目光：与讲话人保持良好的接触。
- 姿态：以投入的姿态面对讲话人，身体前倾，不应跷二郎腿或身体过分后倾。
- 用点头等方式作出必要的反馈。
- 适时适度提出一些问题。
- 精神放松，但要排除外界干扰。

同时认为热情和尊重也是达到理解别人的重要因素。热情一般由面部表情、体态语等方式表现出来，具体表现为：

- 诚心对待讲话人；
- 重视讲话人；
- 给讲话人以充分的余地表达自己。

下面，对提高有效倾听做一下较为全面的总结。

(1) 要有良好的精神状态

在许多情况下，之所以不能认真倾听对方的讲话往往是由于肌体和精神准备得不够，因为倾听是包含肌体、感情、智力综合性的活动。在情绪低落和烦躁不安时，倾听效果决不会太好。

(2) 排除外界干扰

在与别人交谈时要排除有碍于倾听的环境因素，如尽量防止别人的无谓打扰及噪声打扰等。

(3) 与讲话人建立信任关系

记住，在双方关系紧张的情况下，双方不会相互真诚地传递宝贵的信息。

(4) 明确倾听目的

你对你要倾听的目的越明确，就越能够掌握它。事先的考虑促使我们积极参与人际交流，你的记忆更加深刻，感受更加丰富。

(5) 使用开放性动作

人的身体姿势会暗示出他对谈话的态度。自然开放性的姿态代表着接受、容纳、尊重与信任。根据达尔文观察，交叉双臂是日常生活中普遍的姿势之一，一般表现出优雅、富于感染力，使人自信十足。但这常常自然地转变为防卫姿势，当倾听意见的人采取此势，大多是对对方的讲话持保留的态度。

(6) 及时地用动作和表情给予呼应

用各种对方能理解的动作与表情表示自己的理解，如微笑、皱眉、迷惑不解等表情，给讲话人提供准确的反馈信息以利其及时调整，还可通过动作与表情表示自己的感情，表示自己对谈话和谈话者的兴趣。

(7) 适时适度的提问

这有利你彻底掌握自己没有倾听到的或没有倾听清楚的事情，同时也利于讲话人更加有重点地陈述、表达。

> 有效的倾听是一种技巧，能够通过学习来掌握。但是，真正能力的培养还需要实践中的锻炼。

5. 提问：提高倾听的含金量

在倾听过程中，恰当地提出问题，往往有助于我们的相互沟通。我们的沟通目的是为获得信息，是为了知道彼此在想什么，要做什么，**通过提**

问的内容可获得信息，同时也可从对方回答的内容、方式、态度、情绪等其他方面获得信息。

倾听中的提问要做到：①数量要少而精，太多的问题会打断讲话的思路和情绪，恰当的提问往往有助于双方的交流。②要紧紧围绕谈话内容，不应漫无边际提一些随意而不相关的问题。

◇ **提问的技巧**

提问应掌握一些必要的技巧。

（1）理解

作为管理者，设身处地地理解别人是必备素质之一，以理解的态度交谈就能认真倾听，就能诚恳而准确地提出一些双方都能接受的问题，从而更有利于双方的沟通。

（2）时机

倾听中提问的时机十分重要，交谈中遇到某种问题未能理解，应在双方充分表达的基础上再提出问题。过早提问会打断对方思路，而且显得十分不礼貌；过晚提问会被认为精神不集中或未能理解，也会产生误解。

（3）提问内容

提问就是为了获得某种信息，至于问什么则要在倾听者对总目标的控制掌握下，把讲话人的讲话引入自己需要的信息范围。

（4）注意提问的速度

提问时话说得太急，容易使对方感到咄咄逼人，引起负效应；说得太慢，对方心里易着急、不耐烦。

◇ **提问的方式**

美国沟通专家把提问分为两种方式，一种为**开放式提问方式**，回答这种提问，不能用简单的“是”或“不是”来回答，回答结果一般无法预料，例如：

甲：“我对公司本月销售额很不满意！”

乙：“为什么？”

另一种是**闭合式提问方式**，经常提问是否、是谁、什么时候等问题，其结果往往可控制，与预期结果相近。

倾听过程中，两种方式是综合运用的。其作用各有千秋，开放式提问气氛缓和可自由应答，可以作为谈话中的调节手段，松弛一下双方的神经；另外，可用开放式问题作为正式谈话的准备，如“最近怎样”然后很快开始实质问题的交谈。比较来说，闭合式的提问使用机会更多，其优点是可以控制谈话及辩论的方向，同时可以引导和掌握对方的思路，但运用不当会使人为难，气氛容易紧张。两种方式应综合运用，以求得最佳效果。

> 有时，当讲话人讲些泛泛的话题、远离主题时，倾听者可以用一些提问来控制其谈话内容。但应注意，尽量少用封闭性提问，以防止自己显得过于锋芒毕露。

适时的进行一些恰当的提问能够起到如下作用：

促进、鼓励讲话人继续谈话并更多地提供这一方面的信息。

促进双方和谐关系的建立，因为这样的提问往往有尊重双方的意味。

在不转移说话内容、主题的前提下获得更多相关的信息。

如果细分的话，**提问方式还可以划分为以下几种。**

（1）明确性提问

它具有明确的方向，要求讲话人给予明确的解释，如“请你把电视机的使用方法说明一下”。

（2）相关性提问

即对两件事物间的联系性进行提问。如“今天发生的几件事情对本公司的声誉有何影响?”

（3）激励性提问

提问的目的是为了激励对方或给予对方勇气。如“其他三个部门都已表示能按时完成任务，你们认为怎样?”

（4）征求意见性提问

询问对方对自己观点的意见、建议等。如“你认为本月计划有无需要

修改的地方?”

(5) 证实性提问

用来对讲话人的一些讲话内容进行有目的提问，以证实其准确性、可靠性。

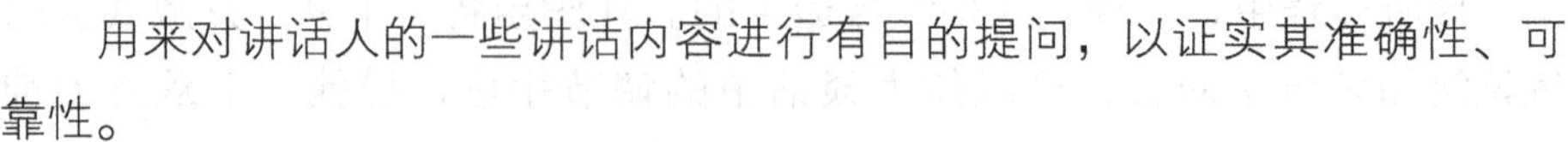

三、建立有效的组织内部沟通机制

组织中的主管人员为了达到组织目标和既定目的，就必须建立有效的组织内部沟通机制，力求达到上下左右之间的相互了解。而组织内部每个角色所处的地位不同，所发挥的作用不同，彼此之间的关系亦不同（例如纵向关系或横向关系），这就决定了组织内部的沟通有着许多不同的途径与媒体，因此必须根据具体情况采用不同的联系方式。即便是同一种关系（例如纵向关系）的沟通，也可以选取多种方法。但无论是哪种形式的沟通，都必须是双向的。无论是单向的输出还是单向的输入，都是错误的。

1. 使用多渠道的内部联系

上层管理人员常常认为当他们把最近的通知单交给收发部门后，他们的任务就完成了，似乎他们应该做的就是这些，只要发出通知，而且发给每一个应该发的人就算完成，有时索性发集体电子邮件，这样既省时又节省邮票。

但内部联系的方式绝不仅限于此，目前的员工来自许多不同方面，要和他们联系，经理们必须利用多种多样的通讯技能。小型和大型会议、专职小组和工作小组、录像和录音带、电子邮件和慢件、电视屏幕和计算机屏幕、内部通讯和公文函件、简报通告和白板通告等都可以用作有效的交流工具。早在 1994 年 1 月，《会议》杂志曾报道说，当时的美国最佳 500

家公司中75%具有召开室内电视会议的设备，他们可以召开各种会议、介绍产品以及发布公司通告等。甚至有些小企业也能通过备有这类设备的公司例如金可斯公司与斯普林特电话公司联网，连接500多个场所一起召开电视会议。

有效地使用多渠道内部通讯系统的关键是使信息简单化。公司没有必要装置一套用于大型学术会议上的现代化复杂设备。真诚、坦率和明确的信息才是最有效的，中间媒介工具倒无所谓。

2. 鼓励和员工进行双向交流

我们大家听到过管理专家肯·布莱查特所说的“海鸥经理”。他说的“海鸥经理”就是平时很少和员工交往，但有时突然来到工作场所和大家见上一面又突然走了的人。这样的经理没有和员工交流的愿望，也不会知道工作场所发生的真正情况。他们匆匆地来了，一言不发又走了。显然他们和员工之间没有任何交流沟通。

> 真正的交流只能在所有员工间有活跃的双向交流气氛时才会出现。对大多数公司来说，目前最大的挑战就是必须将传统的单向、由上而下的传达方式改变为灵活的双向运转。

老传统不易改变。多少年来我们招聘和训练的男女看门人总是负有特殊使命似的把别人拒之门外。如果我们真正要和员工建立关系并使他们热忱地工作，我们一定要从办公桌后面走出来，抱着真诚的愿望和他们相互交流。

实际上真诚的交流，真正做起来要比想象来得容易。你只要不再写字条，从办公桌后面走出来，走到工作场所直接和你写字条的对象交谈就行了。走出办公室让大家看到你。让他们有机会直接看到你的反馈。对于双向交流，不单单是希望，而是真正需要它。要敢作敢为地做到，使这种交流不被人们忘记。如果有人不愿意，别急，要继续找他谈，直到他们的脸上改变表情。要显示你的任务是通过双向交流建立联系的。